国家出版基金项目
NATIONAL PUBLICATION FOUNDATION

全球权力传承与太平洋秩序演变研究

窦国庆 著

黑龙江教育出版社

"中国边疆研究文库·海疆卷"（16部）荣入国家出版基金资助项目（2016年）

"中国边疆研究文库·海疆卷"入选"十三五"国家重点图书、音像、电子出版物出版规划（2016年）

"中国边疆研究文库·海疆卷"获得浙江省重点培育智库:浙江师范大学边疆研究院学术支持与经费资助

丛书总序

"中国边疆研究文库·海疆卷"（以下简称"海疆卷"）即将付梓并和广大读者见面了。聚合了16部专著的"海疆卷"不但在汲取前人成果的基础上有较大的突破并有所创新，而且一些专著还填补了该领域学术研究的多项不足。本丛书聚集了一批国内相关专业具有较高学术水平的专家、居于学术前沿的老中青学者，他们的或浸淫本研究领域多年或新意凸现的海疆海洋研究著作，为本丛书的学术性与权威性奠定了良好的基础。

一、丛书编辑缘起

古代中国海洋事业经过秦汉至北宋数朝持续发展，逐渐走向良性循环，使得南宋、大元两朝不但造就了中国航海盛世，也将"中国帆船时代"推上了巅峰。可以说，自前汉以降的一千数百年时间里，中国海船的点点帆影、熠熠渔火曾长时间铺陈在海上丝绸之路航程上，诉说着西太平洋与北印度洋及沿途各国人民友好往来、互利互惠的动人故事。但令人唏嘘的是，伴随着明王朝的建立，具有朱元璋特质的明朝绝对君主专制体制也随之在中国登场，中国快速发展的海洋事业巨轮上被其强行地安上一个刹车装置，使得自前汉起挂帆远航，元朝达到鼎盛的中国帆船时代走到了尽头，帆破樯倾，逐渐退出世界海洋舞台的中心。朱元璋获得政权伊始，便迫不及待地实施了官府垄断经营海上贸易事业、民间百姓"片板不得下海"①政策，并作为祖宗之法要求其子孙世代遵守。

1402年，在明成祖朱棣打着"靖难"之名率领叛军攻占了南京并意欲篡夺其侄子建文帝朱允炆皇位之际，朱允炆却如人间蒸发般下落不明。不消说，这位活不见人，死不见尸，后来被清乾隆帝奉上谥号为恭闵惠皇帝（简称惠帝）的朱允炆自然成为篡位者朱棣挥之不去的噩梦。据《明史·郑和传》记载：朱棣"疑惠帝亡海外，欲踪迹之，且欲耀兵异域，示中国富强。永乐三年六月，命［郑］和及其侪王景弘等通使西洋"。于是，自1405至1421年，朱棣先后6次派郑和率领庞大的船队"下西洋"。嗣后，朱棣之孙明宣宗朱瞻基于1430年派遣郑和第七次也是最后一次下西洋。对于朱棣祖孙屡派郑和下西洋的目的，除了上述的欲探询朱允炆行踪并借此耀兵异域外，还有多种分析或揣度，但论者经过详细考察与探究，普遍认为此乃满足专制帝王个人私欲之举。因此之故，明廷只准官家航海，而对民间海上贸易乃至于渔业则以"渔人引倭为患"为借口，竟"禁片帆寸板不许下海"②，而"原有海船者，悉改为平头船，所在有司，防其出入"③。清廷入关后，虽然治国理念、政治体制及施策方式等均有所改弦更张，但"海禁"政策却始终是明规清随。官府垄断海上贸易利权而不允许臣民分一杯羹、为了维护朝廷绝对君主专制统治而不允许人民脱离土地、不管沿海人民多么贫困也不允许其脱离统治者视线，这是明清统

① ［清］张廷玉，等撰：《明史》卷205，《朱纨传》，5403页，北京，中华书局标点本，1974。
② ［清］顾炎武：《天下郡国利病书》第22册，《浙江下》，上海，上海涵芬楼影印本，出版年不详。
③ 《明太宗实录》卷27，永乐二年春正月"辛酉"条，台北，台湾中央研究院历史语言研究所，1962。

治者所有施策的出发点。

在有明一代至清中期近500年的时间里，中国私人海商因一方面始终遭受本国统治当局的限制或残酷镇压；另一方面则在明中叶以降遭遇西方殖民者一次次屠杀，或遭西方殖民者与明清朝廷联合挤压乃至屠杀，从而成为一群没有祖国的商人，只得艰难生存，难以健康发展。而明清官府垄断经营的海上贸易事业因各级官吏的无限度贪腐，从来没有真正成功过。如此一来，自前汉起挂帆远航，到元朝达到鼎盛的中国帆船时代，先遭朱明专制皇权的毁灭性打击，再遇清廷的严厉镇压，最终将环中国海与北印度洋贸易及经营主导权拱手让给了西方殖民者。

应该说，明清大陆性皇权势力经常凌驾于海洋性民间社会力量之上，阻遏了中国海洋文明的进一步发展，从而使中国成为"大航海时代"的落伍者，其对中国海洋事业尤其是对中国海洋文明的毁灭性打击产生的影响一直延续到今天。

如今，一个新的划时代构想在世界政经版图上从容铺展：2012年11月，中共"十八大"提出了"建设海洋强国"战略目标；2013年10月，国家主席习近平访问东南亚时提出"共同建设21世纪海上丝绸之路"构想；2013年12月，中央经济工作会议正式提出了"建设21世纪海上丝绸之路"并要求抓紧制定战略规划；2014年3月，李克强总理在第十二届全国人大二次会议上正式提出了"全面实施海洋战略"。共建"21世纪海上丝绸之路"与"丝绸之路经济带"构想的提出，旨在强调相关各国联合打造互利共赢的"利益共同体"和共同发展繁荣的"命运共同体"，这是习近平主席根据全球形势深刻变化、统筹国内国际两个大局做出的重要方略，在相当长时间内，可视为我国对于构建开放型经济新体制、形成全方位对外开放新格局的长远决策。

我国是一个海陆复合型国家，我国的经济核心区与近8亿人口集中在海上和沿海地带。如果说传统"海上丝绸之路"主要着眼于贸易、交通，附带着引发文化与人员交流的话，那么，"21世纪海上丝绸之路"建设则主要着眼于中华民族伟大复兴战略，通过建设基础设施、促进海上通道互联互通，拉紧亚太国家相互间的利益纽带，为我国"全面实施海洋战略"鸣锣开道，最后达到"建设海洋强国"的战略目标。所以，加强以"21世纪海上丝绸之路"建设构想为中心的海洋问题的创新性理论研究是历史赋予学者的使命。

与陆路边疆研究相比，国内对海疆海洋问题研究起步相对较晚，研究力量相对较弱（只有数量不太多的高校、科研院所具有一定规模的研究力量）。当然，确有不少冠有"××研究中心""××协同创新研究中心"等名称并从事海疆海洋问题研究的单位，但多属于开放型研究机构，单位专职研究人员相对不多，成果暂时不太显著。至于传统的"海上丝绸之路"研究，国内虽有学者多年孜孜以求于此，但大都属于单兵作战，只有为数极少的高校拥有较大规模的研究团队。至于对"21世纪海上丝绸之路"的研究，整个学界正处于从诠释其意义到开始真正实施研究阶段，已有越来越多的高校院所开始重视该项研究事业并付诸行动，更有越来越多的学者特别是青年学者投身于此。

一段时间以来，面对中国提出的"一带一路"倡议，沿线各国家（地区）热烈响应，国内各省级政府更是积极响应中央号召，积极谋划，力图抓住这个决策带来的经济社会进一步发展的红利。然而，实现"一带一路"设定的目标，绝非一朝一夕之功，需要深度谋划，科学论证，稳步推进。时不我待，作为从事海陆边疆研究的学者更应积极应对，立足服务国家与时代需要，明确认识"一带一路"构想之于海疆海洋研究的机遇和挑战。

有鉴于此，我们组织祖国大陆（内地）与台港澳从事中国海疆海洋研究的学者，各展所长，其结晶便是这套"海疆卷"，并且入选了2016年度国家出版基金资助项目。在此之前已出版发行的

"中国边疆研究文库"之"初编""二编"，曾入选2010年度国家出版基金资助项目，共计100部图书于2015年年初顺利结项。该"海疆卷"实质上是"中国边疆研究文库"之"三编"，故赓续前两编选题风格与撰写宗旨，深植于国家"全面实施海洋战略"与"一路一带"建设规划之中，所收专著紧扣国家特需主题。

二、丛书撰写宗旨与选题范畴

近年来，海疆海洋问题日益成为社会及学界焦点，相关的出版物也多有涉及，各类专著各有不同侧重，但大多是从某一个角度和局部出发对海疆海洋问题进行挖掘。"海疆卷"旨在汲取前人研究成果的基础上，聚合多种产品，从较长时段历史趋向着眼，考察海洋文明在中国疆域形成过程中的地位，阐释海洋与中国社会发展之间的相互作用。与此同时，揆诸近代以来人类海洋文明、海洋意识与海权思想对中国向近现代国家迈进过程中的多方面影响，本丛书撰写力图从历史与现实两个角度探索海疆海洋问题，挖掘并赓续被明清两朝颠覆的中国自己的传统海洋文化，汲取并消化近代以降英美国家的海洋文明成果，以期构建今日中国海洋文明框架。以上诸项乃本丛书希冀实现的编纂主旨和思考脉络。为此，本丛书拟从以下几个维度落实设定的编纂主旨：考察海上丝绸之路的形成与发展；梳理中国历代政府经略海洋、开发利用海洋与治理海疆的成败利钝；探索古代中国海洋文明的生成、隆盛与衰落过程及其对中国疆域形成的影响，进而研究2014年国家提出的"全面实施海洋战略"议题。与此同时，着重探究大航海时代以来西方列国对环中国海的探查、利用、侵扰及其对中国社会发展的影响；揭示中国与周边国家海疆海洋争端问题的历史沿革、法理依据与我因应之策；探讨我海上邻国的海疆海洋政策及域外大国对环中国海有争议海域的政策等。

总之，自2012年中共"十八大"提出"建设海洋强国"战略决策、2014年第十二届全国人大二次会议提出"全面实施海洋战略"以来，海疆海洋问题愈益成为一个方兴未艾的研究领域。呈现在读者面前的本丛书便是该领域的添砖加瓦之作，尽管主编与各位作者已经尽了最大的努力，但囿于见识与学养，难免有不足不当之处，恳请读者不吝赐教，以便于今后再版时改正。

于逢春 谨记

2019年3月17日

目　录

第一章 从历史看到未来

宗教改革、文艺复兴、地理大发现等，使西欧发生了深彻的社会变革。英国、法国、荷兰、西班牙等国家，在随之而来的工业革命、商业革命大潮中，拉开了全球争霸的序幕。16世纪后，领土急速扩张的俄罗斯，成为欧亚大陆腹地中继蒙古之后的"巨人"。19世纪后期，美国、德国、日本分别强势崛起。至此，世界进入群雄争霸年代。欧洲（主要以英法俄德为主）、美洲和"远东"①三大地区之间错综复杂，使全球秩序不断震荡与重构。两次世界大战正是全球秩序震荡与重构的结果。冷战开启后，两极格局使欧洲决定全球秩序。冷战结束后，处于实力顶峰的美国，希望建立单极格局，导致欧亚大陆决定全球秩序。但是，全球化进程加快，诸多新兴力量借助全球市场体系、贸易规则、科技创新实现经济腾飞。新机遇与旧矛盾的复杂交织，又令太平洋成为全球秩序中最活跃、最具变革意义的地区。可以判断，今天以及未来相当一段时间内，要理解未来世界，必先理解太平洋地区。

从西欧崛起直到冷战结束，全球或者地区秩序剧变，皆因大

---

① 本书中，为了突出各个不同历史时期的地缘政治斗争形势之间的区别，使用了不同的政治、地理、地缘政治术语指代相同的地理范围。第二次世界大战前，太平洋秩序的核心就是远东秩序；第二次世界大战之后至今，太平洋秩序的核心是西太平洋秩序。在论述太平洋战争爆发之前的历史事件时，"远东"指美日争夺太平洋时战略博弈的地理范围；在论述冷战开始后至今的事件时，"太平洋"指美国在西太平洋地区保持战略存在的区域。

国崛起抑或衰落导致此起彼伏的实力消长。但是，在全球化大势的裹挟下，大国之间此起彼伏的实力消长，却没有改变太平洋秩序。历史与逻辑的特殊性，正前所未有地迷惑世人的双眼。当所有大国无法避开太平洋秩序即将到来的巨变而独善其身时，就应以新的战略视野，通盘考虑太平洋与全球将走向何方。

以新的战略视野把握未来，必先以新的战略视野认知历史。从历史中汲取"营养"，不应被烦琐的细节描述和充满臆想的主观判断所迷惑，而应从中找到权力斗争的深刻脉络。遵循这一科学的思维方式，我们不难发现，以第一次世界大战前后为起点的百年来，全球秩序演变的中心内容是全球海权秩序的演变。这其中，本质上只发生了两件大事：一是美国取代英国控制全球海洋。先是英强美弱，美英之间既竞争又协调；再是美强英弱，但最终形成美英特殊关系；二是美国战胜日本控制太平洋。双方先成为争霸对手，再成为不对称的盟友。其余事件皆为这两件大事的注脚。

美英日三者百年战略互动，反映的是全球秩序下的欧洲秩序、太平洋秩序的变迁。美英关系的百年演变见证的是世界日益走向一体化，美日关系的百年演变却印证的是地区不断走向裂变。前者是因为两国广泛得远远超越了分歧的共同利益，最终形成一致的战略认知；后者却是因为两国共同崛起于大国争霸时代，在起点上便缺乏共同利益。尽管在今天的太平洋上，并无大国争霸，但是，领土（海）主权争端、能源和市场争夺等大国争霸时代遗留下来的历史痕迹，却是全球范围内最深刻的。英国脱欧也难以动摇日益稳定的欧洲秩序时，太平洋上的矛盾争端则愈演愈烈，这足以说明，美日与美英的差异并不是大国双边关系的差异，而是相同时代条件在不同地区发挥作用的不平衡所致。

美英之间混杂着竞争、合作、同盟、猜忌、"互挖墙脚"等多样的复杂关系，而美日之间则非常简单、单纯，要么对抗和妥协，要么战争和同盟。鲜明差异的根源是民族文化、战略格局、地缘政治现实等多个因素，对内心认同和物质利益产生不同的影响。因此，美英与美日具有本质上的不同。美英特殊关系经长期磨合而成，因文化相似催生出内心认同而迸发巨大协力。美日关系则是由历史经验与现实需要的双重差异催生而成，在不同的战略地位中谋求共同利益而相得益彰。美英代表着文化相似的民族国家之间的发展趋势，美日则代表文化迥异的民族国家关系的演变方向。这两种类型的双边国家关系，均是全球化进程中的分支。无论差距多么令人难以置信，不同类型的国家关系迟早要交织，并将由两个交织演变为多个交织。这便构成了全球化中所有国家迟早互相交织的大势。

今天，人们对比美英和美日之间不同的历史曲线之后，容易前瞻出一个疑问：历史会出现戏剧性变化吗？即美英会像第二次世界大战之前的美日，而美日则如今天的美英吗？本人希望与大家共同讨论的是，无论历史经验如何反复，以权力为纽带的国际关系和以权力为枢纽的战略运作都取决于相关方的现实需要与未来期望之间的互动。无论美英还是美日，均不可超越此理。

美英在百年间经历了任何两个大国之间除战争之外所有可能的态势。美国先是利用英国麻烦缠身之机，在经济上全面超越英国，然后在政治上全面取代英国的全球地位。在此期间，美国始终避免与英国走向全面对抗，而是以合作为主，进行有限竞争。英国面对欧洲大陆均势体系崩塌，日渐力不从心，只能以不断加深对美国的依赖为代价苦力支撑，最终"让位"于美国。从双方实力地位转换与攻守异势的历史进程看，双方权力关系失衡却没有失控。二者的精明与务实、妥协与斗争的智慧，值得所有国家借鉴。

但是，在当今时代，如果有人认为美英间权力传承的历史规律将再次发挥作用，未免显得既僵化又可笑。第一次世界大战之后，已经成为世界首富的美国，站在道德制高点上，略显稚嫩地希望塑造一个新世界。英国则是依托丰富的历史经验和难得的全球视野，以极端现实主义的手法延续自己的全球地位。因此，美英均将合作置于高于一切的地位。而今，美国成为唯一全球国家，其他国家既无力对美国构成百年前美国对英国造成的压力，也无足够的全球地位与美国进行对等合作。各大力量之间充斥着对手与伙伴兼具、亦敌亦友的复杂关系，注定了美英权力传承的历史不会重演。

显然，认为百年权力传承的历史将在未来重演的人所犯的错误就是，在一个变化无常的世界里简单地确定未来。

美国成为百年权力传承的最大受益者，其根源是善于在矛盾两端进行择优和平衡的民族文化。美国人自命为"上帝的选民"，孤芳自赏般的独特心态，使之难以从内心接纳其他民族国家。但是，扩张资本与市场的天性，又令美国比其他国家更加擅长寻找共同利益。这两种相反的天性造成的外化行为，总是共同存在，但又经常遭到忽略。因此，无论是英国还是日本，均难以以传统的地缘政治博弈规律应对美国。纵使美国衰落，二者自身也定难以保全。从这个角度看，美国与其他国家之间双边关系或者多边关系的未来，取决于全球整体繁荣，而不取决于个体间的传统博弈。

遵从历史经验的结论通常比超越历史的远见卓识显得更加可靠。有人仍然相信，当今世界争夺财富和权力的本质规律没有改变。财富和权力分配结构的变化，意味着国际体系的变化。这种认知在当今时代根本经不起任何推敲。纵观历史，所有崛起大国都遵循着一条公式般的路线："经济强大→军事扩张→政治主导"的无序循环。当多个大国出现如此循环时，一个大国总会在循环中的某个环节遇到其他同样循环如此路线的大国，大国争霸由此而生，最终酿成世界性灾祸。从而可知，单纯依赖个体实力实现繁荣和安全的国际格局才是战争、动乱、仇恨的根源。当越来越多的国家依赖于共同繁荣，而不是垄断地位或者削弱他国时，大国如果仍然遵循旧式崛起路线，必将为全世界反对。从深层次看，在全球化大潮中，即使美国衰落同时出现另外一个替代国，但只要大国追求各自为战的经济繁荣和安全，时代便也难以进步。如今，人类正处于全球历史进程的新的转折点上。

第二章　从混乱中走向重塑

　　历史上所有霸权国，均是既定秩序的最大受益者。既定秩序动摇、瓦解，表明霸权国已经雄风不再。19世纪末期，新崛起的美国、德国、日本，冲击着全球经济格局、欧洲大陆均势体系和远东秩序。此时，承受最大压力的莫过于英国。第一次世界大战成为英国难以维护既定秩序的标志。虽然英国最终成为战胜国，但已经不复"拿破仑战争"①结束时的巅峰状态。美国、日本成为第一次世界大战两个最大受益者。然而，英国并没有主动放弃全球霸权地位。美国和日本同样也没有效仿德国，露骨地挑战英国。因此，第一次世界大战既没有终结旧格局，也没有开启新格局。旧格局中的诸多历史积怨激化为第二次世界大战，美、英、苏三个主要战胜国成为全球三个最重要国家，从而建立了奠定冷战基础的"雅尔塔体系"②。在第二次世界大战和两极对抗的年代里，美英关系和美日关系的演变，分别牵动着欧洲和太平洋地区秩序的震荡。这两股权力链条时而互不干扰地各自行进，时而紧密地互相交织，一体地反

---

① 1789年，法国大革命爆发并推翻波旁王朝，欧洲各国立即出兵予以干预，导致法国与欧洲各国爆发战争。1803年，拿破仑成为法国最高统治者，法国战争的目标由保卫国家安全演变为称霸欧洲。英国、俄罗斯、奥地利、普鲁士等先后组织起七次反法同盟。1812年，拿破仑率领法军入侵俄罗斯遭到惨败，拿破仑帝国最终战败，波旁王朝复辟。1815年，拿破仑率领的法军在滑铁卢战役中败北，各交战国签订《巴黎条约》，拿破仑战争结束。拿破仑战争被认为是英法争霸的高潮。
② 对1945—1991年国际政治格局的称呼，得名于1945年年初美、英、苏三国政府首脑罗斯福、丘吉尔、斯大林在苏联雅尔塔举行的国际会议。美苏从雅尔塔会议开始划分各自势力范围而开启了冷战。1991年苏联解体，雅尔塔体系最终瓦解。

映着由群雄争霸时代走向权力格局的重塑。

第一节　英国全球霸权地位的难以为继

第一次世界大战爆发前300年，英国凭借开创人类历史的宪政革命、商业革命和思想革命，造就了先进的市场竞争制度和自由贸易体系，塑造出强大的工商业力量、全球性金融力量和海军力量。英国不仅强大，还很"幸运"。欧洲大陆大国长期争斗不止，令它非常"便利"地成为受益者。强大的国力和良好的国际条件，使英国在全球建立的殖民体系，包括了1 200万平方英里的土地和约占世界四分之一的人口。任何一个古老帝国和王朝都无法与之比拟。英国全球霸权地位的根本支柱是其引领全球文明的政治、经济、法律、社会、科技等体系，但有利的欧洲秩序同样不可或缺。而多次战争已经说明，欧洲大陆上随时可能出现一个"愣头青"。从整个历史过程看，英国面临的潜在与现实挑战者和威胁者不断增多，越来越难以置身旋涡之外。当人类的历史行进至19世纪末期时，欧洲之外出现了另外两个不可忽视的新兴力量：美国和日本。美国和日本的崛起，标志着人类社会由欧洲独领风骚转变为群雄并起的全球化时代。错综复杂的实力博弈令英国的全球霸权地位摇摇欲坠。

英国的脆弱与迟钝

从"七年战争"①开始，英国全球霸权地位的关键是，防止欧

---

①　普鲁士与英国（后有汉诺威等德意志小邦和葡萄牙加入）、法国与奥地利等（包括撒克逊等德意志小邦、瑞典、西班牙、俄罗斯）分别建立各自敌对性同盟，于1758—1763年围绕贸易、殖民地、欧洲霸权展开的战争。其中，1762年，俄罗斯退出与法国、奥地利的同盟，与普鲁士单独媾和。最终战争的结果是，普鲁士从奥地利手中夺取了西里西亚，成为普鲁士崛起的历史起点。

洲大陆被一个大国或者大国主导的集团垄断，即构建欧洲大陆均势体系。拿破仑战争结束之后，威胁和挑战英国两百年的法国变得"老实"起来。欧洲大陆上，似乎再也没有一个集强大海权与强大陆权于一身的大国对英国构成威胁。此时的英国处于新的实力顶峰，几乎独享全球海洋，又无须担心欧洲大陆秩序发生颠覆性巨变。但是，欧洲大陆均势体系的脆弱性已经显现。

拿破仑战争结束后，欧洲大陆均势体系的基础是，英国和俄罗斯两个侧翼大国对西欧、中欧、东欧事务的制衡，即法国、奥地利、普鲁士三者维持权力平衡。如果三者权力平衡被打破，英国和俄罗斯需要对其重新制衡。换言之，当英国和俄罗斯其中有一个无力干预三者权力平衡时，欧洲均势体系便容易动摇。

此时，欧洲大陆均势体系的稳定取决于四个因素：一是英国对任何可能破坏欧洲均势体系的潜在危险保持敏感；二是俄罗斯保持稳定；三是奥地利和普鲁士保持和平；四是法国保持克制。

然而，残酷的是，四个因素均无法实现。在拿破仑战争中对于战胜法国极为重要的俄罗斯成为欧洲宪兵，开始在东南欧、中亚加快扩张，导致英俄矛盾激化，稀释了英法矛盾。英俄矛盾激化的结果是英法与俄罗斯之间爆发克里米亚战争①。胜利后的英国重回"光荣孤立"②立场；战败后的俄罗斯不仅与英法难以和解，还与奥地利在巴尔干的矛盾凸显；普鲁士的国力隐性增长；奥地利的影响力下降；法国成为克里米亚战争的胜利者，产生了彻底打破"维也纳体系"③的冲动。这意味着法国、奥地利、普鲁士三

---

① 英法和奥斯曼帝国与俄罗斯之间于1853—1856年爆发的战争。战争的目的是争夺巴尔干半岛的控制权。最终，俄罗斯战败。克里米亚战争是拿破仑战争结束后的又一次欧洲战争，直接动摇了欧洲协调体系。
② "光荣孤立"的实质是维护欧洲大陆均势的手段。英国一般不主动与欧洲大陆大国结盟。当感到某个强国成为欧洲大陆均势的最大威胁时，英国可能会推动成立反对该强国的同盟。比如，拿破仑战争期间，英国便多次组织反法同盟。
③ 拿破仑战争结束后，英国、俄罗斯、奥地利、普鲁士等战胜国，通过维也纳会议在欧洲大陆上建立的、不排斥法国的均势体系，又称"欧洲协调"。

者权力平衡处于"无人监管"的脆弱状态。恰逢此时，中欧地区始自拿破仑战争时期的民族主义和民主主义思潮高涨，欧洲大陆又潜藏着巨变的暗流，预示着欧洲权力大改组的时代即将到来。

欧洲大陆均势体系根基脆弱的根源，在于均势从来不是因和平共识形成，而是因各大国间各自相互矛盾甚至相互冲突的战略目标妥协形成。首先，欧洲大陆均势体系具有权力不平衡的结构性缺陷，只要有一个国家实力变化，对于维护均势极为重要的权力关系便产生动荡。其次，各大国信奉现实利益和短期机会主义，只要任何一个国家对现状不满并付诸改变现状的行动，其他国家便难以及时共同应对。最后，民族主义思潮高涨至各国当权者不能回避的程度，尤其是法国、普鲁士等国的"民族精英"，无一不努力促使当权者改变既定国策，大有"一颗火星子划出，就会燃起熊熊烈火"之势。

脆弱的欧洲大陆均势体系，对英国最大的教训就是，**等待别人发动战争之后所获得的胜利无法保障长久和平**。英国有能力不断压制欧洲大陆上拥有霸权野心的大国，却无法根除欧洲大国争霸的诱因：历史积怨和势力范围划分。大国间地缘政治博弈、军事竞赛等残酷的实力政治旋涡正源于此。任何一个偶然性事件瞬即扩大，所有大国将无一幸免地被卷入。英国一己之力无法令所有大国对历史积怨释怀，也无法令所有大国停止追求势力范围。英国总是利用欧洲大陆上的大国间矛盾成为最大受益者，以至于英国总在每次战争之后，为满足既定均势与表面和平，有意或无意地忽略根除现实政治和实力政策的土壤。

英国的全球霸权地位不仅源自先进的科技和商业，更源自随时可能遭到冲击的欧洲大陆均势体系。因此，令它受益的欧洲大陆均势体系动摇之时，也就是它即将走下"神坛"之日。

克里米亚战争巩固了英国的全球霸权地位。俄罗斯战败后国力羸弱；法国重新成为欧洲大陆最强大国家，但并没有挑战英国地位的意志和能力，甚至在英法之间出现战略互信；奥地利逐渐衰落，日益失去欧洲政治中心的地位；普鲁士国力偏弱，尚未具备足够的实力。但是，英国全球霸权地位的基础，欧洲大陆均势体系的基础却遭到了破坏。

克里米亚战争对欧洲大陆均势体系的最大破坏有四个：一是大国协调机制的基础遭到破坏。英法与俄罗斯之间发生战争，奥地利与普鲁士选择实质性的不干涉立场，没有发挥出大国摩擦的"润滑"和"缓冲"作用，导致大国协调机制被埋葬；二是欧洲大陆均势体系的思想基础——维护君主制的共同价值观，失去了大国协调的纽带作用；三是决定欧洲治乱的中欧出现了权力真空。法国暂时无力染指中欧；俄罗斯只能专注于中亚和远东；奥地利已然衰落；普鲁士尚未有迹象可以主宰中欧。另外，饱受战争之苦却处于权力真空的中欧地区，民族主义思潮已然此起彼伏，其政治影响力大有超越君主权威之势；四是英国要面对持久的英俄矛盾。英俄矛盾令英国已经难以支撑过大的势力范围和过长的战线。英国在中东、中亚、印度和远东等重要地区的利益，均受到惯于扩张领土的俄罗斯的威胁。英国需要四处奔波地用兵和消耗经济资源，而俄罗斯只需对周边羸弱不堪的古老民族步步蚕食。执"光荣孤立"立场的英国，在中东、中亚、印度、远东找不到"帮手"。

英国对克里米亚战争后欧洲均势体系基础遭到破坏不够敏感，以至于放任欧洲大陆事务，给正在悄然强大的普鲁士以主宰中欧的战略机遇，虽然那时还没有任何迹象表明，弱小的普鲁士将要再一次震动欧洲。

后来的历史证明，英国若是不被暂时的权力巅峰表象所迷惑，而是看到维持均势体系的基础遭到破坏这一严峻现实，一定会在法国、俄罗斯、奥地利、普鲁士之间寻求新的权力平衡。倘若如此，普鲁士凭借雄才伟略的俾斯麦统一德国的历史进程，至少不会那么顺利。英国对欧洲大陆均势体系遭到破坏失之敏感这一事实，也预示着即使德国没有统一，强大的法国和恢复后的俄罗斯仍有可能垄断欧洲大陆，甚至可能结盟挑战英国。

德国的盲动与混乱

普鲁士统一德国不仅归功于雄才伟略的俾斯麦、强大的普鲁士陆军、外强中干的奥地利和法国军队，还包括中欧的域外大国影响力被削减到最小。首先，法国没有实质性干涉"丹麦战争和普奥战争"①。其次，英国和俄罗斯没有干涉普法战争。秩序失控下的大国"野蛮成长"，自然意味着原有秩序已经不再被大国认可。

德国统一后，俾斯麦执行被后来者认为"非常克制"的大陆政策，即以孤立法国为前提的大国协调。然而，俾斯麦只有辉煌"武功"却没有深远的"文治"，其雄才伟略仍未超越旧式欧洲经验。**国家存在与强大的基础不是武力和短期的策略性操作，而是理性思想和稳定制度支撑下的政治、经济、社会等方面不断走向文明。**俾斯麦刻意把奥地利排除在外，使德国只是完成了领土统一，却没有完成民族精神的统一。成为新兴帝国的德国，没有新兴的国民信仰。因此，德国不可能建立一整套稳定的领导决策体制，仅倚重个人天才的政治操控。当民族主义思潮高涨之时，德国只能凭借精心计算权力关系纵横捭阖，在不知不觉中丧失对国家利益的理性判断。实际上，这正是所有欧洲大国因互相猜忌而引起混乱与战祸的"通病"。当俾斯麦后继者缺乏如他般的政治威望和对危险超前感知的敏感时，自然会因肤浅地理解实力地位而

---

① 丹麦战争、普奥战争与之后的普法战争统称为普鲁士统一德国的王朝战争。其中，丹麦战争于1864年由普鲁士联合奥地利发起，普鲁士获得石勒苏益格–荷尔斯泰因和罗恩堡两地。普奥战争爆发于1866年，是普奥争夺德意志领导权的战争。普鲁士获得胜利并取得德意志领导权，成立北德意志联邦。

出现盲动。威廉二世完全摒弃了"俾斯麦大陆政策而执行世界政策"①便是明证。

威廉二世统治下的德国如果延续执行大陆政策，也许会令英国继续陷入不自知的迟钝。然而，它不仅缺乏明确合理的目标，还缺乏对欧洲地缘政治现实、权力关系和历史传统的理性分析，最终使英国的敏感神经激活。

拒绝同盟不一定会爆发战争，但一定会伤害和平。1898年，德国主动提出与英国缔结同盟条约。此提议两年后遭到拒绝，预示着英德走向危险的可能性。威廉二世进行英德同盟提议时，希望通过给英国增加安全压力来迫使英国按照德国的意志来签订盟约。这既显得出人意料，又显得昧于现实。在英国正式拒绝后，德国又处处与英国发生矛盾和摩擦。

1900年，德国皇帝威廉二世声称，德国要从"垂死的"帝国势力手中"重新分配"殖民地，为此必须建立一支一流舰队。如此充满"火药味"的言论，将对英德关系造成何种影响，不言而喻。英德海军竞赛随即出现。英德海军竞争暴露了威廉二世的弱点：好大喜功与墨守成规。

英国全球霸权的支柱是超强海军。任何对其海军优势的可能削弱，都会引起反制。1885年，鉴于法俄结盟和法国海军实力增强，首相汉密尔顿提出海军"两强标准"，即英国皇家海军实力不应低于任何两个强国海军实力相加的总和，最后被具体化为要始终超过第二、第三海军强国相加之和。1889年，英国议会正式通过《海军防御法案》②。该法案的意义就是将"两强标准"由战略设

---

① 俾斯麦的大陆政策较为"克制"。它的核心就是为了孤立法国，在英国、俄罗斯、奥地利等大国之间构建复杂的平衡网络，使它们之间互相制约。同时，俾斯麦对海外殖民地的兴趣不大，尽量避免刺激英国。威廉二世的世界政策则比较"冲动"。1895年1月，威廉二世宣布："德意志要成为世界帝国。"之后，德国大力扩大海外殖民地，积极扩建海军，最终引起英国对德国遏制。
② 该法案规定了海军力量建设的标准是"两强标准"，本书后面将会提及。英国皇家海军计划在未来5年内建造70艘军舰，其中52艘是主力舰。

想变成基本国策。作为回应，法国于次年开始了规模几乎可以与英国媲美的《10年舰队重建计划》。

宏大的战略设想变成国策，无非有两种可能：一是伟大的历史进程面临中断的危险；二是伟大的历史进程获得迈向更加辉煌的动力。显然，"两强标准"反映了英国丧失优势的危机感。规模全球第二的法国海军令英国感觉如鲠在喉。

然而，威廉二世并没有认识到这是缓解英德矛盾和继续孤立法国的良机，却只简单地感到海军的弱小。于是，威廉二世在法俄结盟导致的危机感和《海权论》思想的双重刺激下，决定扩建德国海军。

战略思想对错决定未战时的胜败。德国海军扩建的战略思想是所谓的"风险理论"，即虽然英国皇家海军在短期内无可匹敌，但部署于全球。因此，德国海军具备在英德间海域对抗其舰队的能力，即使不能击败英国皇家海军舰队，至少也可以令其遭受相当损失，从而被迫退出英德间海域，德国海军便可以不受限制地走向海外。这种战略思想致使战争设计漏洞百出。英国皇家海军可以调集所有主力舰队，不仅将德国海军舰队封锁于英德间海域，还可以切断德国与海外殖民地的航线。风险理论使德国看不到赢得海军竞赛的前景。因为追求局部优势的德国海军，在发展速度与质量上难以与追求全面优势的英国皇家海军相提并论。

德国在海军竞争上的失败之处不仅在于落后的理论基础，还在于失败的外交。德国在英布战争[①]中的反英立场导致自取其辱。作为报复，英国皇家海军对德国商船频繁进行带有侮辱性的阻截和检查。不甘遭到羞辱的德国立即通过了《海军法案》[②]。然

---

① 为争夺南非殖民地，英国与荷兰移民后裔布尔人于1899—1902年爆发的战争。
② 该法案计划将德国海军舰队扩建到拥有38艘战列舰、20艘大型巡洋舰和38艘小型巡洋舰。

而，德国海军的发展速度仍然远远落后于"英国皇家海军的发展速度"①。另外，1902年成立的"英日同盟"②和1904年英法取得海上行为谅解，使英国可以削减驻扎在远东和地中海的舰队，把更多主力舰只调往欧洲海域。德国海军的劣势更加明显。明显的劣势除了刺激德国发展海军的急切心理之外，还强化了德国被孤立的印象，使之在应对欧洲大陆事务时显得更加僵化。

英国的失败之处在于，"两强标准"只是孤立地强大自身海军，没有从法理、舆论和外交上限制对手。如果英国能够采取后来"华盛顿会议"③的方式，就有可能从海军军备方面对德国到处树敌的外交有所约束。单纯的实力博弈使英国看起来总是有意无意地刺激德国冒险，最终令自己不得不被束缚。当然，苛求19世纪的当权者前瞻未来20世纪的世界，是不现实的。

地缘政治现实决定了德国应当比其他大国更加谨慎。地处中欧的德国，必须防止遭受东西两线强敌的同时威胁，其前提是使东西两线中的至少一个大国感到自己不会成为德国首先攻击的对象。显然，在法德世仇存在的情况下，德国的战略先机非常有限。德国要么与俄罗斯保持良好关系，要么与英国保持良好关系，要么形成新的英、法、德、俄、奥等大国协调机制。但不幸的是，德国都没有做到。

基于狭窄的思维逻辑，德国的军事战略由防止东西两线强敌同时攻击的毛奇计划，变成了分别对东西两线主动实施"各个击

---

① 自从提出《海军防御法案》到1902年之间，英国皇家海军已经增加了28艘一等战列舰和4艘二等战列舰，发展速度遥遥领先其他列强。

② 英国与日本为在远东共同遏制俄罗斯、瓜分在中国利益，于1902年1月30日在伦敦签订同盟条约。之后，又分别于1905年、1911年再次签订同盟条约，不断扩大同盟义务。但1911年7月13日签订的同盟条约中，规定其效力不能及于日美两国间战争。1921年华盛顿会议期间，《英日同盟》于1921年12月13日宣告终止，并为英、法、美、日《四国公约》取代。

③ 1921年11月12日—1922年2月6日，美国、英国、日本、法国、意大利、荷兰、比利时、葡萄牙、中国九国在华盛顿举行国际会议，主要讨论太平洋地区和海军军备问题。

破"的施利芬计划。乍一看，毛奇计划的弊端是将战争主动权拱手交与敌人，施利芬计划可以获取战场主动权。但深入分析后，施利芬计划最大的弊端就是让东西两线的大国均认为自己将成为"首先遭到德国攻击的对象"，因而紧紧团结在一起。另外，施利芬计划令英国也感到危险。根据施利芬计划，德军进攻法国的主要方向需要途经西欧低地国家。防止荷兰、比利时等距离英国最近的低地国家遭到安全威胁，是英国维持欧洲大陆均势体系的重要支点。普法战争中，法国皇帝拿破仑三世宁愿屈辱投降，也不愿指挥军队从低地国家撤退，从而破坏向英国作出的保证低地国家安全的承诺。因此，德国废除《德俄再保险条约》[①]与施利芬计划，使德国陷入分别与法国、俄罗斯两线作战的梦魇，致使俾斯麦最为担心的事情出现强烈征兆。

德国大力发展海军使英国感到海权受到威胁；德国在土耳其和巴尔干问题上羞辱俄罗斯；摩洛哥危机几乎制造了又一次德法战争。这些因素无一不促使英国、法国、俄罗斯结成同盟孤立德国。

作为历史的后来者，我们应当更加深刻地认识到，英德矛盾激化不是某些政治人物或者政治思潮上升的结果，而是英德实力发生变化的结果。自从统一以来，德国的成就是惊人的："重工业在19世纪90年代超过英国、1890—1900年的国民生产总值增长速度是英国两倍。19世纪60年代，英国工业产量占世界工业产量的25%，但到了1913年，下降到10%，德国的份额上升到15%。"[②]另外，布尔战争之前，英国财政便陷入自拿破仑战争结束之后从未有过的窘境。当时的财政大臣奥斯丁·张伯伦向首相提出："我

[①] 为孤立法国，俾斯麦与俄罗斯于1887年6月18日签订密约，保证俄罗斯在德国与法国爆发战争时采取中立立场。此前，1879年签订的《德奥同盟条约》规定奥地利将在德国与法国爆发战争时保持中立。因此，德国获得双重保险，德俄密约被称为"保险条约"。威廉二世上台后，拒绝再与俄罗斯签订类似密约。

[②] [美]小约瑟夫·奈：《理解全球冲突与合作：理论与历史》，张小明，译，112页，上海，世纪出版集团，2012。

们对财政的依赖不亚于对海军的依赖。如果爆发大规模战争，恶劣的财政状况将使帝国经济完全瘫痪。"①换言之，统一后的德国，犹如一头莽撞的公牛冲进了瓷器店，将英国习惯已久并极力维护的欧洲大陆均势体系冲击得支离破碎。这一历史过程中，德国实力的快速增长与英国实力的相对下降，才是英德矛盾和德国与其他大国矛盾激化的根源。威廉二世的作用只是使用德国僵硬的战略，加快了双方"摊牌"的进程。

如果再从更高层次看，英国和俄罗斯坐看德国统一，是欧洲大陆均势体系再也无法修复的标志。一是决定欧洲大陆均势体系能否稳定的大国数量增加，导致需要协调的大国关系呈几何级增长。德国统一前，欧洲大陆均势体系主要是围绕遏制法国或者俄罗斯而展开。德国统一后，决定欧洲大陆均势体系的主要是法德俄三个大国，英国无论遏制一个还是两个，都会容易导致另外两个或者一个不被遏制的大国出现新的摇摆。德国位于中欧的地缘政治现实决定了，当德国太强，容易使法俄联合，而德国太弱，又容易激起法俄两个大国中至少一个的野心。英国难以将法德俄"三个球同时玩转"；二是欧洲大陆均势体系只有力量制衡而无内心自觉约束，导致欧洲矛盾焦点转移，所有大国失去战略定力。德国统一之前，不稳定的根源是中欧主导权争夺。中欧权力出现，恰好为中欧强国崛起铺平道路。德国统一之后，尤其是俾斯麦去职之后，法德世仇累积与德俄矛盾激化，欧洲矛盾焦点由中欧扩散至西欧、中欧、东欧三大地区。矛盾扩大使各个大国纷纷急于调整战略和策略。何况德国急躁盲动，令法国和俄罗斯强劲反弹。英国维护越来越难以稳定的均势体系，最终在无法平衡法德俄三个大国的情况下，将德国确定为主要对手。

---

① Keith Nelson. *Britain and the Last Tsar, British Policy and Russia 1984—1917*, 1983, p.129.

美国的"突然"出现

丛林法则支配下的国际社会，权力关系变换的根源，要么是恐惧，要么是贪婪。美国开国元勋托马斯·杰斐逊在向后来的总统詹姆斯·门罗"传授"治国经验时说道："应当争取与最强大的英国的友谊，但前提是建立属于自己的美洲体系。"[1]这成为"门罗主义"[2]的萌芽，也反映了美国的战略设计：美国既将英国当作最大的现实威胁，也将其当作最重要的潜在伙伴，更将主导和控制西半球当作坚实的战略基础。

英国成为美国最危险敌人抑或最重要朋友，并不取决于美国，而取决于英国。门罗主义提出时，正值英国处于全球实力顶峰。此时，"美国连稳定的地理疆域都尚未确定，居然要对抗英国在美洲的殖民活动"[3]。英国对美国的敌意由此产生。

强者明显的敌意容易促使弱者出现两种极端回应：要么特别善于规避风险并且抓住时机主动作为，要么特别冲动而孤注一掷。美国选择了前者。这是美国的明智，也是美国的幸运。明智是因为当时的实力不足以抗衡英国的美国避免了危险。幸运是因为英国需要美国支持它与如西班牙、法国等其他欧洲大国在美洲大陆上的争夺。美英之间互相竞争甚至敌对，但又互相需要甚至互相依赖的复杂关系，从此便奠定了基调。

美国在进入世界舞台之前的每一个历史阶段，从未耽误过一支新生力量应该做的"正经事"。立国之初，乔治·华盛顿、托马

---

[1] Robin Renwick. *Fighting with Allies: American and Britain in Peace and War*, New York: Macmillan Press Ltd., 1996, p.5.

[2] 美国总统詹姆斯·门罗于1823年发表国情咨文演说，阐述了美国外交政策，即欧洲列强不应再殖民美洲，或涉足美国与墨西哥等美洲国家之主权相关事务。而对于欧洲各国之间的争端，或各国与其美洲殖民地之间的战事，美国保持中立。相关战事若发生于美洲，美国将视为具敌意之行为。"门罗主义"被称为美国外交的历史转折点。

[3] Robin Renwick. *Fighting with Allies: American and Britain in Peace and War*, New York: Macmillan Press Ltd. 1996, p.6.

斯·杰斐逊、约翰·亚当斯等开国先贤们，构建了权力受到制衡的国体，奠定了注重实际利益的立国文化，促进了经济社会快速发展。在这期间，历任总统在对欧洲执行"孤立主义"[①]的同时，却从未忘记过"开疆拓土"。美国立国之初仅有13个州。但是，它先后利用武力从墨西哥手中夺取新墨西哥州，利用拿破仑战争从法国手中获得路易斯安那州，并且进行西部拓荒。南北战争[②]之前，美国完成了历史上速度令人难以置信的领土扩张，成为幅员辽阔、人员众多、资源丰富的大国。南北战争之后，亚伯拉罕·林肯总统不仅极力废奴，构建社会公平体系，还不遗余力地颁布了对后来美国命运最具决定性影响的《莫里尔法案》。该法案的核心是，政府有权利用公共用地发展教育，建立公立大学和职业教育体系。凭借此法案，美国在19世纪中期便造就了世界上最完整、最庞大的公立教育体系，为科技创新和激活社会活力奠定了坚实的基础。19世纪末期，当欧洲列强认为美国大搞伪善外交之际，美国国内进步主义运动兴起，促使政府采取了诸多措施，包括消除腐败、限制垄断、保护劳工利益、注重环境和食品安全等，使美国政治、经济、社会等各方面发生深刻变化，极大地焕发了社会活力。1900年，美国在经济总量和工业总产值上全面超越英国。

与国内治理大刀阔斧相比，美国外交显得既坚定又理性，即一边稳定美英关系，一边走向海外。自立国以来，尽管面临英国的巨大威胁，美国却从未与英国陷入零和博弈。即使英国在南北战争中公开支持南方分裂势力，美国也仍然"坚定不移地与英国

---

① "孤立主义"作为一种政策主张，是以尽量避免对外国承担政治和军事义务的同盟关系的方式，来维护和扩展美国的利益，且侧重政治、军事和外交，而在经济和文化等方面并不限制与外界的交往联系。

② 指1861—1865年的美国内战，战争双方为主张联邦制的北方和主张奴隶制的南方，最终北方获得战争胜利。南北战争对美国最大的影响是奴隶制被取缔。自此，美国走上快速发展道路。

取得和解"①。美英关系的稳定，使美国可以利用远离欧洲的有利地理位置，时而利用列强矛盾，时而寻找列强权力真空地带，在不知不觉中不仅成为"美洲大陆的最高主宰者"②，还游刃有余地成为英国主导下的全球秩序的最大受益者。

此间，美国完成了三次意义极为重大的海外行动，分别是在阿拉斯加、巴拿马运河、关岛和菲律宾。

1867年3月30日，结束南北战争仅两年的美国，以720万美元的低价从克里米亚战争之后财政窘迫的俄罗斯，购得不毛之地阿拉斯加。获得阿拉斯加使美国不仅扩大了领土，还在不经意间增强了战略地位。作为英国殖民地的加拿大，与阿拉斯加的接壤边界并未划明，美国与加拿大之间产生边界争议。美加边界争议的实质是美英矛盾。1895年，加拿大与阿拉斯加接壤边界地区发现大型金矿。经济利益争夺将令边界争议激化为军事危机。美国立即向美加边界派出军队，做出不惜一战的姿态。此时，英国忙于应对欧洲大陆事务，在举棋不定中无暇他顾。最终，美加边界争议被付诸国际仲裁。在国际社会没有公认的边界勘察法律可循的情况下，国际仲裁的结果自然是敢于开战的一方获利更多。美国获得美加边界争议地区的大部分权益。当时的美国总统西奥多·罗斯福（老罗斯福）在谈及解决美加边界争议时说："划定阿拉斯加边界，解决美英之间最后一个严重纠纷。"③美国的战略收益不仅包括领土与经济利益，还凭借实力与意志，使美英关系处于一个新的起点上。

1901年，美国从英国手中获得了开凿、管理、防卫巴拿马运河的特权。而且，这一特权无须接受国际共管义务，规定其他国

---

① ［美］托马斯·帕特森：《美国外交政策》（上卷），李庆余，译，290页，北京，中国社会科学出版社，1989。
② 孔华润：《剑桥美国对外关系史》（上），402页，北京，新华出版社，2004。
③ ［美］托马斯·帕特森：《美国外交政策》（上卷），李庆余，译，319页，北京，中国社会科学出版社，1989。

家的船只只有被用于和平目的，才能获得通过许可。1903年，美国通过资助巴拿马独立获得了永久使用巴拿马运河的权利。1914年，巴拿马运河全面竣工。此时，美国可以通过巴拿马运河协调两大洋力量资源，正式走出西半球，分别跨越太平洋和大西洋向东半球进发。

在一个弱肉强食的世界里，大国地位的最重要见证是在海外的军事存在。1908年，美国通过美西战争①从衰落的西班牙手中获得了关岛和菲律宾。美西战争对美国有三个方面的重大意义。一是美国获得在亚洲立足的"桥头堡"。在列强纷纷争夺亚洲时，此举令美国成为重要参与者。政治影响、经济利益自不待言；二是美国在列强全球争夺中处于最灵活的立场中。进入20世纪后，德国和日本分别在欧洲和远东咄咄逼人。它们与英法俄三个老牌强国的矛盾不断激化，成为"风暴中心"。美国战胜衰落的老牌帝国西班牙，显得相对低调，避免成为众矢之的；三是增强对英国的影响力。美国在战争中获得了英国的支持，而不是反对。自此，美国正式成为全球性国家。

在20世纪初期之前，美国看似突然带给英国甚至欧洲意想不到的震慑，其间充满了默默无闻的"耕耘"。"耕耘"的背后，又蕴含着巨大的风险与挫折。美国并不具备与英国对等的实力与经验，但在面对实力强大、经验丰富的"前辈"时表现得不像"初生牛犊"，反倒像经验同等丰富的大国，谨慎、灵活、坚定、亦敌亦友地处理美英关系，使之由一个最大安全威胁，变成了一个有限伙伴。

英国"容忍"美国崛起，总体上有利于优势日减的英国维持全球地位。19世纪后期和20世纪初期，错综复杂的全球秩序令英国首尾难以兼顾。英俄矛盾、英德矛盾、德俄矛盾、法德矛盾、美

---

① 年轻的美国和衰落的西班牙在1898年爆发的战争。最终，获得战争胜利的美国从西班牙手中获得古巴、波多黎各关岛。菲律宾脱离西班牙统治，获得独立地位。

英矛盾、美日矛盾、日俄矛盾，使英国再三衡量之后，必须有所取舍。

此时，美弱英强格局无法颠覆，但英国劣势越来越突出。英国要"照顾"全球，力量难以集中于一个区域，而美国却只需面对英国这一个主要威胁。

日本在艰难中独力崛起

日本自立国以来，长期面对庞大的中国，以中国汉文化为师，闭关自守，从未经历过欧洲列强数百年弱肉强食的"丛林"。只是当美国海军将领佩里"打开"了日本封闭的大门后，日本才刚刚睁开眼睛观察一个"崭新"的世界。不够幸运的是，步入新世界的日本，尚未准备充分便被卷入欧美列强刮起的巨大"龙卷风"中，几乎独自承载巨大的压力。

1894年，远东爆发甲午战争。甲午战争不仅彻底颠覆了几千年以来的东亚封贡体系，还对欧洲产生间接影响。赢得甲午战争的日本，从晚清政府手中获得了令欧洲列强瞠目结舌的巨额赔款和割地，取代中国成为远东的中心力量。这对于历史上长期"仰视别人"的日本而言，足以被认为其民族历史上开天辟地般的"成就"。但是，作为丛林社会中新的一员，日本还不知道如何运用这一"成就"。晚清时期的中国，是英法俄老牌列强瓜分远东的主要对象。在当时一个弱肉强食的世界里，希望在中国领土上也分得"一杯羹"的日本，无法回避英法俄的影响。当德国在中国"插上一脚"时，日本又增加了一个重要对手。"三国干涉还辽"①预示着

---

① 甲午战争后，晚清政府与日本政府于1895年4月17日签订《马关条约》。条约中有一条规定，晚清政府必须割让辽东半岛。但是，法国、德国和俄罗斯于1895年4月23日向日本提出"友善劝告"，迫使日本把辽东半岛还给晚清政府。作为补偿，晚清政府向日本赔款3 000万两白银军费。

日本实现野心的最大障碍是欧美列强。如何利用欧美列强之间错综复杂的矛盾，便成为日本对外战略的主轴。但是，在利用矛盾和同盟为自己谋利上，日本无疑是个"新手"。

经济掠夺总是沿着以自我为中心的道路而由近及远地进行。朝鲜和中国东北距离日本最近，便与俄罗斯产生了矛盾和利益冲突。**与敌人的敌人交好永远是斗争者的本能。**此时的英德矛盾还没有英俄矛盾尖锐。在"协约国集团"①成立之前，法德均不可能帮助英国制衡俄罗斯；经济富有的美国，正执行着孤立主义而对欧洲政治"冷眼旁观"；只有与俄罗斯在朝鲜和中国东北产生矛盾的日本才是英国唯一的现实盟友选项。于是，英国和日本几乎同时相望于对方。**均有意于结盟的双方总会寻找到恰当时机。**1900年，当晚清政府向西方十一国宣战后，日本军队成功解救了被义和团包围的英国驻华使馆，遂令双方之间的"善意"骤然浓厚。八国联军入侵中国时，俄罗斯以"保护"侨民和中东铁路为由，出兵占领东三省全境，宣称"事毕即撤"，但事毕之后却以各种原因拖延撤军。这两件事情说明，俄罗斯在远东的贪婪和狡黠，"为英国和日本这两个最重要的海上力量结盟，播撒下了成熟的种子"②。

同盟均是基于共同需要而成立，但同盟者的心态决定着同盟的广度与深度。英国看到日本的战略价值和急于获得西方承认的心态，确信日本是欧洲之外唯一可助其在远东制衡俄罗斯的力量。英日同盟很快于1902年成立了。

同盟的战略影响不仅取决于同盟的直接起因，还取决于同盟国之间的地缘政治关系。英日同盟的直接起因是欧洲问题，但其

---

① 1907年，以英国、法国、俄罗斯为主成立的同盟。第一次世界大战爆发后，意大利和美国、日本、中国又先后加入协约国集团。与协约国集团相对的是同盟国集团，以德国、奥匈帝国、奥斯曼帝国、保加利亚王国为主。本书中，为突出主要成员国之间关系，在表述时使用美英法等措辞来代表协约国。

② Ian H. Nish. *The Anglo-Japanese Alliance: 1894—1907*, London: Athlone Press, 1966, p.91.

影响已经产生了也许双方均未预料到的持久的全球效应。英国是一个称霸海洋的全球性国家，日本位于远东与美洲大陆之间的太平洋上。英国既可以减少在远东的军事和经济资源的消耗，也可以"腾出手来"巩固它在中东、印度等地区与国家的传统势力范围。英国在远东面对法俄处于海上劣势。"法俄联合海军力量，在战舰数量上以9∶4超过英国，但英国若与日本结盟，会使它在战舰数量上以11∶9占上风，而在巡洋舰方面也占优势。"①英国拥有唯一能够在全球保持存在的海上力量，一旦在具有重要作用的远东处于劣势，将影响到欧洲和印度等至关重要之地的地位。所以，英日同盟既有利于遏制欧亚大陆两端，也有利于完成对美洲大陆尤其是北美大陆的东西夹击。

英日同盟使日本可以倚重英国的全球霸权地位与威望，抗衡近在咫尺的强大的俄罗斯。但是，日本却不可能像同时期的美国那样避免陷入列强复杂矛盾的旋涡。在英国面前，日本属于弱小一方。换言之，英日同盟使日本没有退路可言，只能倚重英国。这就带来一个危险，日本的地位取决于欧洲列强之间变幻莫测的争斗，因而"随时可能被冷落"②。当然，日本不可能在日俄矛盾日益激化时，对与世界最强大的国家结盟苛求得过分完美。因为英日同盟是日本利益最大化的选择。日本如果向俄罗斯妥协，虽然可以暂时维持和平，但仍然面临俄罗斯的战略压力，还可能与英法走向对抗。如果日本与英国结盟，不仅获得海上安全，还与富者为友，获得经贸收益和通商便利。所以，日本选择英国之时，便自然与俄罗斯走向敌对。

也许有人认为，日本可以在英俄之间左右逢源，使自己利益最大化。持这种观点的人显然忽略了民族性对国际关系的影响。

---

① 王绳祖：《国际关系史》卷一，304页，北京，世界知识出版社，1995。
② 后来，英国与俄罗斯尽释前嫌，与法国组建包围德国的协约国集团；美国与日本矛盾激化后，英国又与美国展开军事合作。这两个事件证明了这一点。

欧洲对亚洲的轻蔑之心根深蒂固。日俄战争[①]之前，欧洲列强普遍认为："日本为黄色之侏儒耳，必不堪与俄之巨人开战。"[②]俄罗斯对待日本时，轻蔑之态体现得淋漓尽致。长期作为弱者的日本，强烈的自尊心又使之无法容忍俄罗斯对自己的轻蔑。日本自明治维新以来，全面实施"脱亚入欧"，其核心就是向以英国为代表的欧洲学习并要与英国结盟。日俄双方的民族心态成为现实利益取舍的催化剂，决定了日俄矛盾在继续激化之前妥协的可能性极小。

日俄战争爆发后，俄罗斯在远东天然的军事劣势和英日同盟共同决定了战局。俄罗斯境内只有一条通向远东的铁路。俄罗斯陆军主力部队无法及时运送至远东地区。"英日同盟对于日本的胜利极为重要。"[③]日本战胜俄罗斯，也令英国大受裨益。

日俄战争虽然爆发于远离欧洲万里之外的远东，但却从旁改变了欧洲，进而也改变了世界。日俄战争爆发之际，正是英德海军竞赛激烈之时。战败的俄罗斯无力与英国对抗，英俄矛盾迅速缓解，促使英国开始考虑利用法俄同盟孤立德国。得到德国支持的奥匈帝国受俄罗斯战败的"激励"，加快对东南欧的扩张，间接导致德俄矛盾激化。德俄矛盾的激化、英德海军竞赛、法德世仇等多个因素，加快了两大敌对阵营（英法俄与德国、奥匈帝国）的形成。可见，日俄战争对世界的巨大影响，是俄罗斯地跨两大洲的地缘政治

---

① 1904年2月—1905年9月，日本与俄罗斯为争夺朝鲜半岛和满洲的控制权而在中国东北的土地上进行的一场帝国主义战争。日本令几乎所有欧洲列强吃惊地战胜了俄罗斯。日俄战争后，日本正式进入世界强国行列。值得注意的是，美国成为日俄战争的主要调停者。

② The Thames May,16,1904, London: Thames Press.

③ 根据《英日同盟》义务，英国对日本进行经济和军事的全面支持。例如：1903年4月，英国设法为日本政府获得购买智利两艘大型军舰的合同。当时，日本政府经费不足，英国自行购买上述军舰，防止被俄罗斯海军购以增强其舰队实力。三个月后，当俄罗斯与阿根廷正式交涉购买两艘装甲巡洋舰时，英国政府指示英格兰银行向日本政府提供贷款，使日本海军抢购到了刚刚在意大利下水的上述两艘装甲巡洋舰。日俄战争爆发后，英国皇家海军封锁了达达尼尔海峡，使俄罗斯里海舰队必须从大西洋南下，绕过非洲好望角，再经印度洋和西南太平洋，才能抵达远东，驰援旅太平洋舰队。

价值，而非日本超群的绝对实力。俄罗斯作为欧洲列强中的重要一员，影响着英、法、德、奥匈等大国之间的立场走势。俄罗斯作为远东的重要一员，影响着日本和英国以及后来者美国的立场走势。

日俄战争对世界产生重要影响的另一个标志，是改变了美国亲日抗俄的态度。美国和日本虽然历史经验和民族文化大相径庭，但都对对方采取了极端现实主义的态度。在日俄战争之前，老罗斯福公开宣称："出于抑制俄国人肆无忌惮地扩张的需要，我希望日本获胜。"①当日本驻美大使获悉这一公开表态后，便立即向美国国务卿格里斯海姆表示："日本将能够完全感受到美国的公正和友善。"②当日本海军取得对马海战胜利，战局已定时，老罗斯福却在私下表示："日本人和俄国人在长久对抗中互相削弱，才是我们希望看到的。"③当俄罗斯彻底战败时，美国立即主动承担起调停的"重任"。很明显，无论日本抑或俄罗斯主导远东，均对美国不利。美国调停的目的是在远东形成日俄之间均势，自己作为中间力量进行仲裁，从而坐收渔利。作为战胜国的日本对美国的真实用心自然有所体会。因此，日俄战争之后，美日关系必然发生戏剧般变化。

当美国调停日俄战争后，预示着美国继获得关岛和菲律宾作为进入太平洋的桥头堡、提出"门户开放"④介入远东事务后，开始成为太平洋甚至全球秩序的重要参与者。战胜俄罗斯后的日本与国际地位快速上升的美国，开始在远东地区展开竞争。

---

① E.E.Morrison. *The Letters of Theodore Roosevelt,* London: Cambridge, 1951—1954, p.1394.

② Hikomatsu Kamikawa. *Japan–American Diplomatic Relations in the Meiji–Taisho Era,* Tokyo, 1958, p.173.

③ Esthus Ramond. *Theodore Roosevelt and Japan,* Washington: University of Washington Press, 1966, p.38—39.

④ 1899年，美国政府先后向英、俄等六国政府提出在中国实行所谓"门户开放"、贸易机会均等的照会。门户开放：美国在承认列强在华"势力范围"和已经获得的特权前提下，要求"利益均沾"。"门户开放"政策的主要内容有：对任何条约、口岸或任何既得利益不加干涉；各国货物一律按中国政府现行税率5%征收关税；维护中国的领土和主权完整；对资本主义国家开放；各国在各自的"势力范围"内，对他国船只、货物运输等不得征收高于本国的费用。

美日进行远东争夺，各有优势。日本拥有地利，美国拥有人和。无论是晚清时期，还是中华民国时期，中国尽管贫弱不堪，但位于远东中心，拥有漫长的海岸线、辽阔的陆地以及巨大的市场、能源、劳动力，不仅具有巨大的经济价值，还具有巨大的地缘政治价值。况且，中国数千年的文化传承和民族性，使之具有强大的生存意志。可谓得中国者，才能得远东和太平洋。自19世纪中叶开始，日本对中国极尽所能地蚕食和鲸吞。美国则提出门户开放原则，向列强倡导尊重晚清主权独立和领土主权，将庚子赔款用于帮助晚清政府建立早期大学和公立医院，支持晚清政府进行宪政改革。后来的中华民国政府更视美国为"救星"。日本与美国对中国的不同态度，将迟早决定美日间主动与被动的战略态势。

日本在日俄战争中获胜，可能使自己忽略了从更高的层次上分析取胜原因。实际上，日俄战争的胜利是日本利用列强矛盾的胜利。日俄战争之前，日本背后有美英支持，俄国背后有法国支持，英法又同时与德国为敌，德国希望俄国东进。俄罗斯战败的根源是被欧美列强孤立。因此，尽管战争结果令欧美震惊，但它们并没有对日本产生心理认同。因此，日本所能选择的策略仅仅是赤裸裸的现实主义支配下的地缘政治博弈。日本尽管有英日同盟的战略支撑，但其实是孤立的。日本与美国争夺远东，预示着它更加倚重英日同盟。日本利用列强矛盾谋利的空间正在缩小。而自负和冒险，又容易使日本低估与欧美强国保持同盟的重要性。日本认识到英日同盟对美国造成强大制约，但忽略了英国立场的微妙变化：英俄矛盾缓解和英德矛盾激化导致英国对美国的态度十分微妙而又矛盾。一方面，英国需要美国的支持，以对抗德国；另一方面，英国面临来自美国的资本和金融竞争。英国到底会在美日之间做何选择呢？显然，此时的日本并不具备那种心怀全球的战略视野，只知策略性地用英日同盟制约美国。

美日争夺远东与欧洲局势的变化，说明世界政治舞台已经由以欧洲为中心分别向大西洋和太平洋扩展，美国和日本成为新的前台主角。日本控制着朝鲜和台湾，美国却"拥有"菲律宾、关岛、夏威夷等。第一次世界大战爆发前后，日本似乎更加有利。这主要有两个原因：一是英日同盟令美国有所忌惮。如果英日同盟由针对俄罗斯转而针对美国，美国便面临严峻的安全形势；二是欧洲出现协约国和同盟国两大敌对集团，导致列强无暇东顾；三是美国国内孤立主义思潮成为主流，鉴于欧洲局势紧张而又混乱，将主要注意力集中于欧洲。

日本在远东"近水楼台先得月"的地理优势显露出来。一方面，随着欧洲局势持续紧张，英法俄和德奥都对日本抛出"橄榄枝"，使美国处于一定程度上的孤立境地；另一方面，中国爆发辛亥革命，出现了日本趁乱之机。大国因为政治制度剧变产生的巨大的历史进步，总是需要付出代价的。辛亥革命后的中国就是如此。辛亥革命导致了孙中山和袁世凯这两个具有决定性影响的人物处于竞争与合作的微妙关系当中。孙中山具有很高的民众威望，对中国民众和大部分知识分子具有巨大的感召力；袁世凯是晚清重臣，是晚清宪政改革的"旗手"，掌握着中国最丰厚的政治资源、最精锐的军队，还建立了完善的警察和税收制度。晚清政府垮台之后，中华民国得以成立。政体是按照孙中山所期望的共和制，总统则由袁世凯担任。尽管两股重要政治领导力量妥协，但国家顶层的政治秩序从未稳定。另外，封建专制王朝的垮台总会伴随地方势力的野蛮生长，军阀割据由此萌芽而出。远在太平洋彼岸的美国对于混乱的中国没有实质性的干预能力。当然，处处以实利为先的美国，也不会在政治上过于干预中国的内乱。尤其是孙中山寄居日本和1916年袁世凯死后导致北洋军阀群龙无首，中国进入北洋政府时代，各支军事力量实行封建割据。近在咫尺的日本，比美国更加容易地加强对中国各种势力的渗透和影响。

日本尽管在远东看似占据上风，但美国相对于日本而言获得了更大的全球优势，即英国越来越需要美国。日俄战争之后，英日同盟成为英国制约美国的重要工具。但是，英日同盟意味着英国放弃光荣孤立。尽管这是一次对传统的主动变革，却足以说明英国维护欧洲大陆均势体系已经越来越艰难甚至显得力不从心。全球霸权地位的动摇，使英国的直接敌人是德国，潜在敌人是美国，现实盟友是法国、俄罗斯、日本。因此，英国的最大挑战仍然来自欧洲大陆，而非远东。这预示着，英国早晚要面临在美国和日本之间进行痛苦的"二选一"，任何选项都无法使英国再像拿破仑战争之后那样得心应手而"两全其美"。

美日在远东的竞争与妥协

美国和日本均成为第一次世界大战的受益者。美国起初中立，跨越大西洋的海上贸易随着战况胶着而繁忙，美国的企业、银行利润剧增。欧洲的财富源源不断地流向美国。**当然，既然是与战争双方进行贸易，中立国便只能仅仅停留于政治宣示。因为战争双方对中立国的影响不可能相同。**即便美国不在感情上更加偏向于英法，仅凭英国牢牢掌握大西洋制海权，也足可切断美国与德国之间的战时贸易。美国"参战国自行运输所购军火"规定，更像是专门为英法提供军事援助和反对德国而设置。丧失制海权的德国被迫实行"无限制潜艇战"[①]，最终导致美国政府于1917年4月6日向德国宣战。日本则是"适时"地履行英日同盟义务，于1914年8月23日向德国宣战。但是，日本军队并没有远赴欧洲参战，而是趁机在远东扩张。

美国与日本在第一次世界大战期间的关系复杂而又微妙。第一次世界大战爆发之际，美国偏向于英国，日本则是英国的盟

---

① 为切断英国获得海外援助从而迫使英国退出战争，德国于1917年2月宣布实施无限制潜艇战，德国潜艇可以事先不发警告，而任意击沉任何开往英国水域的商船。值得注意的是，无限制潜艇战对美国战时贸易造成损失，成为导致美国参战的直接原因。

国。二者均不希望也没有足够的精力去激化和应对在远东的矛盾。**但是，矛盾暂时搁置时，矛盾双方总希望使用"合乎情理"的方式占得先机。**美国向列强呼吁："参战各国应当维护在华权益现状。"①毋庸置疑，当欧洲列强无法顾及在华利益时，美国此意明显是约束日本。对此心知肚明的日本，自然不愿意被美国高尚的口号"牵着鼻子走"，而是立即向德国宣战，以武力夺取德国在中国的殖民地山东青岛。

　　日本此举坚定了美国将日本作为在远东地区主要对手的心理认知。但是，有三个原因决定了美国不会主动激化与日本的矛盾：一是美国的重点在欧洲。美日矛盾激化将影响协约国尤其是英国，最终影响美国利润巨大的战时贸易。而且，美国将德国作为主要敌人，美日矛盾激化将有利于德国；二是日本占领山东激起中国反对，中国将更加依赖于美国来制约日本，美国无须着急替中国"打抱不平"；三是日本对英法俄的"贡献"无法与美国相比。美国对英法俄（尤其是英法）的影响力远远超过日本对它们的影响力，有利于未来孤立日本。

　　1914年年底，美国仅对日本出兵占领山东青岛表示了外交抗议。1915年1月18日，日本迫使袁世凯签订"二十一条"②之后，美国虽表示抗议，但最终实际上承认"日本在中国拥有特殊地位"③。1917年4月6日，美国向德国宣战后，伍德罗·威尔逊总统认为："鉴于战胜德国尚需时日，也许某些合作，才是防止日本独霸中国投资市场的最有效手段。"④这表明美国将战胜德国作为最高目标，从而

① Lansing Papers; Vol.1, Washington, 1917, p.2—3.
② 1915年1月18日，日本驻华公使日置益向袁世凯递交了旨在全面控制中国的二十一条要求的文件，并要求政府"绝对保密，尽速答复"。历经五个月谈判交涉，虽然袁世凯奋力争取使条约部分内容得以修改，但仍然秘密签订。该条约不仅极大地损害了中国主权尊严，还影响了欧美列强在华利益。
③ FRUS, 1915, Affairs about Japan, Washington, D.C.:U.S. Government Printing Office, 1915, p.111.
④ FRUS, 1917, Relationship with Japan, Washington, D.C.:U.S. Government Printing Office, 1917, p.271.

调整了对日策略，由反对日本变成了与之有限合作。标志着美国与日本在远东之争中互相妥协的《兰辛—石井协定》①得以签订。

不是建立在真实的实力对比基础上的妥协不可能长久。《兰辛—石井协定》反映的只是美国和日本所面临的不同格局。美国既需要"照顾"远东，更需要集中主要力量在欧洲战胜德国，自然不希望在远东大动干戈。日本只需要集中力量于远东。美国与日本之间真实的实力对比决定了《兰辛—石井协定》的"真实寿命"。第一次世界大战刚刚结束，美日矛盾便重新激化。因此美日成为远东的主角，英国则变成重要配角。

整个第一次世界大战期间，日本在远东的咄咄逼人不是因为实力优势，而是根植于天然资源的稀缺和由此带来的安全感的缺失，从而妄图垄断市场和资源。美国却正好相反，希望全世界走向开放和自由贸易，因而极力反对日本垄断导致市场体系封闭。美日争夺远东的经济性目标印证了未来二者争夺太平洋海权秩序的本质。

美日各自"收获"对未来各自命运的影响是不一样的。第一次世界大战不仅令美国掌握了全世界大部分的物质财富，还通过倡导"14点计划"②和成立"国际联盟"③站在了全世界的道德制高点上。当然，美国有些设想功败垂成，甚至还体现出独有的自私与短视。

---

① 1917年11月2日，美国国务卿兰辛和日本全权代表石井菊次郎签订《美日共同宣言》。其中，美国承认日本在中国享有"特殊利益"，两国政府重申在中国尊重"门户开放、机会均等"的原则。1923年，该宣言被废除。

② 由威尔逊首次在1918年1月8日国会演讲中提出，主要内容包括：公开外交；公海自由；贸易自由；裁军；尊重殖民地人民公意；外国军队撤出俄罗斯；德国军队撤出比利时，保证比利时主权独立；普法战争被迫割让给普鲁士的阿尔萨斯和洛林回归法国；根据居民的种族重新划定意大利的疆界；重建波兰国家并以国际条约保障其独立；对奥匈帝国、土耳其帝国、巴尔干诸国也提出了相应政策；关键是最后一点，威尔逊明确提出，必须根据专门的章程建立国家之间的普遍联合，其宗旨为"国无大小，一律相互保障彼此的政治独立和领土完整"。

③ 成立国际联盟是威尔逊构建战后世界秩序的主要主张之一。它于1920年1月10日成立，宗旨是裁军、反对以战争方式解决国际纠纷、提高国际贸易水平等。最多时，国际联盟会员国达58个。由于各种原因，美国没有加入国际联盟。虽然国际联盟是失败的集体安全机制，但为成立联合国提供了重要借鉴。第二次世界大战结束后，国际联盟被联合国取代，其档案全部移交给联合国。

第一次世界大战虽然令日本进一步扩大了在远东的军事存在，令其似乎越来越强盛，但实际上，这是狂妄与盲动导致越来越孤立的开始。因为华盛顿会议之后，日本由胜利者变成了孤困者。

第二节　凡尔赛—华盛顿体系的多舛

凡尔赛—华盛顿体系是丰富而又庞大的，远不止世界海权秩序变化和太平洋海上实力对比变化所能解释。美英二者海上地位的转换及其带来的影响反映了凡尔赛—华盛顿体系的天然脆弱与些许进步。天然脆弱，是因为**霸权国家维护霸权地位，通常首先考虑的是令现实和潜在的挑战者失败；如果不能，便尽量降低维护霸权地位的成本。总之，霸权国家从来不会主动放弃霸权地位。**作为霸权国家的英国被动与作为新兴力量的美国协调，加上历史积怨导致的欧洲的局限性、纳粹的兴起、美日间单纯的实力博弈、绥靖主义等，共同摧毁了凡尔赛—华盛顿体系。这说明凡尔赛—华盛顿体系没有摆脱丛林法则对世界和平的毒害，仅仅是战争准备之前的暂时妥协，旧历史将随时可能反复。些许进步，是因为在一个充斥着仇恨、不公、冷酷的时代里，凡尔赛—华盛顿体系一定程度上表明决定世界命运的大国，对世界和平的构建做出了探索。大国之间互相制约与妥协，对大国野心具有一定的遏制作用，从而避免过多悲剧的发生。

美国在第一次世界大战之后构建秩序的努力

第一次世界大战之前，美国便成为全球性国家，但并不是主导性国家。第一次世界大战刚爆发时，威尔逊在宣布美国中立时说："我们对持久和平的判断，特别容易受到对战争中某一方的同情心的影响。"①随之，他提出了"没有胜利者的和平"的观念。这是对欧洲历史经验的颠覆。此时的威尔逊显得比所有欧洲国家领导人更深刻、更具远见卓识。当第一次世界大战正酣时，他又提出14点计划。这又预示着美国将在欧洲甚至全世界实践自己的理想。第一次世界大战结束后，欧洲大陆变成断壁残垣，人们美好的前景被战争毁灭，对美国的期望非常高，正是美国实现理想的良机。"美国挟其信心、实力与理想主义登上国际舞台，这些都是兵疲马困的西欧盟国所难以企及的。"②巴黎和会成为没有深度介入欧洲治乱经验的美国追求全球性领导地位的象征。

威尔逊初到巴黎时，大受欢迎。因为他"迎合了当时欧洲政治势力之间斗争的形势，即在第一次世界大战后期，要求变革的力量压倒了维持现存秩序的保守力量"③。但是，经受丛林法则数百年的欧洲很难相信美国"仅仅希望成为世界上的道德领袖"④。仅此一点，便可证明追求战争胜利与构建战争之后的和平有着截然不同的法则。

每个国家都是按照自身经验和现实需要设想和构建未来。第一次世界大战结束后，美国能否以及在多大程度上获得成功，取决于它对英法等战胜国的影响。战后秩序安排的核心是如何处理战败的德国。英国出于维护欧洲大陆均势需要，不主张过分严格地处罚德国；法国希望德国永世不得翻身；美国"不愿意德国崩溃，希望德国成为未来稳定欧洲秩序的重要力量"⑤。

① The Papers of Woodrow Wilson, Washington, Vol. 40, 1918, p.68.
② ［美］亨利·基辛格：《大外交》，顾淑馨、林添贵，译，212页，海口，海南出版社，2010。
③ Amo J.Mayer. *The World Wilson vs. Lenin: Political Origins of the New Diplomacy, 1917—1919*, Cleveland and New York Publishing Company, 1964, p.113.
④ Emily S.Rosenberg. *Spreading the American Dream: American Economic and Cultural Expansion, 1890—1945*, New York: Hill and Wang, 1982, p.46.
⑤ Arthur S.Link. *Woodrow Wilson: Revolution, War, and Peace*, New York: University of New York, 1919, p.27.

威尔逊在巴黎和会提交的方案，尽量照顾到了各方利益及感受，尤其避免过于苛刻地处理以德国为首的战败国。显然，他希望化解战争仇恨。方案中的高尚论调获得民众和舆论的欢迎，大部分内容也获得以英法为首的战胜国的认同。但是关于如何惩罚德国的问题令法国和意大利不满，关于殖民地的安排遭到英国拒绝。因此，巴黎和会上的争吵，主要是美、英、法、意之间的争吵。

英法尤其是法国，无法接受对德国"宽宏大量"的战后安排。但是，经过大战消耗的英法等国，依赖于美国经济援助。所以，英法极力和美国"讨价还价"。最终通过的《凡尔赛条约》成为美、英、法等多个国家妥协的产物。在对德国惩罚的问题上，英法等要求大多得到满足，特别是法国的意见。

执行《凡尔赛条约》成为法国惩罚德国的方式。条约中规定的战争赔款要求远远超过了德国经济可以承受的程度，变成了赤裸裸的"压榨"。另外，对德国的军备限制，几乎恶毒地伤害了德意志民族的自尊心。

以构建集体安全为宗旨的国际联盟虽然成立，但对集体安全知之甚少甚至对其排斥的欧洲，难以在实际行动中贯彻。国际联盟实质上成为英法等欧洲大国的权力工具，而不是多方协商的舞台。集体安全的设想异化成英法主宰世界，解决欧洲遗留问题和殖民地问题的机制无法有效运行。

第一次世界大战后，美国塑造欧洲秩序基本失败。因为欧洲传统的均势、制衡、势力范围、武力、同盟、世仇等权力政治思维并没有改变。然而，这并不是美国提出的构想本身的失败，而是美国的理念过于超前，超越了欧洲能够接受的程度。

当威尔逊带着已经变味的《凡尔赛条约》回到美国时，国会的回答却是两次予以否决。1920年，共和党人沃伦·哈定成为新一任总统，宣告了美国重新回归孤立主义。然而，这不代表美国退出国际社会。因为第一次世界大战已经说明，美国与世界已经难以割舍。久经战乱的欧洲高度依赖美国，美国需要欧洲的市场。孤立主义的此时回归，只是基于政治上对欧洲各国背离美国的不满，而不是表示美国可以放弃欧洲市场。只是代表美国参与国际事务的方式的改变，而不是立场的改变。相反，退回到孤立主义立场的美国，可以在欧洲享有更大的自由。而且，美国表现出来的和平形象得到被它战胜的德国的好感，使德国政府认为"美国虽然天然倾向于协约国的事业，却是一个真诚奉行和平正义的国家"[①]。这些变化为美国影响欧洲秩序提供了更宽广的渠道。

《十年规划》的背后

第一次世界大战结束之后，和平业已出现。英国暂时安全无虞。首先，欧洲大陆没有能够威胁英国的现实和潜在敌人：德国战败、法国遭到削弱、俄罗斯变成苏联后屡遭围攻。其次，远东地区最强大的国家日本是英国的盟友。最后，尽管美国拥有不可超越的经济实力和战争潜力，但《凡尔赛条约》证明了美国还难以具备如英国那样的政治影响力和国际斗争经验。英国似乎仍然处于世界之巅，似乎还可以拥有从克里米亚战争以来少有的"清闲日子"。和平主义思潮的出现便成为必然。

战争利害的评判标准归根结底是经济。第一次世界大战的胜利是英国最近三百年中代价最惨重的胜利："商船损失超过40%、政府欠债13.4亿英镑、伦敦世界金融中心的地位被纽约取代、战后失业总人数接近100万。"[②]财政不堪重负，令政府不得不将休养生息作为首要政策。

① ［美］S.F.比尔斯：《美国外交史》第三分册，叶笃义，译，127页，北京，商务印书馆，1997。

② A.J.P.Taylor. *English History 1914—1945,* London: Oxford University Press, 1992, p.160.

　　现代政治文明必然要求政府将发展经济和社会事务、提高民众生活水平作为合法存在的基础。判断"十年内不会爆发大规模战争"[①]的英国政府，在和平思潮推波助澜和经济困境的倒逼压力下，出台了旨在防止军备影响民生的《十年规划》。从常理看，《十年规划》是务实的。但是，它也足以说明"尽管第一次世界大战过去不久，但政府并没有从灾难中汲取教训"[②]。

　　第一次世界大战结束时的英国，已经不复拿破仑战争结束时的巅峰。《十年规划》的目标是集中力量恢复经济。这必将以损害军备为代价。作为长期从事战争和拥有全球军事行动力量体系的英国，突然决定以削弱军备消耗而集中发展经济，又使财政、军事、社会管理等政府部门之间的既定利益格局遭遇冲击，政府运转体系不再顺畅。军费开支的减少又刺激陆军和海军争夺有限的资源。当空军成立时，军种之间樊篱更加明显，降低了制定和贯彻军事政策的整体效率。

　　巴黎和会制造了培育和掩盖更大危机的和平。大国争霸造成的种种战争根源仍然在欧洲如幽灵一般存在，并似乎成为一种"传染病"，由欧洲传到了远东。首先，欧洲更加不稳定。德国战败，受到《凡尔赛条约》的羞辱；俄罗斯成为苏联，仍然是欧洲侧翼另外一个难以预料的不稳定因素；德国和苏联两个大国均对《凡尔赛条约》后的欧洲大陆秩序不满。如果德国和苏联重新走向强大，将意味着欧洲更加剧烈动荡的可能性。其次，美日在远东的经济利益之争扩大为太平洋海权之争。美国与日本的矛盾激化到了令英国必须进行艰难抉择的地步。英国如果要想保持英日同盟，就要独立应对美国。美国强大的资本与金融实力以及战争

---

①　*Treasury Control. The Ten Year Rule and British Services Policies, 1919—1924,* The Historical Journal 30. April, 1987, p.859.

②　Brian Bond. *British Military Policy between the Two World Wars,* London: Cambridge, 1955, p.34—36.

潜力，是英国力所不及的。即使英国背弃英日同盟，美国也不可能放弃挑战英国的全球海上霸权地位和冲击全球贸易体系。欧洲和太平洋同步紧张的局势使英国再也无法恢复历史上的胜利者地位，既无力在欧洲和太平洋制造均势体系，也无法在多支力量之间灵活变换敌友。英国削弱军备之举无疑是为自己埋下祸根。

英国极力维护欧洲大陆均势体系的传统是不惜一战也要维护和平；《十年规划》则是以伤害维护和平的能力和意志为代价来走向战争。政府不可能不知道削弱军备的风险，《十年规划》实属被迫无奈之举，表明英国内政与外交已经失调：内政已无足够的底气支撑外交，传统外交也无法为内政服务。**作为全球利益体，霸权国家从来没有单纯的内政与外交之分，二者是一体的。在转变内政外交的重要时刻，霸权国家如果仅有对现实状态的逻辑推理，判断未来的同时不反思和纠正历史错误经验，眼光只局限于国内一隅，对外政策仍然教条般地执行"金科玉律"，衰落的历史悲剧迟早会出现。**

《十年规划》的错误和维护均势体系的错误，在本质上是一样的。英国只考虑自己个体和事后反应，从来不愿意也不会从整体秩序的角度来解决欧洲乃至世界的问题。当然，这不仅是英国的弱点，也是欧洲历史暴露出来的弱点。

《十年规划》是第一次世界大战后英国国运的缩影。步履艰难的英国，始终没有放弃领导地位，不断地依据国际国内形势进行调整。它面对美国强势崛起、欧亚战争策源地威胁不断扩大，时有失误与短视。但是，实力不足并不代表战胜国的自信与意志的丧失。英国仍然富有技巧地在实力与目标之间、手段与责任之间进行调和，如在美日之间只能两害相权取其轻，宁愿承受着美国的巨大压力，也没有将美国变成敌对国。何况，日本第一次世界大战期间的所作所为，已经威胁到英国在远东的利益。更加重要的是，得益于自己的精明与务实，英国塑造了世界上最重要的双边关系——美英特殊关系，使它仍然是世界上举足轻重的一支力量。

美英海上地位的转换和凡尔赛—华盛顿体系的建立

霸权的基石是军队。海军一直是英国"玩转"欧洲、维护全球霸权地位的基石。海军优势不再，意味着霸权地位不再。

强大的军队从来都是"奢侈品"，何况是集各种先进技术、工艺和优秀人才才能打造而出的海军。**没有强大的经济实力和科技实力，便不可能有强大的海军。**第一次世界大战前，全球只有美国、德国是英国全球海上地位潜在的超越者。它们二者的共同点是第二次工业革命的统领者，从而具备了强大的经济实力和科技实力。

在追赶者形成后发优势之前，战争更有利于引领者，而不利于追赶者。第一次世界大战令德国海军超越英国皇家海军的步伐被迫停止，此外，处于欧洲大陆中心的德国，还需要维持一支强大的陆军。

已经成为经济和科技"巨无霸"的美国则完全不同。大西洋的阻隔和欧洲大陆的混乱令美国发展海军的进程不会被战争打乱，甚至还会受到战争的"激励"。欧洲大战对于美国海军的成长绝对是天赐良机。一方面，大战双方都在争取美国，也就难以有效制约美国发展海军。尤其是英国忙于欧洲大陆战事，无法采取实质性的反制措施；另一方面，胜负无论属于哪一方，快速发展壮大的海军都将使美国成为受益者。因为鏖战过后的欧洲大国，任谁作为最后的胜利者，既不可能威胁美国本土安全，也无能力和意志再与美国进行海上决战。换言之，美国最坏的结局就是在海上面临一个受到大战削弱的英国。美国尽管"中立"但明显偏向于英法等协约国。因此，美国发展超过英国海军的"挖墙脚"行为看起来比较"合理"。

1916年8月，在大战中"中立"的美国，国会通过了《海军法案》，计划共耗资5亿美元建造156艘军舰。显然，美国决心拥有一支比英国更加强大的海军。美国取代英国全球主导地位的雄心壮志在欧洲大战正酣之际便跃然纸上。大战结束后，不甘心丧失全球海上霸权地位的英国与作为新兴海军强国的美国，围绕海军军备的争吵从未停息过。在巴黎和会期间，美英的海军军备之争几乎影响到和会进程。威尔逊以极为明显的威胁口吻公开宣称："如果你们（英国）不限制海军军备，我们将建造世界上最强大的海军。"[1]英国则以反对成立国际联盟要挟美国。最终，双方同意在《凡尔赛条约》签订后再商讨两国海军主力舰的数量分配。

实际上，大战刚刚结束时，双方的经济实力对比、军事潜力对比便决定了，英国要想继续维持强势的海上地位，就必须以"获得与美国对等的力量为基础，而不是实际需要为基础"[2]。然而，英国不可能冒着损害经济、金融、社会民生为代价，与比德国富有得多、强大得多的美国，展开规模更大、消耗更大的海军竞赛。1921年，美国海军军费几乎占整个国家预算的三分之一。英国军政高层认识到英国"根本无力阻止美国建立一支与自己实力相当甚至超过自己的海军力量"[3]。这预示着英国未来的全球海上地位，在相当大程度上不是取决于自己，而是取决于美国。另外，日本在第一次世界大战结束后急速扩充海军。1920年，日本国会通过建设"八·八舰队"海军扩军计划。1921年，日本海军预算几乎占据日本全国财政收入的三分之一。

第一次世界大战之后，英国皇家海军优势摇摇欲坠的同时，令

[1] Phillips P. *British and American Naval Power: Poetics and Policy, 1900—1936*, London: Praeger Publish, 1995, p.137.

[2] J.Ramsay MacDonald. *The London Naval Conference*, in Journal of the Royal Institute of International Affair. Vol. 9, 1930, p.441—442.

[3] N.H.Gibbs. *Grand Strategy*. Vol.26, London: Her Majesty's Stationery Office.1931, p.7.

美国忌惮的英日同盟，也处于瓦解的前夜。**在现实主义者眼中，同盟有两个作用：一是孤立对手的"倍增器"；二是与对手妥协的"筹码"。对手决定了同盟的价值。**从地缘政治角度看，美国在大西洋和太平洋同时面临两个强大海权力量而受到约束和震慑时，英日同盟便应当成为第一次世界大战后英国维持海军优势的强力支柱。但是，美国始终没有和英国走向彻底敌对。英国在战后对德国赔偿、恢复国内经济、维持欧洲大陆均势等诸多方面，无法脱离与美国的合作，甚至需要美国的帮助。英国不可能利用英日同盟作为孤立美国的地缘政治"武器"。与美国争夺太平洋海权日趋激烈的日本，倒是希望更加看重英日同盟的价值。然而，在远东日益强势的日本，对英国而言，已经由潜在威胁日益变成现实威胁。美国的国际作用、美日矛盾激化、英日对美国的不同态度、日本对英国的威胁等因素，决定了英国维护英日同盟并非上策。

在既需要美国又遭遇来自美国的强大压力时，奉行现实主义的英国很容易认识到："如果未来需要与美国全心全意合作，才能维持世界每一地区的和平，那么，与日本某些形式的同盟，便成为阻止我们寻求与美国友谊的可怕障碍。"[1]显然，当美日矛盾不可调和时，英国无论是基于利益还是基于威胁，最终都选择了美国。英日同盟成为英国在美国面前的"筹码"，而不是"武器"。

安全压力和由此导致的危险令所有国家都必须正视妥协的价值。美英海军竞赛、美日太平洋海权争夺、国际裁军运动的兴起、各自发展经济的共同需要等因素，促成了华盛顿会议。会议成果体现在三个公约中：《四国公约》[2]体面地结束了英日同盟；

---

[1] Robin Butler, J.P.T.Bury. *Documents on British Foreign Policy, 1919—1939*, Series 1, Vol.14, London, 1966, p.224.

[2] 指美国、英国、日本和法国在1921年12月13日签订的《关于太平洋区域岛屿属地和领地的条约》(简称《四国条约》)，有效期为十年。条约规定：互相尊重各自在太平洋地区岛屿属地和岛屿领地权利；缔约国之间应当通过召开国际会议解决太平洋地区争端；英日同盟应予终止；等。

《五国海军条约》[1]确定了美、英、日、法、意主力舰吨位比例为
5∶5∶3∶1.75∶1.75；《九国公约》[2]打破了日本独霸中国的局面。
凡尔赛—华盛顿体系由此形成。

凡尔赛—华盛顿体系对英国造成了巨大压力，也使英国避免
了最危险的局面。英国在第一次世界大战之后，不仅面临重构欧
洲大陆均势的挑战，还面临强大的美国和不稳定的日本。虽然失
去了英日同盟，但由于接受美国海上地位与自己平起平坐，英国
与更加强大的美国获得谅解，暂时缓解了海军竞赛造成的压力和
国内的经济压力。如果英国与美国走向敌对，将为自己制造最危
险的对手。当然，英国也陷入了一种尴尬境地，即无力阻止美国
继续扩充海军。英国宣布放弃"两强标准"，改为"一强标准"，即
"海军在力量上不应弱于其他任何一国的海军"[3]。面对经济实力
和科技实力雄厚的美国，即便"一强标准"亦属勉为其难。从这
个角度看，一强标准标志着英国独霸全球海洋的历史开始走向终
结。英国必须要开始学习在海上与另外一个更加强大的力量协调
并影响它，而不是自如地维持欧洲大陆均势体系。

美国是凡尔赛—华盛顿体系的最大受益者。经济和科技占据
绝对优势的美国既埋葬英日同盟，使太平洋和大西洋上两个可能
的最强大对手同盟终止，又获得日本和欧洲大陆列强难以获得的
与英国在海上平起平坐的地位。美国与英国互相承认对等的海上
地位，意味着美国"与欧洲大国或欧日同盟之间爆发战争的可能
性变得微乎其微"[4]。美国需要面对的安全威胁只有在太平洋。如

---

[1] 1922年2月6日，美国、英国、法国、意大利、日本在华盛顿签订《美英法意日五国
   关于限制海军军备条约》（简称《五国海军条约》）。条约于1923年8月17日生效。
   1930年4月22日，上述五国又在伦敦签订《限制和裁减海军军备条约》，作为对该条
   约的补充和修订。
[2] 全称《九国关于中国事件应适用各原则及政策之条约》，简称《九国公约》。
[3] N.H.Gibbs. *Grand Strategy*. Vol.27, London: Her Majesty's Stationery Office.1931, p.9.
[4] Mark A. *Stolen Allies and Adversaries: The Joint Chiefs of Staff, the Grand Alliance, and U.S.
   Strategy in Second World War*, Raleigh: The University of North Carolina Press, 2000, p.4.

果与日本矛盾继续激化，美国也至少可以争取英国中立。

凡尔赛—华盛顿体系对日本的影响是复杂多重的。凭借华盛顿会议，日本海上地位超过了法国和意大利，获得当时国际社会中最强大的美国、英国对其海上地位的承认。但是，日本受到了美英限制。**作为相对弱小的一方，除非加入了更加强大的战略同盟，否则对其具有决定性价值的战略同盟终结，即便不意味着灾难，也必将意味着困境的开始。这在现实的国际关系中是一条屡见不鲜的铁律。**"几乎排除了美英爆发战争的任何可能性"①的凡尔赛—华盛顿体系终结了英日同盟，使日本在远东陷入前所未有的孤立境地。20余年的英日同盟，使孤悬于欧美之外的日本，从遭受列强歧视跻身于世界五大强国行列。英日同盟终结后，日本在远东单独面对最富有的美国和最强大的英国。美国在与日本争夺太平洋海权中，从终结英日同盟开始，逐步获得战略主动权。日本之后的强势与主动，无非是摆脱被动局面的冒险罢了。英日同盟终止对日本最大的消极影响不是海上实力受到制约，而是制造了它彻底陷入孤立无援时的心态。这种心态驱使着日本生硬地将西方尤其是美英当作顽敌，最终使自己为避免暴露脆弱之处不得不疯狂冒险。

从海军军备的比例看，华盛顿会议是妥协的结果。**任何妥协都是历史地位的延续与现实实力对比的综合反映。**华盛顿会议使各个大国可以沿着条约设定的轨道，根据自身实力地位扩张势力。1930年伦敦海军会议②只是既定态势的巩固而已，优劣之势

---

① N.H.Gibbs. *Grand Strategy.* Vol.1, London: Her Majesty's Stationery Office, 1931, p.23.

② 1930年伦敦海军会议上，英、美、日三国签署了《限制和裁减海军军备的国际条约》，作为对1922年《五国海军条约》的补充。条约规定：三国驱逐舰的吨位比是10∶10∶7，潜水艇的吨位比是10∶10∶10。美国在非主力舰方面取得与英国相等的地位，英国巡洋舰50艘，只比美国多1艘，低于英国皇家海军之前70艘的要求。日本在非主力舰方面突破了与英美主力舰5∶5∶3的框架，并在潜水艇方面争得与英美对等的地位。但是，法国要求与会国以条约的形式给予它安全保障，意大利则要求获得与法国同等的海军地位，而这两个要求都没有得到满足，因此，法国和意大利拒绝签字。

并无根本性改变，但英国主导全球海权秩序的时代日益远去。

主导者的劣势就是要管的事太多而力量分散。英国虽然仍与美国对等，但是英国承担着欧洲海域、印度洋和非洲海域及远东海域的海上责任。而美国不仅不需要分散力量，甚至还可以利用和平时期集中精力发展经济和科技，夯实发展海军的基础。1929年，席卷资本主义世界的经济危机爆发，美英之间的海上地位在20世纪30年代开始倾斜。1931年，九一八事变爆发，1933年，信奉法西斯主义的阿道夫·希特勒上台。远东和欧洲先后出现动荡，令英国不得不又面临比拿破仑战争之前、克里米亚战争之前、第一次世界大战之前更加混乱的欧洲和世界。美国虽然也感受到了威胁和压力，但并不像英国那样直接面对乱局，而是可以利用两洋的屏护和孤立主义，继续吸引世界的财富流向美国。英国的困境和世界局势对美英的共同威胁，使美英开始由竞争关系变为协调关系。

美日走向敌对

国际条约和国际体系的稳定性取决于最大不满者。华盛顿会议确定海军主力舰吨位比例和太平洋地区态势安排，仅仅意味着美日之间暂时妥协。美英日三家中，处于孤立后的日本是华盛顿会议的最大失意者，互为谅解后的美英尤其是美国成为华盛顿会议的最大受益者。美日之间主动与被动之势逆转，不断刺激着日本寻求打破孤立与困境的机会。

日本海军绕过主力舰的吨位限制，极力扩充建造所谓的辅助舰，发展速度遥遥领先于美英海军。1930年，"日本海军吨位数达到了规定额度的96%，英国达到82%，美国达到61%"[①]。发展速度

---

① 吴相湘：《第二次中日战争史》上册，93页，台北，综合月刊社，1973。

的领先反映的是国家实力投入海军的比例，而非国家实力本身。因此，这种领先不是实力上的领先，而是危机感更强的反映。

20世纪20年代后，远东局势出现了有利于日本的"机遇"。首先，中国陷入政治混乱。国民党作为名义上的统治者，高层内斗；各支地方军阀力量坐拥山头，行军阀割据之实。中国国内乱象丛生，有利于日本利用各种势力依赖外部支持而维护"特殊权益"。其次，美国盛行孤立主义，美国政府介入海外事务难以得到国内支持。

第一次世界大战期间，日本利用中国的贫穷和软弱，强占了中国山东。而上述所谓"机遇"的出现，刺激着日本更大的野心。日本加快了对华入侵准备和部署。日本在维护满蒙势力范围的基础上，制造了"济南惨案"①和"皇姑屯事件"②。美国认为，日本的恶劣行径尽管违背了华盛顿会议精神，却并没有伤害自己的实际利益，于是仅表示了外交抗议。然而，中日矛盾的有形激化，也无形地刺激着美日矛盾。

1929年，经济危机席卷了整个资本主义世界，美国只能将精力集中于国内经济事务。同样深陷于经济危机的日本，只能通过加快对中国的入侵减轻压力。另外，经济危机对欧洲的冲击相当剧烈，凡尔赛体系烟消云散，被掩盖的矛盾重新尖锐，战争火种重新开始引燃。

1931年，九一八事变爆发时，正值欧洲列强忙于应付欧洲事务、美国国内经济危机影响严重、中国国内政局混乱。这些情况并没有促使欧美因为日本公然破坏华盛顿体系的行为而"摊牌"，仅仅进行了口诛笔伐。

---

① 1928年5月3日，为武力阻止国民革命军北伐，日军侵入济南，枪杀中国政府所设的山东交涉署蔡公时并割去其耳鼻，然后将交涉署职员全部杀害。之后，日军在济南城内肆意焚掠屠杀。
② 1928年6月4日，为控制中国东北，日本关东军制造列车爆炸事件，谋杀了奉系军阀首领张作霖。

但是，"美国虽不是国际联盟成员国，却对国际联盟有着极大的影响力，每当（国际联盟）行政院考虑一项重大问题时，代表们就要把注意力转向华盛顿，观望美国对这一具体问题的兴趣和态度"[1]。所以，尽管日本兵不血刃地占领了中国东北全境，却由于美国的反对而进一步陷入外交孤立。**被强者逼至孤立无援时，要么孤注一掷，要么妥协退让。**日本在外交上采取了前者，孤注一掷地退出国际联盟。美日之间的敌对立场由此全面公开。

大国国内政局变化对国际关系的冲击总会在危急时刻体现出来。1933年，执国际主义立场的富兰克林·罗斯福成为美国总统后，对美英合作执积极立场。此时的英国在远东也面临日本日益增强的压力。所以，美英联合起来压制日本的政治氛围已经形成。至此，美国、英国、日本三者之间的关系开始成为全球关系的缩影。尽管美国面临困境：既不希望日本独占中国，也无法对日本主动使用武力，但是，美英开始在太平洋地区合作，意味着日本迟早面临要么进行战争冒险要么投降的绝境。

1937年，日本又制造了七七事变，全面侵华证明了它继续冒险的野心。几经反复与曲折，美国对日本开始进行经济制裁和石油禁运。日本一步步地由困境走向绝境的同时，美日之间的战争也一步步地逼近，太平洋海权秩序的结局也一步步地变得明朗。

纵观第一次世界大战结束后到第二次世界大战爆发这一历史时期，美日之间由矛盾激化至爆发太平洋战争，正如两个站在对立面上怒目相视的人，不断互相靠近并压缩着互相妥协的空间，最终，其中先感到危险之人铤而走险，导致双方图穷匕首见。

在美国看来，日本的所作所为是企图逐步打破凡尔赛—华盛顿体系；在日本看来，美国的所作所为是对自己咽喉的步步紧锁。也许按照日本在远东（特别是中国）越孤立越冒险扩张的心态

---

[1]　顾维钧：《顾维钧回忆录》第一分册，214页，北京，中华书局，1983。

看，如果没有1929年的经济危机，日本可能不至于冒加快与美国"摊牌"的风险而肆意妄为。因为美英为了实利随时可能采取"绥靖政策"[1]，这在后来的历史上都是确有其例可循的，毕竟"门户开放、利益均沾"的本质不是故意与强者为敌，而是反对利益独吞。

美英在曲折中走向合作

第一次世界大战结束后，威尔逊主义成为世界公认的国际政治道德戒律，但《凡尔赛条约》却充斥着对它的否定。美国国会拒绝批准《凡尔赛条约》已经显示了对欧洲的态度，尤其是对英国的态度。美国认为《凡尔赛条约》代表着英国的背叛。欧洲也并不与自己"一条心"，而是时时刻刻利用自己谋求私利。因此，孤立主义在美国国内盛行。

接下来，美英双方在海军军备限制谈判、德国赔偿、战争债务等诸多问题上，尽管时有妥协但总是龃龉不断。这些龃龉伴随着美国退出国际联盟和欧洲的混乱，使欧洲人认为，超然于欧洲政治之外的美国，其高尚言辞的真实用意只是掩盖伪善，最终是"将人（欧洲）引入歧途，再弃之不顾"[2]。成为世界最大债权国的美国则认为，欧洲既缺乏胸怀天下的道德感，又缺乏按期偿还战争债务的商业信誉。

按照大国零和博弈的常规逻辑看，华盛顿会议之后，世界将要形成美英间"一山难容二虎"之势。但是，双方并未出现对抗，而是开始进行广泛的合作。这主要由两个因素导致：一是英国陷

---

[1] 绥靖政策不仅体现在众所周知的发生在欧洲的慕尼黑阴谋上，英国在远东对日本的政策同样有强烈的绥靖色彩。1939年4月，天津英租界一名汉奸遭到刺杀，日军立即派兵包围英租界，并威胁英国交出行刺者。随后，在英日两国谈判中，英国承认在华日军"为保障其自身之安全与维持其侵占区内公安之目的，应有特殊之要求"并向日本方面保证："凡有妨碍日军达到上述目的之行动，英国政府均无意加以赞助。"最终，英国将在租界内被捕的四名中国行刺者引渡给日军。

[2] David Reynolds. *The Creation of the Anglo-American Alliance 1937—1941*, 1987, p.10.

入困境和美国综合国力已经超过英国；二是世界上出现了美英的共同威胁。在英国独自面对欧洲和远东乱局的过程中，美国也开始感到了纳粹德国和日本的同步威胁。前者使英国无力遏制美国，后者使美英双方基于相近文化走向合作。

华盛顿会议之后，英国的处境是艰难的。已经难以企及美国的经济和贸易持续疲软；引以为傲的海军优势不再；欧洲和远东几乎同时陷入混乱。尽管巴黎和会制造了充斥各种不公的和平，但旨在解决德国战争赔偿和欧洲战后经济恢复的"道威斯计划"①取得良好的效果之后，欧洲仍然可能以和平方式修正《凡尔赛条约》。令人意外的是，1929年的经济危机使和平修正《凡尔赛条约》的外部条件骤然消失。

20世纪30年代，经济危机制造了三件大事，预示着世界将要发生超越所有历史经验的巨变。一是经济危机导致欧洲大陆充斥失业、贫穷、混乱，恰好为极端思潮和势力培育了种子。纳粹势力兴起，执极端民族主义和种族主义立场并且对德国历史精华毫无继承的希特勒成为元首，使纳粹德国成为欧洲动乱的源头；二是经济危机使信奉国际主义并有志于带领美国摆脱孤立主义影响的罗斯福成为美国总统。在美国孤立主义盛行的年代里，这样的总统出现，预示着美国在国际舞台中的角色将要发生戏剧性变化；三是在经济危机年代里，社会主义苏联成为一个先进工业国，崛起于欧洲和远东。约瑟夫·斯大林的个性特征、地跨欧亚大陆的地缘政治地位、强大的工业实力，预示着苏联将对欧洲和远东产生重要影响。

当大国间实力此消彼长时，和平是非常脆弱的。英国在欧洲面临前所未有的巨大难题，即如何控制纳粹德国、平衡法国、遏制社会主义苏联，从而维护欧洲大陆均势体系。实际上，欧洲问

---

① 战后，财力已经枯竭的德国无力支付战争赔款。为解决这一问题，美国银行家 C.G.道威斯于1924年提出德国赔偿计划。

题早已超越了欧洲而走向了全球。

经济危机爆发后的英国，失去了驾驭复杂局面的能力。纳粹德国、苏联、日本共同受到凡尔赛—华盛顿体系的束缚。失去英日同盟支撑的日本，单独面对强大的美国和英国，需要纳粹德国；希特勒不断叫嚣武力修改《凡尔赛条约》限制并"决定以每年递增三分之一的速度来增加国防预算"[①]；本可以帮助英国制衡纳粹德国的俄罗斯，变成了与之意识形态对立的苏联。

英国在欧洲、远东的战略压力激增，因而日益需要美国。因为美国既可以在太平洋上制衡日本，又可以震慑纳粹德国。然而，执孤立主义立场的美国，对英国的处境似乎并不"理解"，仍然执行着独善其身的孤立主义，而且还似乎不愿意将雄厚的实力化作军力，"听任"纳粹德国和日本破坏和平。即便是罗斯福和其他有识之士，也正深受孤立主义的强大束缚，无法按照英国的期望以积极的行动进行回应。何况，美英之间的心理鸿沟尚在。另外，英国如果强硬地对待纳粹德国，反而容易显得有意制造将美国卷入的"旋涡"，更容易令美国袖手旁观。届时，形势恶化后的代价最终将由英国独自承担。

令英国唯一感到安慰的是，发自内心忌惮纳粹德国的法国是自己在欧洲大陆上坚定的盟友。**对盟友的态度来自对其价值的评估**。如果法国能和纳粹德国维持均势甚至抗衡苏联，英国仍然可以超脱欧洲大陆之外。然而，诸多事实证明，法国并不具备足够的意志与实力。基于纳粹德国的共同威胁，波兰和其他一些东欧国家也是英国的盟友，但它们在纳粹德国面前只有恐惧。

由于缺乏足够强大和及时出现的盟友，英国只能"安抚"躁动的纳粹德国。恰好，才疏学浅但行为乖张的希特勒在羽翼未丰之前，暂时不会轻易地挑战英国。他希望一边扩张军力，一边安抚

---

① *Documents on German Foreign Policy 1918—1945.* Series C, Vol.2, Washington: United States Government Printing Office, 1959, p.707.

英国。所以，他采取了一系列向英国"示弱"之举。其中包括，愿意在仅维持英国皇家海军军备35%的基础上与英国进行"单独的海军军备谈判"①。1935年6月18日，英国与纳粹德国签署了《德国政府和联合王国政府关于限制海军军备的换文》（简称《英德海军协定》）②。

英国接受纳粹德国所谓的"示弱"的根源，是维持欧洲大陆均势体系的内心自觉和疲软的经济实力。英国认为纳粹德国没有追求与英国平起平坐的意志，更加谈不上对英国发动战争。因此，限制危险的对手并争取恢复实力的时间，不失为务实可取之策。然而，《英德海军协定》意味着英国出现了难以察觉的战略性错误，即英国承认由自己主导的《凡尔赛条约》处于失效状态，使自己维护国际条约严肃性的道德声誉遭到质疑，被盟友法国视为对自己的背叛。更加严重的是，《英德海军协定》实际上成为纳粹德国武力修正《凡尔赛条约》的"通行证"。之后，纳粹德国开始将《凡尔赛条约》束之高阁，急速地扩张军力。英国保持了对纳粹德国的总体优势，但既需要"照顾"欧洲，还需要"照顾"远东，而纳粹德国只需要"照顾"欧洲。英国要同时应对纳粹德国和日本，而纳粹德国只需要面对英国。从这个角度看，《英德海军协定》是欧洲走向混乱的开始。当纳粹德国、意大利、日本在1936年11月宣布成立轴心国集团时，英国却认为："与德国难以融洽，但与日本和意大利即便不融洽，也值得期望。"③但是，英国显然错误地估计了形势。当日本、意大利看到当初比自己惨得多的德国尚能令在欧洲最具影响力的英国让步时，便会产生这样的心理：德国能，自己为什么不能？

①　*Documents on German Foreign Policy 1918–1945.* Series C, Vol.3, Washington: United States Government Printing Office, 1959, p.686.
②　该换文规定：德国海军的总吨位永不超过英国皇家海军总吨位的35%，德国潜水艇总吨位不超过英国皇家海军的45%。
③　N.H.Gibbs. *Grand Strategy.* Vol.1, London: Her Majesty's Stationery Office.1931, p.257.

随之而来的便是和平不断遭到破坏。在纳粹德国制造"苏台德事件""吞并奥地利""吞并捷克斯洛伐克"等事件后，意大利于1939年4月7日入侵阿尔巴尼亚。当年5月22日，纳粹德国与意大利签订《钢铁同盟》。1939年4月28日，当纳粹德国宣布废止《英德海军协定》时，英国已经丧失了惩罚它的意志和能力。这一系列事件均是因为绥靖政策而起。

站在历史角度看，英国在欧洲的绥靖政策起始于《英德海军协定》，表明英国已经没有能力和意志同时与多个大国走向对抗。以绥靖政策而"闻名于世"的张伯伦首相称："我相信德国缺乏足够的信念来挑战英国。我们可以通过精心的外交手段避免战争，虽然可能仅仅是暂时避免战争。如果我们总是像丘吉尔一样，本能地觉得危机四伏而不去制造和平，还无节制地生产武器，将使几代人缔造的恢复贸易优势受到损害，从而摧毁刚刚建立起来的信心，严重削弱政府的财政收入。"[1]从这个角度看，绥靖政策反映了英国的特性：优点在于关切现实利益的精明灵活，弱点在于经常忽视长远利益。

1939年9月1日，纳粹德国进攻波兰。之后数日内，英法等国对纳粹德国宣战。第二次世界大战的欧洲战场正式形成。美国认识到"在纳粹和西半球之间，唯一的可靠力量是英国"[2]。本来就对美英合作抱有期待的罗斯福，开始将英国当作美国在欧洲最重要的伙伴，并付诸种种努力，希冀打破孤立主义限制，设法援助英国。

首先，1939年11月3日，罗斯福推动美国国会通过了"具有决定性的历史意义"[3]的《新中立法》。它取消了对交战国武器禁运，

---

[1]　Robert Self. *The Neville Chamberlain Diary Letters* Vol.4, Chamberlain to Ash gate Publishing Limited, September, 1937, p.219—220.

[2]　Henry L.Stimson and Mc Gorge Bundy. *On Active Service in Peace and War,* New York: Harper &Brothers, 1947, p.318.

[3]　Llewellyn Woodward. *British Foreign Policy in the Second World War,* London: Cambridge, 1965, p.369.

规定"现金购买，自理运输"的原则。显然，美国为英国提供购买武器的便利，是以实际行动对英国的军事支持。《新中立法》不仅源自美国对纳粹德国的主观感情，还源自美国对战争态势的科学分析。纳粹德国不可能获得制海权，没有值得美国重视的"筹码"。无论是两利相衡，还是两害相权，美国均要偏向于英国。

其次，美英在大西洋上展开军事合作。战争初始时，纳粹德国尽管在欧洲大陆上咄咄逼人，但无法撼动英国在欧洲海域的控制权。苏联与纳粹德国共同瓜分了波兰，但二者并没有也不可能形成针对英国的同盟。英国皇家海军又完全封锁了纳粹德国数个重要的出海口。英国牢固地掌握着制海权，也使英国有理由相信"巩固海洋便能使时间站在自己一边"[①]。美国认识到与英国进行军事合作势在必行。起初，两国海军总是难以心甘情愿地将自己的技术与情报和对方不受限制地共享。但是，纳粹德军在1940年的春天和夏天，利用英法联军消极保守防御，以主动灵活的攻势，所向披靡地横扫西欧。美英在大西洋上的军事合作得以扩大。双方同意在大西洋上建立以美国为主导的中立巡逻区；美国向英国提供纳粹德国海军舰艇的活动情报；英国同意美国使用特立尼达岛、圣卢西亚、百慕大和哈利法克斯群岛等英属岛屿作为基地，作为交换，美国向英国出售50艘驱逐舰。"中立"的美国行"未雨绸缪"之举，明显是利用英国陷入战争被动而"趁机渔利"。但是，这成为美国加入战争的"前奏"。

《新中立法》和美英在大西洋上的军事合作，不仅意味着美国一步步加入战争，也意味着一步步取代英国的霸权地位。

所有军事同盟均是基于同盟者被对方认可的价值而成立。美英双方的互相需要极不平衡。当纳粹德国、意大利和日本形成轴心国集团时，英国感到了比美国更大的压力的同时，比以往更加

---

① Robert Self. *The Neville Chamberlain Diary Letters*. Vol.1, Chamberlain to Hilda Publishing Limited, July17, 1939, p.447.

需要美国的支持。而此时的美国并不像英国一样危急，它有两个宽阔的大洋的屏护，具有相对自由的选择性。只要轴心国集团不产生直接威胁，美国即使不继续沉醉于孤立主义当中，也会觉醒得比后来的历史证明得更慢。这注定了美英海上军事合作，并非像某些历史学家描述得那样高尚和充满理想色彩，而是现实主义的产物。法国投降之后，英国直接面临掌握西欧资源的纳粹德国、在北非立足后向中东扩张的意大利和对东南亚虎视眈眈的日本。没有美国的帮助，英国不可能消除这些威胁。"独木难支"的英国，与美国形成军事同盟的诉求更加强烈。美国既需要英国成为对抗纳粹德国和日本的屏障，更需要见证英国确实能够在危急关头不屈挺立，才能决定怎样帮助英国，而非是否帮助英国。因为美国坐看英国屈服有悖于自身安全与利益。

英国仍然控制着西欧、北欧、南欧的海域，即使放弃远东，也至少可以在一定时期内通过独立的海上力量保证本土安全。但关键是要争取时间，英国必须阻止纳粹德国和意大利的海上力量超过英国的海上力量。换言之，如果纳粹德国不可能通过空袭或者向英国本土实施两栖登陆入侵，英国本土便仍然是安全的，英国仍然掌握着欧洲北西南三个方向的海域控制权。

争取有力支助的基础是不屈的决心，而不是在强敌面前的胆怯。1940年8月的美英军事会谈中，英国军方并未显示出危急之中的急躁和低三下四。处于危急中的英国，仍然平视强大的美国，更加有利于获得美国的援助。美英双方谈及美英实质性的战场指挥问题，即"双方同意在英国本土水域的美国军事力量在作战上归英国皇家海军指挥，同样在太平洋美国与日本交战时，英国的力量归美国指挥，包括美洲海岸附近的作战和护航行动"①。能讨论互相配合的军事行动，远远超过了中立者与交战国之间的

① James R.Leutze. *Bargaining for Supremacy: Anglo American Naval Collaboration, 1937—1941*, p.156—157.

关系。

中立者和交战国一方商讨联合行动，等于就是对交战的另一方摆出战争姿态。不列颠空战爆发后，美国军队派出专人前往英国收集纳粹空军的轰炸技术情报，这些举措显示出，"美英军事同盟"[①]已经事实上成立。"美国在大西洋与纳粹德国实际上已开始了一场不宣而战的战争。"[②]剩下的疑虑仅是罗斯福如何摆脱国内孤立主义羁绊，指挥美国军队在什么样的时机、以什么样的方式参战。

美英关系是全球性的，而不仅仅局限于欧洲和大西洋地区。在远东，美英随着日本的扩张而逐步展开合作。如果美日矛盾没有激化，英国可能与日本仍然是盟友。英日同盟被埋葬，使日本陷入大国俱乐部中的孤立境地。自九一八事变后，美国与日本在太平洋的矛盾不断激化。1936年年底，日本占领中国的上海和南京；1936年1月的伦敦海军会议上，日本要求获得与美英同等海军地位的要求遭到拒绝；1936年11月，日本与纳粹德国结成同盟。诸多事件之中，英国同时感受到美国与日本的咄咄逼人，但日本对英国在太平洋上的威胁更加直接和明显。由此，英国不可能接受日本与纳粹德国结盟。英日走向对立。美国不希望在与日本争夺太平洋的情况下，又与英国走向对抗。由此，美英在远东共同对抗日本的内心诉求趋于一致。英国皇家海军的部署重点在大西洋、地中海、印度洋等海域，太平洋上的兵力主要部署于马来西亚等东南亚地区。美国太平洋舰队侧重于夏威夷、关岛和菲

---

① 需要指出的是，本书中的"美英军事同盟"有两方面内涵：一是指在第二次世界大战期间，以美英为主导并签署《联合国家共同宣言》的二十六个国家所形成的世界反法西斯同盟，包括苏联、中国、加拿大、澳大利亚、新西兰和西欧国家等。第二次世界大战中的美英军事同盟指以美国和英国军队为主，加拿大、澳大利亚等国家军队参加的联军体系；二是指第二次世界大战之后，美英针对苏联结成的军事同盟体系，当北约成立后，美英军事同盟便在北约框架内存在。本书中为了突出美英关系历史发展的主题，以"美英军事同盟"表现上述两个不同历史时期的军事同盟体系。

② Samuel E.Morison. *History of United States Naval Operations in World Second War*, Vol.1, The Battle of the Atlantic, September, 1939—1943, p.80.

律宾群岛等海域。美英海军尚难以对日本形成足够压力。美国国内孤立主义者担心过分刺激日本，在远东为英国"火中取栗"；英国国内也有人担心美国拒绝与英国共同对抗日本，甚至与日本妥协，导致英国同时面对背叛的美国和敌视的日本。双方受到多种因素羁绊产生的顾虑，使美英联合对抗日本的进程从一开始就显得缓慢而又低效。

但是，每当合作诉求趋于强烈时，总容易出现加快合作进程的"偶然事件"。正当英国推动美英合作制衡日本举步维艰之时，1937年，七七事变爆发。英国向美国提出，希望加强在太平洋上的海上力量存在与合作。针对英国的提议，罗斯福虽然迫于国内孤立主义势力，拒绝向日本增强军事和经济压力，但作出了积极的回应。他在炉边谈话中说道："爱好和平国家的和平意志必须伸张到底，最终要结束所有的破坏协议和侵犯他国权利的各种行动。"①隐晦的语言已经表明，美国与英国坚持共同的和平立场，而日本则是战争发动者。不知不觉中，美国、英国和日本之间被分别贴上了"道德标签"。美英共同对抗日本的联合阵线只待正式宣布。

1937年12月12日，日军击伤了英国在中国南京长江水面上的"瓢虫"号和"蜜蜂"号商船，随后又击沉美国海军的"帕奈"号炮艇和3艘美孚石油公司所属油轮。这两起事件直接促成美英联合行动，抵制日本肆无忌惮的军事威吓。罗斯福会见英国驻美大使林赛时，直截了当地提议美英在远东要加强军事合作，包括：两国军队参谋部进行会谈；交换秘密情报；从阿留申群岛至香港进行联合海上封锁，切断日本军工生产的能源和原材料供应；进行新的经济制裁。但执行绥靖政策并将重点置于欧洲的英国却担心"与

---

① Donald B.Shawer. *Franklin D.Roosevelt and Foreign Affairs*. Second Series, Vol.7, New York: Clearwater Publishing Company, 1995, p.10—21.

日本爆发战争，将刺激欧洲的敌人冒险"①。因此，美英双方决定展开有限的军事合作，并表示无意在1938年采取行动制止日本。

美英的绥靖政策尤其是英国的绥靖政策，延缓了美英对日本的联合军事行动。如果英国全部同意罗斯福的提议，已经陷入中国战场的日本，即使对英国采取军事冒险，也会令美国以更加敌视性的姿态对待。欧洲的纳粹德国、意大利即便借机生事，美国也将加快对欧洲的介入。从这个角度看，英国的绥靖政策也是罗斯福摆脱孤立主义束缚的重要障碍。此后，美国加强对日本施压，但"基本原则反对与日本进入交战状态"②。陷于中国战场的日本得到喘息之机，增加了中国人民的痛苦，也助长了日本对美英制造军事危险的冒险之心。

美英绥靖政策、美英对日作战准备尚未充分就绪，美英在太平洋上的军事合作就紧锣密鼓地进行了。从1938年开始，美英两国海军虽然没有在远东建立统一的指挥体系，但就情报交换、密码代号和无线电通信等具体的重要敏感问题进行了讨论，还达成了美英海军联合对日本实施远距离封锁的共识。美国海军以火奴鲁鲁为基地，对阿留申群岛-桑威奇群岛-约翰斯顿岛区域以南实施封锁，英国负责该封锁线的西南海域，即新加坡-马六甲海峡-桑德拉海峡-婆罗洲和新几内亚之间的岛屿-拖雷斯海峡-澳大利亚和新西兰之间；英国同意向美国海军开放所有英联邦水域；美国向英国皇家海军开放美国在太平洋方向的领海和菲律宾海域。

这样的部署一旦形成，就切断了日本的海上生命线，如同在日本的脖子上系了一条绞索。但是，共同与日本站在战争门槛之前的美英，却有着不同的战略重点和国内因素，以至于没有形成

① Malcolm H.Murfeet. *The Search for Anglo-American Naval Cooperation During the Chamberlain Years, 1937—1939*, 1997, p.116.
② Dorothy Borg. *The United States and the Far Eastern Crisis of 1933—1938*, Boston: Harvard University Press, 1964, p.497.

真正的联合作战体系。

英国的战略重点在大西洋、地中海等欧洲海域，太平洋海域仅是次要战略方向。况且，英国始终不希望与纳粹德国和日本同时爆发战争。美国怀疑英国能否或者是否愿意派出足够的海军兵力远赴太平洋。因此，当英国"屈尊邀请美国成为远东的领导者"[①]时，美国既不希望为英国火中取栗，也不希望失去英国这个重要盟友。最终的结果就是只保持共同配合的军事部署，不采取共同军事行动。美国此举虽然承担着来自英国和中国的道德压力，但既没有为英国承担过多的代价，又可以通过非战争的军事举措保持灵活的立场。当然，其中还有另外一个重要原因，即孤立主义势力仍然强大。美英有限的军事合作保持到了珍珠港事件的爆发，成为珍珠港事件后相当长时期内，美英在太平洋处于军事劣势的直接原因。

先欧后亚的全球战略

明确主次是战略的核心问题。全球战略重点是美英军事同盟首要解决的问题。它关系到战争进程与结局，还将决定着战后各自的实力地位和影响力。在美英军事同盟中，自然由实力更强的美国决定全球战略重点。

1940年9月27日，纳粹德国、意大利、日本成立轴心国集团。美国面临的两洋威胁越来越紧迫，明确全球战略重点成为重大急务。虽然罗斯福及其富有全球视野的支持者们一直希望将欧洲作为全球战略重点，但有两个因素令其举棋不定。首先，日本对美国的威胁比之纳粹德国更加危急。纳粹德国先忙于攻击英国后又秘密准备攻击苏联，有意避免刺激美国。顽强的英国成

---

① William L.Larger and S.E.Gleason. *The Challenge to Isolation, 1937—1940*, 1998, p.152.

为美国可靠的前沿屏障。而已经控制几乎整个中国东部的日本，具备能远海作战的航空母舰编队，对夏威夷、关岛、菲律宾构成直接威胁。再加上道格拉斯·麦克阿瑟、威廉·尼米兹等德高望重的高级将领大声疾呼，美国应当将太平洋作为战略重点，这一切显得欧洲对美国的威胁似乎并不如日本那样紧急。其次，美国国内孤立主义仍然非常强大。即便不列颠空战爆发后，罗斯福仍然言不由衷地公开宣称，"我们不打算参与国外的战争，我们不会派陆海空力量到美洲以外的外国领土上作战，除非美国遭到攻击。"[1]主流民意和政治氛围决定了，如果罗斯福贸然将欧洲作为战略重点，将遇到巨大的政治阻力。

然而，当罗斯福的远见难以实行时，英国的作用开始凸显。美国在欧洲和太平洋两大战场上作何选择，不仅关系到自己的安危，还关系到英国的安危。法国战败后，临危受命的温斯顿·丘吉尔在不列颠空战开始后，谈到美国时说："首先要确保美国参战，然后再商讨如何作战。"[2]对于英国而言，最坏的结果就是美国仍然只援助，而不参战；中间结果是美国参战，但美国将太平洋地区作为重点，将大西洋地区置于次要位置；最好的结果是，美国不仅参战，而且将欧洲作为战略重点。不列颠空战爆发后，英国处于前途未卜的风雨飘摇当中，美国执行《租借法案》，对英国不断给予援助，从另外一个侧面说明了美国无法脱离英国的影响而确定全球战略重点。1940年9月15日之后，英国在不列颠空战中取得胜利的迹象非常明显。丘吉尔的战争决心不再满足于英国本土安全，而是要彻底打败纳粹德国。

在不列颠空战的危急关头毅然挺立，令英国在美英军事同

---

[1]　Samuel Rosenman. *The Public Papers and Addresses of Franklin D.Roosevelt: with a Special Introduction and Explanatory Notes by President Roosevelt*, Vol.9: *War and Aid to Democracies, 1940*, New York: Macmillan, 1941, p.407.

[2]　Lames R.Leutze. *Bargaining for Supremacy: Anglo-American Naval Collaboration, 1937—1941*, p.241.

盟中对美国的影响力得以增强。"ABC会谈"①便在这种背景下举行。最终的结果是美英共同决定、制定了先欧后亚的全球战略。同时，美英军事同盟在ABC会谈中得到法理确认。此时，由于美国仍然深受孤立主义束缚，ABC会谈并没有要求美国担负立即参战的义务。但是，刚刚渡过不列颠空战最危急阶段的英国，却令美国向直接参战又跨出了一大步。罗斯福不仅明确无误地向丘吉尔表示，美国将全力支持英国及其他受到法西斯侵略和威胁的国家，还开始为参战进行充分准备。

当苏德战争开始后，脱离了危险的英国与美国举行了谋划战后世界秩序的大西洋会议，使先欧后亚由任务与资源分配的军事战略安排，上升成为两国的共同政策目标。其中，最重要的成果就是《大西洋宪章》②。

大西洋会议最重大的意义是通过战略同盟培育出了美英两国领导人之间的心理默契。丘吉尔急切希望美国参战，但对罗斯福内心的真实想法和面临的困难心领神会，没有要求美国做出参战承诺。他还以美国人喜欢的腔调和笔风，参与执笔撰写《大西洋宪章》。站在美国式道德的高度与罗斯福擘画战后世界，迎合了

① 1941年8月11日—14日，为协调战争立场，罗斯福和丘吉尔在大西洋北部纽芬兰阿金夏海湾的"奥古斯塔"号军舰上举行直接会谈，史称"大西洋会议"。8月13日，两国正式签署《大西洋宪章》，14日正式公布。
② 《大西洋宪章》的条款主要有八条：第一，它们的国家不寻求领土和其他方面的扩张；第二，两国反对不符合有关民族自由表达的愿望的领土变更；第三，两国尊重各国人民选择他们在其管辖下生活的政府形式的权利；两国主张凡是被强制剥夺主权和自治权的民族恢复这些权利；第四，两国在适当照顾到它们现有的义务的条件下，力图使一切国家，不论大国或小国，战胜国或战败国，在平等条件下进行贸易并在全世界范围内取得为其经济繁荣所必需的原料；第五，两国愿意在经济领域内促成一切国家之间的最充分的合作，目的在于使所有国家改善劳动标准，发展经济，享有社会安全；第六，在最终摧毁纳粹暴政以后，两国希望见到建立这样一种和平，以使一切民族得以在自己的疆界内安居乐业，保证一切地方的所有居民都可以过无所恐惧、不虞匮乏的生活；第七，这样的一种和平应当使所有人能够在公共海洋上不受阻碍地航行；第八，两国相信，世界上一切国家，基于实际的和精神上的原因，必须放弃使用武力。如果在自己的国界以外进行侵略威胁或可能进行侵略威胁的国家继续使用陆海空军备，就不能保持未来的和平。两国相信，必须在建立更广泛和更持久的普遍安全体系以前解除这类国家的武装。两国也将赞助和提倡一切其他实际可行的方法，以减轻爱好和平的各国人民在军备方面的沉重负担。

罗斯福打破孤立主义的需要。罗斯福可以向国内反对介入战争的人辩护称："美国没有被英国牵着鼻子卷入战争，而是英国赞同美国的理想。"①协调一致的全球战略设想、领导人之间的内心默契、双方早于此前开始的军事会谈，这些因素在共同的敌人和相似的文化两大因素催化下，"克服了各种分歧"②，使美英军事同盟成为人类历史上最成功的军事同盟。后来的事实也证明，美英军事同盟对世界最重大、最深远的影响莫过于提出"先欧后亚"的全球战略。从而也可以看出，美英军事同盟的本质是全球海权集合体，最终的意图是，既要避免欧亚大陆被一个强权控制，又要塑造全球海权秩序。

第三节 美英特殊关系的奠基和美日关系的戏剧性变化

第二次世界大战结束和冷战爆发的重要影响之一就是全球海权秩序的重新确立。美国超越英国、打败日本、遏制苏联，成为新的全球海上霸主。然而，美英关系和美日关系的起点却不一样。美国超越英国是因为美英军事同盟，而美国打败日本，完全

---

① Warren F.Kimball. *Anglo-American War Aims, 1941—1943, The First Review: Eden Mission to Washington, in Ann Lane and Howard Temperley ed., The Rise and Fall of the Grand Alliance 1941—1945,* New York: Macmillan Press, 1995, p.2.

② 第一个分歧是实施"大西洋第一"的战略。英国执行"间接路线战略"，即以海上封锁为基础，对德国和意大利实施经济和交通封锁，并利用战略轰炸、小规模的袭扰、支持占领区破坏颠覆活动，不断消耗德国和意大利的战争力量，最终拖垮敌人取得胜利或为最终的大陆反攻创造有利条件。而美国主张"直接战略"，即以强大的工业实力为基础，将绝对优势的军队直接插入敌人的心脏，与之进行正面决战，依靠压倒性力量取胜。第二个分歧是中东问题。在ABC会谈时，英国就强调中东的重要性，希望美国给予援助。美国认为，大西洋航线正面临德国海军的巨大威胁，增援中东将大大增加商船的损失，因而拒绝支持英方的中东政策。第三个分歧是远东太平洋问题。英国希望美国能够帮助英国坚守新加坡。美国认为，在集中于大西洋方向时，应尽量避免与日本发生交战。因此，如有必要，美国完全可以放弃远东贸易。

依赖强大得不可超越的综合国力。基于美国的全球战略需要，美英特殊关系得以奠基，美日敌友关系变幻。美国通过美英特殊关系和美日同盟成就全球海上霸权。

珍珠港事件的爆发

美国对日本加强经济制裁（包括石油禁运）和加紧战争准备，使日本认为"即使美国在太平洋坚持现状，都必将导致战争"[1]。因此，珍珠港事件本质上是弱势的日本不甘心坐以待毙而精心预谋的疯狂冒险。

日本的弱势不仅反映在太平洋，还反映在欧洲。1936年11月，日本与纳粹德国签订《反共产国际协定》[2]。但是，1939年8月，纳粹德国在没有与日本商量的情况下与苏联签订《苏德互不侵犯条约》[3]。在日本看来，这是背叛。而此时，它已经陷入全面孤立：在深陷中国战场的同时，面对强大的美英和苏联。

日本周围正在形成日益强大的"包围圈"。日本利用国民党内部蒋介石与汪精卫的矛盾，对中国政权领导顶层进行分化。1940年3月，得到日本扶植的汪伪政权成立。但是，汪伪政权遭到中国全体军民唾弃，促使美国、苏联、英国担心蒋介石效仿汪精卫而增强了对中国的援助。1940年4月，罗斯福命令美国海军将太平洋舰队由加利福尼亚调往太平洋中部的夏威夷群岛，并"以天然良港瓦胡岛作为常驻基地"[4]。由于从空中俯视时，瓦胡岛形似

---

① Lewellyn Woodward. *British Foreign Policy in the Second World War*. Vol.2, p.113.
② 1936年11月25日，日本与德国签订《反共产国际协定》。一年后，意大利加入，德国、意大利、日本轴心国集团正式形成。加入轴心国集团的还有：匈牙利、西班牙、保加利亚、芬兰、罗马尼亚、丹麦、斯洛伐克、克罗地亚傀儡政权和中国的伪满、汪伪政权。
③ 1939年8月23日，苏联外长莫洛托夫与德国外长里宾特洛甫签订《苏德互不侵犯条约》，划分苏德双方在东欧地区的势力范围。苏联利用该条约在东欧建立战略缓冲区，以保卫西部边界安全。德国利用该条约避免暂时的两线作战。
④ 瓦胡岛南部海域面积达32平方公里，平均水深15米，可以容纳各种舰艇500艘。

珍珠，故称为"珍珠港"。同年7—9月，日本先提出建立大东亚共荣圈，再出兵占领印度支那北部。美国立即宣布对日本进行钢铁禁运，并增强驻扎在关岛、菲律宾、夏威夷的军事力量。1940年9月27日，日本以缔结日德意三国同盟条约（前文所指的轴心国集团）作为回应。

日本针对苏联担心两线威胁的心理，于1941年4月13日与苏联签订《日苏中立条约》。此举令正在秘密准备进攻苏联的希特勒感到极度震惊。当苏德战争爆发后，德军起初进展顺利，美英关注欧洲而相对忽视太平洋，日本的战略压力骤减。但是，这一系列"有利"情况，使日本决心冒险一战。

日本判断苏联不久就要被消灭，如果北上进攻苏联，由于苏联大部分石油位于远在万里之外的高加索地区，日本如果要与纳粹德国分享战胜苏联的红利，需要将大规模陆军部队推进至高加索地区，才能获得急需的石油。何况，既然纳粹德国在签订《苏德互不侵犯条约》之前向日本隐瞒，就有可能在日本大规模陆军部队旷日持久地到达远在万里之外的高加索前，霸占所有油田和粮食。而且，日本陆军部队主力关东军要随时支援中国境内作战。日本只有等到中国屈服后，才能移师北上进攻苏联。因此，即便纳粹德国能够在短期内消灭苏联，日本也不大可能与纳粹德国分享足够的"红利"。另外，苏德战争使美英德苏注意欧洲战场，相对放松太平洋。而且，美英可能增大对苏联的支援，减少对中国的支持，从而减轻日本在中国战场的负担。日本海军具有航空母舰编队作战优势，可以通过快速突然的进攻从西南太平洋上获得战争所需的石油和橡胶等。日本于苏德战争爆发仅10日后，即1941年7月2日，举行御前会议，制定《适应情势推移的帝国国策要纲》，做出南下优先于北上的决策，即坚持构建"大东亚共荣圈"，争取尽快瓦解中国抵抗的同时，加快南进准备，根据情势推移解决北方问题。日本的意图很明显，加紧进行针对美英的战争准备，强化南进态势，暂不介入苏德战争。因此，使美国失去干涉日本南下的军事能力成为当务之急。

1941年7月25日，日本试探性地向印度支那南部派驻军队，引起美英同时的强硬回应。美国两天后宣布冻结日本在其境内的资金，并于一周后停止向日本供应石油。英国宣布废除《英日商约》。日本感到，如果不尽快使美国在太平洋丧失军事能力，早晚会因战争资源捉襟见肘而不战自败。

美国停止向日本供应石油之后，日本首相近卫文麿提议，希望与罗斯福举行直接会谈，但是没有提出会谈条件。这恰好说明石油禁运打击到日本的痛处，也显示出日本并无足够实力与美国全面抗衡。实力地位与心态都占据主动和优势的美国，不可能在日本作出令自己满意的让步前，同意举行领导人直接会谈。罗斯福针对近卫文麿的提议回应说："如果日本政府进一步扩大对邻国的武力或者武力威胁，美国政府将被迫采取一切必要手段保卫合法权益。"[1]略带威胁的拒绝，被日本政府理解为美国要求日本放弃中国与大东亚新秩序建设，甚至脱离三国同盟。基于这样的判断，日本遂下定最后决心与美国殊死一搏。1941年9月6日，日本大本营御前会议决定，将对美国开战，预定于11月上旬。由于在美国开战问题上存在分歧，近卫内阁于10月16日辞职。10月18日，原陆军大臣东条英机组成新内阁，经过权衡与讨论后，将开战日期定为12月8日。

珍珠港事件到底是美国故意制造参战的借口，抑或是真的被打得措手不及？这一问题毫无意义。1941年11月26日，美国国会向日本外交部发出的外交照会中有这样一段话："日本必须从中国及印度支那撤走一切陆、海、空军与警察力量；美国政府和日本政府除临时设都于重庆的中国国民政府之外，不对中国任何其他

---

[1]　摘自野村大使1941年8月18日致丰田大臣电：《美国总统的警告文书》。

政府或政权予以军事、经济支持；两国政府应抛弃在中国的包含外国租界、居留地在内的各种权益，包括1901年《辛丑条约》所规定的各项权利在内的一切治外法权。"绵里藏针的措辞实际上是美国对日本发出的最后通牒。1941年12月4日，纳粹德军在莫斯科的寒冬里遭遇溃败，使日本看到苏德战争无法在短期内结束。这样，美国日益逼近的战争威胁令日本不能再等了，苏德战争长期化又令日本南下"无后顾之忧"。骑虎难下的日本进行孤注一掷的"有利时机"已经出现。

也许有人认为，如果日本奉行忍耐而不是冒险，或有所转机。执这种历史假设观点的人，显然是陷入了日本决策者的主观逻辑怪圈。首先，美国不可能接受日本完全控制中国。早在1941年4月，美国国务卿就向国会表示："只要日本军队还在中国领土上，经济制裁只要稍加放松，中国抵抗力量必将崩溃。中国人民将认为中国成为美国与日本交换的牺牲品，民主制度在亚洲将毫无信誉可言。因此，丢失中国将使世界陷入灾难。"[1]美国意识到，任何松懈都可能丢失中国。中国一旦被日本控制，整个远东将为日本所有，丝毫不用惧怕美国的制裁。其次，美国对纳粹德国不断增大的压力必将传导至日本。美国确立先欧后亚的全球战略，将打败纳粹德国作为首要目标。这预示着纳粹德国失败则日本必败。日本必须增加对美国的压力，使美国难以集中力量打败纳粹德国。因此，尽管日本与纳粹德国之间毫无战略协同，但任谁担任日本首相，迟早都会与美国走向战争。不同主张的首相，只会产生不同的进程，不可能产生不同的结局。

1941年12月8日（夏威夷时间为12月7日），珍珠港事件爆发。随后，纳粹德国向美国宣战，使美国进入战争的最后束缚得以解除。此时的美国，实力更加强大，构建新世界、新秩序的勇气与

---

① FRUS, 1941, Conflict in Fareast, Washington, D.C.:U.S. Government Printing Office, p.660—661.

追求更加坚定，开启了从欧洲和太平洋战场上成为全球霸权力量的历史。

贯彻先欧后亚的全球战略

珍珠港事件对英国而言是"久旱逢甘露"般的巨大"惊喜"。在珍珠港事件前四天，尚且急盼美国直接参战的丘吉尔还认为，"我们距离与日本的战争还相当遥远"[1]，因为"日本不会愚蠢地与美英同时开战"[2]。但是，珍珠港事件对已经暂时安全的英国来说是复杂的。丘吉尔担心"美国在太平洋对日本进行战争，而让我们（英国）在欧洲、非洲和中东对德国和意大利作战"[3]。然而，双方的远见使先欧后亚的全球战略得以坚持。

珍珠港事件刚刚爆发，美国国内将日本当作主要敌人的声音高涨。丘吉尔立即意识到，必须向美国提出符合双方利益的落实"先欧后亚"全球战略的具体作战计划，才能有助于罗斯福顶住美国国内压力。1941年12月16日，珍珠港事件爆发不到10天，英国军方在丘吉尔的授意下向美国军方提交了一份详细完整的作战计划。

首先，明确将打败纳粹德国作为首要目标，规定了美英的主要战略原则：一是维持ABC会谈确立的先欧后亚战略。美英应当首先集中主要力量打败纳粹德国，其他方向作战投入的力量在必要基础上维持最低限度；二是不可能仅通过数次决战来打败纳粹德国，取得胜利需要美英持续性作战。因此，达成战争目标的前提包括：保护战时工业生产区安全和这些生产区与未来战场的交通线；发挥美英工业优势，通过轰炸、封锁、消耗来削弱纳粹德

---

[1] Christopher Thomas. *Allies of a Kind: The United States, Britain and the War Against Japan, 1941—1945,* London: Oxford: University Press, 1978, p.4.

[2] S.Woodbum Kitty. *The War Against Japan.* Vol.1, p.22.

[3] J.M.A.Gwyer. *Grand Strategy.* Vol.3, p.317.

国的战争潜力；鼓励欧洲大陆上的各种反纳粹力量，进行破坏、宣传活动；从北海、地中海、东南欧等地区展开连续攻势，逐步缩紧包围圈。

其次，基于主要目标和原则，设计了对德作战行动。一是保卫战时生产区方面。英国本土、美国、加拿大等地区为主要战时工业生产区。鉴于苏德战争即将进入相持阶段，英国皇家海军在大西洋海域占有绝对优势，英国本土遭受入侵威胁的可能基本可以排除，英国本土只需保证必要的最低限度兵力。鉴于日本可能继续冒险攻击美国本土（尽管可能性不大），美国海军必须守住夏威夷，保证北美西海岸的主要生产中心及附近地区的安全。二是保护交通线方面。主要战场是西欧、南欧和北欧、北非等地区，次要战场主要是西南太平洋、东南亚、印度支那半岛等地区。美英海军在占有绝对优势的情况下，应当重点保护横跨大西洋的海上航线、英吉利-直布罗陀-地中海-红海-波斯湾-马六甲-巴士拉海峡航线、北海-波罗的海航线、夏威夷-巴拿马运河-澳大利亚-菲律宾等航线。为了保护上述海上航线安全，需要确保海上航线沿线重要岛屿、基地、沿岸的安全。三是紧缩对纳粹德国战略包围圈方面。要构建黑海西岸和北岸、地中海北岸、英吉利海峡、波罗的海东岸的战场，从西、北、南三个方向完成对纳粹德国的包围；要在北非、中东阻止纳粹德国、意大利获得石油；要使德国在北欧驻扎军队便难以支援其他战场。四是削弱纳粹德国战争工业潜力方面。鉴于美英强大的工业生产和军事技术优势，美英利用战略空军对纳粹德国军工企业、重要城市、交通枢纽（设施）进行猛烈轰炸；鉴于纳粹德国占领区的反纳粹力量仍然存在，支持他们反抗行为，帮助他们扩大力量。五是反攻决胜方面。鉴于登陆作战的复杂性和巨大风险，难以在1942年结束之前重返欧洲大陆，发起大规模地面攻势，但应当积极考虑在西北欧或者南欧方向发起规模有限的登陆作战，瓦解纳粹德国及其仆从；1943年可能从地中海、巴尔干、西北欧等几个方向实施登陆作战，重返欧洲大陆。

再次，着眼于全球战场，谋划了太平洋战场作战问题。鉴于在打败纳粹德国之前，美英需要在太平洋战场采取守势行动，以争取时间进行反攻准备，应当坚守夏威夷、澳大利亚等太平洋上的重要地区，保护美国本土和反攻基地安全；应当维护中南半岛至中国运输线，支持中国抵抗日本，使日本难以在中国、东南亚获得战时生产所需的人力和自然资源。

最后，英国认识到了苏德战争对于战胜纳粹德国的重要性。鉴于苏联失败将导致纳粹德国和日本控制欧亚大陆，美英应当对苏联予以最大可能的援助，从欧洲北部海域向苏联输送军事物资和战时工业生产原料；以积极主动的轰炸和海上封锁，对苏联予以配合等。

显然，英国军方的作战计划切合了当时的战争态势，是基本符合美英两国共同战略利益的。首先，英国认识到打败纳粹德国需要经过持久作战。一是莫斯科战役之后的苏德战争极有可能进入相持。因为兵败莫斯科的德军至少要到春天之后才能发动新的攻势；莫斯科战役也证明了，苏联完全可以动员出庞大的抵抗部队，甚至"可能先于德军在春天到来之时发起攻势"[1]。二是反攻欧洲大陆才能获得战争胜利。丘吉尔不仅坚决反对纳粹，也极端反共。如果任其一方获胜而独裁欧洲大陆，均是丘吉尔不希望出现的。因此，美英的最佳战略是等到它们互相消耗、两败俱伤时进入欧洲大陆。反攻欧洲大陆，需要进行大规模登陆作战。比之陆战、海战、空战，大规模登陆作战准备更加复杂，必须建立在全面夺取制空权和制海权的基础上。三是反攻欧洲大陆后只

---

[1]　莫斯科战役之后，斯大林没有听从朱可夫等将领的意见，而是迅速集中兵力对撤退的德军采取追击攻势，争取将德军赶出苏联领土。1942年春天，苏联红军发动攻势后，遭到德军反扑而失败，致使德军重新掌控苏德战争主动权。

有依赖大规模陆军进行地面作战才能打败纳粹德国。英国陆军主力部队从敦刻尔克撤退至英国本土部队。美国在珍珠港事件爆发前，只有不到30万陆军部队。显然，美英两国均需要花费时日才能扩充陆军。事后证明，英国形成了无法短期内取胜的正确判断，才提出了合理的作战计划，即先确保战时工业生产，积蓄战争实力，形成优势（特别是海军和陆军优势）之后，再对已经遭到削弱后的纳粹德国进行反攻决战。

其次，美英只有发挥海军优势，控制海洋才能同时应对欧洲和太平洋战争。在欧洲战场，美英既战略轰炸又准备反攻欧洲大陆。在太平洋战场，美英（尤其是美国）首先要抵抗日本进攻，在广阔的太平洋上，与日本展开逐个群岛的争夺。美英军队需要在两大战场上互相配合。因此，掌握了制海权、控制了海上航线，才能确保各种军事物资和部队在两大战场上得到合理的分配。对海上交通线的重视和强大的海军，最终导致美英牢牢地掌握海上航线，成为一条条捆住纳粹德国、意大利和日本的"铁索"。

当然，从这份计划中也可以看出英国的自私：对从西欧反攻欧洲大陆总是闪烁其词，对从地中海却兴致盎然。英国的传统势力范围在中东、印度。因此，地中海、红海、北非是英国全球战略的枢纽性地区。如果从西欧反攻欧洲大陆，使地中海、红海、北非空虚，英国可能丢失中东、印度。

"阿卡迪亚会议"①在珍珠港事件爆发两周后召开。当丘吉尔带着这份全球作战计划赴会时，必将对缺乏系统和前瞻的全球作战计划的美国产生重要影响。此时的罗斯福，心中只有将欧洲作

---

① 1941年12月22日—1942年1月14日，美英两国政府和军方在华盛顿举行代号为"阿卡迪亚"的会议。会议取得的最大政治成果是，26个国家在1942年元旦签署并公开发表了《联合国家共同宣言》。这标志着世界反法西斯同盟正式成立，为战后建立联合国奠定了基础。在军事问题上，美英重申必须坚持"先欧后亚"战略，讨论了北非作战、成立美英荷澳联军司令部、美国租借物资的分配和英美对苏军事关系等议题。会后，美英联合参谋长委员会成立。

为全球战略重点的原则，美国军方手中也只有残缺不全的针对"日本、纳粹德国、意大利的作战计划"[①]。从这个角度看，美英军事同盟在美国参战初期的分工是，美国主要出力，英国主要出谋。

军事同盟将不同国家各自孤立的力量进行整合，不是简单的军事问题，而是包罗万象的复杂的系统工程。涉及地缘政治、现实需要、领导人（权力集团）的智慧与决心、相异国家利益的可调和程度、价值观的包容程度、经济和科技等社会资源的兼容程度、联军作战的统一指挥效率等各个方面。每个国家都是将同盟作为实现和维护本国利益的手段。从来就没有一帆风顺的军事同盟，无论顺境或逆境，各个同盟者之间都必定存在对形势不同的判断、对各个战场的认知差异等，导致同盟者在战略方针、战略重点等方面出现分歧。同盟者不一定有意制造分歧，但各国独特的历史经验、军队与政府部门（如外交、经济）的协调程度、地缘政治现实、社会心态等因素，使特点各异的领导人受制于不同的因素，自然做出不同的决策，从而产生同盟内部的分歧和矛盾。因此，"所有同盟的历史都是互相抱怨的历史"[②]。作为历史上最成功同盟的美英军事同盟也不例外。

阿卡迪亚会议上，美英两国出台了一个联合战略备忘录，其中的第十七段话指出："到1943年，我们应扫清道路，通过跨地中海或从土耳其进入巴尔干，或在西北欧登陆，返回大陆。这样的作战必定是最终对德反攻的序幕。"[③]双方确认了先欧后亚的全球战略，但并没有明确反攻欧洲大陆的方式。这预示着美英军事同

---

① 这些作战计划经历了从"橙色计划"到"彩虹计划"的制订和演变过程，大都是在情报不够充分时制订的。

② ［美］保罗·肯尼迪，等：《战争与和平的大战略》，时殷弘、李庆四，译，42页，北京，世界知识出版社，2005。

③ Hans-Adolf Jacobsen and Arthur L.Smith, Jr. *World War II : Policy and Strategy, Selected Documents with Commentary*, p.145.

盟内部最大的分歧将是反攻欧洲大陆。

从1942年开始，英国军方和美国军方按照各自的设想展开激烈争吵，英国主张首先攻击意大利这个欧洲的"软腹部"，将意大利逐出轴心国集团。理由有三点：一是意大利靠近地中海、北非，如果意大利在轴心国同盟当中，纳粹德国就可能利用意大利为前进基地，威胁到地中海地区；二是意大利是轴心国集团中最薄弱的"部位"，夺取意大利能相对容易地瓦解轴心国集团；三是从意识形态和地缘政治现实考虑，从意大利开始反攻，比从法国反攻，更便于在东欧阻止苏联。显然，英国希望在打败纳粹德国的同时，还要形成有利于保护英国在中东、印度等传统势力范围内的态势。另外，从英国著名的军事理论家和历史学家李德尔·哈特极为推崇的间接路线中可以看出英国对于"弱处开刀"策略的垂青，即宁愿战争持续，也应当从对手的最弱处实施攻击。英国主张首先攻击意大利是现实利益与自身传统的结合。

美国主张以英国为前进基地，利用绝对优势的总体实力，直接进攻西欧，以最短路线和在最短时间内寻求与纳粹德军主力决战，力争快速打败纳粹德国。理由也有三点：一是国内政治的需要。在一个由民众选票决定政治家命运的国家里，长期战争是不现实的。罗斯福向美国民众承诺尽快结束战争，让美军士兵回到本土与家人团聚；二是美国民族性格。美国自独立后的100多年时间里形成独特的民族性格，做事方式简单实用，想要运用实力手段直接达成目的；三是太平洋战争不允许美国在欧洲战场上停留过久。美国需要尽快打败纳粹德国，再集中力量打败日本。

美英之间不同的利益诉求、历史经验、现实处境，使双方在反攻欧洲大陆问题上出现巨大分歧，导致双方在战略方针、调配战争资源、情报力量的使用，甚至是具体的战役指挥方面都发生了激烈的争吵，其间，甚至出现了美军将领威胁要将战略重点转移至太平洋地区的情况。但是，最终结果是在攻入纳粹德国本土前，美英军事同盟基本上是按照英国军方在阿卡迪亚会议之前制订的作战计划行动。首先登陆北非，取得多方向进攻欧洲的前进基地，再进攻意大利，迫使意大利退出轴心国集团，削弱纳粹德国，最终实施霸王行动。

弱势的英国能够影响强势的美国，主要有六个原因。

一是美英军事同盟的共识比分歧更加重大。**同盟内部能否克服分歧取决于同盟内部是否存在比分歧问题更加重要的共识以及对这种共识的坚定认知。**美英军事同盟中关于如何反攻欧洲大陆的分歧是建立在一个重大共识的基础上的，即"先欧后亚"的共识。罗斯福和丘吉尔这两位富有远见和全球战略视野的政治领导人的共识，决定了美英两国军方不可逾越的战略框架，只能围绕打败纳粹德国这一共同目标争吵，而不能脱离这个目标。虽然这段话的意义并没有明确进攻欧洲的方式，但却使双方得以确认"欧洲第一"。

二是反攻欧洲大陆的准备非常复杂。庞大的陆军部队渡海登陆作战和进入欧洲大陆的大规模地面作战，需要长期细致地研究作战计划、充分的物资补充和武器配备、严酷的部队训练等非常耗时的准备工作。

三是英国不可或缺的战略价值。首先，英国具有长期从事欧洲战争的经验，特别是第二次世界大战爆发以来，具有单独对抗纳粹德国的切身经验。英国迫使希特勒放弃横渡海峡计划，是纳粹德国首次挫败。英国陆军有与德军、意大利军队作战的实际经验。英国的经验、智慧、决心赢得了包括美国人在内的所有反法西斯的国家、政府和民众的尊重。经验、成就是加强自身在同盟中影响力的重要条件。其次，英国具有现实的地缘政治价值。英国是距离欧洲大陆最近、最安全的大国，具有优良、可靠的基地，便于部署军队和生产、屯集战争物资。强大的海军和不列颠空战的胜利，再加上工业实力，使英国成为距离纳粹德国最近的

"大机场"和"大港口"，是最佳的战略跳板。

四是丘吉尔推动同盟战略的高超技巧。丘吉尔可谓英国历史上制定和实施同盟战略的集大成者。首先，丘吉尔善于根据实际情况进行有效妥协。丘吉尔尊重、认同美国必须尽快进攻纳粹德国的希望，但也使美国认识到，在1943年之前无法完成从西欧直接进攻纳粹德国的充分准备。因此，丘吉尔主张加强空中轰炸和海上封锁以及鼓励德占区内的反纳粹力量袭扰、破坏，同时承诺全速推动以英国为基地的进攻欧洲大陆的准备。其次，丘吉尔不仅与美国领导人保持亲密的关系，还贴近了美国民众的心，赢得了他们的尊重与同情。在同盟中保持对盟友的影响力不仅需要经验、实力，还特别需要领导人的魅力与技巧。对于美英两国来说，领导人之间的亲密友善有利于对对方利益诉求的理解与互相妥协。丘吉尔始终与罗斯福利用会议、通信等方式建立起领导人之间的亲密合作关系。据统计，丘吉尔在战争期间向罗斯福发出过大约950封亲笔信函，也接收到了来自罗斯福的约750封信函。丘吉尔与罗斯福可谓惺惺相惜地欣赏着对方的才华，使他们总是能够以顽强的决心、富有想象力的妥协精神和技巧化解分歧矛盾。最后，丘吉尔具有一般政治家不具备的深厚的军事素养，令他"到1944年6月底为止（当时他被迫就入侵法国南部一事屈从于美国人的意愿）一直能够在差不多每个重大的战略问题上占上风……甚至在战争末期，丘吉尔依然保持着颇大的行动自由"[1]。

五是成功地解决了统一指挥问题。军事同盟成功的根本标志是对来自不同国家的军队实现统一指挥。只有在挑选最高指挥官、建立指挥系统、使用情报信息资源、完成统一的军事战略设计、协调各自的指挥流程等方面进行艰苦细致的磨合，统一指挥

---

[1] ［美］保罗·肯尼迪，等：《战争与和平的大战略》，时殷弘、李庆四，译，48页，北京，世界知识出版社，2005。

才能真正实现。1942年年初，美英联合参谋总部成立。美国由于处于绝对的强势地位，无论是出兵规模还是军工生产规模都是英国人不可企及的，而且英国对美国提供战争物资的依赖程度随着战争进程越来越大。据统计，"1942年，英国军火的十分之一来自美国，1943—1944年更是达到四分之一"[①]。基于这个实际情况，经验更为丰富的英军将领如蒙哥马利等，均将最高指挥官职务和荣誉让位于美军将领。同盟中的次要地位并没有阻碍英国施加影响力，既反映了英国高超的同盟技巧，也反映了英国对同盟整体利益的正确把握。

六是英国具有丰富的联军作战经验。英国历经反对路易十四的战争、七年战争、拿破仑战争、克里米亚战争，直到第一次世界大战，英国均是通过联军作战获胜。英国军方自然比美国更加能够理解，"无法像操作单独一国的军队那样操作一个同盟的军队"[②]。因此，英军在解决统一的军事指挥权的问题上显得既成熟又坚定。

同盟广泛的程度取决于互相抱怨的程度，而伟大的程度取决于双方就如何达成一致而进行妥协的艺术和智慧。在同盟内部，处于弱势的一方通过主动的、有选择的妥协和退让，有利于争取与同盟内部力量对比不相称的、更大的影响力。娴熟的同盟技巧，确保了英国是作为平等的盟友对美国产生重要影响，而不是亦步亦趋追随美国的依附者。

日本海军的战略错误

珍珠港事件反映了战略力量处于劣势的日军面对强大的美国

---

① ［美］保罗·肯尼迪，等：《战争与和平的大战略》，时殷弘、李庆四，译，47页，北京，世界知识出版社，2005。
② ［美］保罗·肯尼迪，等：《战争与和平的大战略》，时殷弘、李庆四，译，42页，北京，世界知识出版社，2005。

时所具备的战术优势。通常而言，一支军队的战术优势主要有三个方面：一是预先对作战行动进行细致的谋划和充分的准备；二是达成行动的坚决性与突然性；三是具体战场上的作战力量优势。日本海军偷袭珍珠港是战争史上谋求战术优势的杰作。日本海军的战术优势是精细，从制订作战计划到技战术训练等各个方面作的准备，都精细得无与伦比。

山本五十六对袭击太平洋舰队的作战设想是"开战之初，就猛攻猛打，摧毁美国太平洋舰队主力舰，使美国海军与美国人民的士气沮丧到不可挽回的地步，必须在敌之主力舰大部分停泊于珍珠港内时，用飞机进行袭击"[①]。要实现这个作战设想，日本海军就必须尽量倾全力于一击，集中使用续航能力强和打击威力大的海军作战力量，跨越半个太平洋，对美国海军太平洋舰队予以重创，使之一蹶不振，甚至全军覆灭。航速慢、航程短的传统战列舰和巡洋舰无法胜任这一任务。只有航空母舰和相应的战列舰、巡洋舰组成联合舰队，才能经过长距离海上机动后实施决定性作战。

山本五十六制订了"Z计划"，即集中使用日本海军全部六艘航空母舰，将其编成联合舰队，进行一次性饱和攻击。但是，这一显然孤注一掷的攻击计划，遭到包括海军军令部部长永野修身、第一航空舰队司令南云忠一等在内的许多高级将领的反对。理由是Z计划过于冒险。偷袭作战万一失败，六艘航空母舰可能全部损失，即使损失联合舰队一半力量，日本海军也将在占据优势的美国海军的报复中崩溃。山本五十六却不为所动，以辞职威胁要求海军军令部批准Z计划。同样决心冒险的东条英机成为首相的第二天，Z计划获得批准。

---

① 摘自山本五十六1941年1月7日向海军大臣及川古志郎的致函。

于是，山本五十六开始了秘密的图上演习、沙盘演习、实兵对抗演习，不断检验和修正Z计划。精细地制订作战计划与解决技战术难题，是作战准备一体的两面。以航空母舰编队作战为核心的Z计划，解决了兵力配置、指挥协同、后勤保障、机动、突击等问题。为避免美国海军太平洋舰队迅速恢复，日本海军将需花大量时间建造的战舰作为重点攻击目标。

由于依靠人工瞄准的空中投掷炸弹攻击精度不够，水下鱼雷成为攻击美国战舰的最佳武器。日本海军鱼雷机飞行高度通常为100米左右，一般在距目标1 000—1 500米时发射鱼雷，鱼雷入水后，由于下落惯性会先降到水面下15米以后，再上浮至水面以下4—5米冲向目标。但珍珠港海域内最大水深只有12米。为解决这一问题，一方面，日本海军组织鱼雷机飞行员进行最低高度仅有20米的低空发射鱼雷训练，以减小发射后鱼雷的下降惯性；另一方面，对鱼雷加装稳定翼，使鱼雷获得更大的浮力。日本鱼雷机发射的鱼雷即使落入珍珠港海区最浅处，也不会受水深的影响而提前爆炸。

另外，日本海军在与珍珠港地形和水文条件相似并非常偏僻的九州岛地区，组织飞行员进行俯冲轰炸和水平轰炸、识别主要战舰等训练；在靠近苏联和中国海域里进行航空母舰编队加油续航训练。对细节的注重使日本海军对偷袭珍珠港的训练准备和作战力量预置得非常充分。

日本海军联合舰队主要打击力量包括六艘航空母舰[①]及其舰载360架攻击型飞机和四架水上侦察机、三艘潜艇、九艘驱逐舰、两艘高速战列舰、两艘重巡洋舰、一艘轻巡洋舰，由南云忠一指挥。保障力量包括八艘油料运输舰和其他两艘补给舰。这样

---

① 它们分别是赤城号、加贺号、苍龙号、飞龙号、翔鹤号、瑞鹤号，其中赤城号是旗舰。

一支规模庞大的联合舰队，必须选择一条便于达成突然性的开进航线。航线必须满足三个条件：首先，是必须有利于隐蔽出发，不被所有国家情报人员尤其是美国、苏联和中国的情报人员发现的航线。其次，是被人认为最不可能开进的航线。最后，是基于联合舰队续航与机动能力，能够按照发起攻击时间要求到达作战海域的航线。经过再三权衡，日本海军决定在北、中、南三条航线中，选择先绕过阿留申群岛再实施南下的北航线。这条航线长达3 500海里，经过气候恶劣的西北太平洋海区，最容易被忽视。但经过海上途中加油与补给，联合舰队可以克服恶劣气候，按照作战计划准时到达进攻发起海域。最重要的是，美军无法对这个海区展开警戒。

根据作战计划，联合舰队在长达3 500多海里的海上航行中，必须保持无线电静默。到达攻击发起海域后，飞机从距离瓦胡岛200海里的航空母舰上起飞，在飞至珍珠港上空的过程中，要规避太平洋舰队的侦察机和雷达。因此，作战行动必须追求绝对的突然性。为掩盖偷袭意图，日本的外交、军队、民事等所有力量均参与了战略欺骗。

1941年10月9日，东条英机致函罗斯福，提出进行美日谈判；同月，日本军部故意向外界宣布将关东军由11个师增加至22个师，做出撕毁《日苏中立条约》并与纳粹德国协同进攻苏联的举动。11月5日，经验丰富的知名亲美派外交官来栖三郎，高调前往美国协助野村外相进行美日谈判；11月18日，准备用于偷袭珍珠港的一支拥有27艘潜艇的先遣队离开佐伯湾及横须贺港向瓦胡岛进发；11月22日，6支航空母舰编队作为主力在南千岛群岛择捉岛单冠湾集结完毕；12月5日—7日，也就是偷袭作战的前三天，日本海军故意组织3 000名横须贺海军学校学员游览东京。在释放了一系列烟雾弹、联合舰队秘密完成作战部署后，日本谈判代表于12月8日偷袭开始前35分钟，向美国递交停止美日谈判的最后通牒。日本联合舰队于1941年12月8日（夏威夷时间为12月7日）早晨6时至9时30分，实施了两轮航空兵突击（实际作战时间只持续了两个小时），对几乎毫无反抗的太平洋舰队造成重创。

　　日本海军偷袭珍珠港最成功之处是精确指挥。从联合舰队临战训练与准备，直到集结开进，再到使用航空兵对珍珠港内战舰实施突击，中间贯穿着周密、不间断的情报侦察与准备，"几乎所有的作战行动均精确地按照预定的作战计划进行"①，甚至联合舰队返航时的海上开进队形和时间，都与作战计划完全一样。

　　伤害强者却使强者警醒是危险的。尽管美国仍然执行先欧后亚的全球战略，但不意味着放弃太平洋。美国和日本之间悬殊的实力差距决定了战争结局。主要的疑问是美国怎样和在什么时间战胜日本。

　　太平洋战争初期，日本海军处于攻势，美国海军处于守势。日本海军有战术优势，即娴熟的作战技能、精细的指挥、大规模航空母舰编队作战。然而，日本海军的战术优势受到广阔的太平洋战场制约，一旦战线过长，战术优势必将削弱。

　　珍珠港事件之后，"倒是挨了打的美国海军，首先发觉海上作战主力已从战列舰转移到航空兵"②。日本偷袭珍珠港时，太平洋舰队仅有的两艘航空母舰没有停泊在港口，从而逃过一劫。它们成为美国重建太平洋海上力量的重要基础。美国海军从20世纪30年代初一直试验以航空母舰为核心的特混编队作战。珍珠港事件中舰载机表现出来的强大突出能力，使美国海军更加坚定地信奉航母制胜的作战思想。于是，美国海军开始大规模建造航空母舰。

---

① 　日本海军军令部预定的《帝国海军作战方针概要》中规定："以6艘航空母舰为骨干的机动部队空袭停泊在夏威夷的美主力舰队。具体安排是，该机动部队在千岛接受补给后，在作战开始十几天之前，自日本国内起航，由夏威夷北面接近，于日出前一两个小时，在瓦胡岛北面约200海里附近，所有400架舰载机起飞，对停泊中的美航空母舰、战舰和飞机等目标奇袭。奇袭成功后，立即退出战场。"
② 　[日]渊田美津雄：《袭击珍珠港》，许秋明，译，3页，北京，商务印书馆，1979。

反观日本海军，偷袭成功却仍然信奉战列舰和巡洋舰制胜。日本海军希望沿用日俄战争时期的成功经验，当美国海军舰队前来复仇时，伺机在有利海域内以逸待劳进行决战。日本海军如果继续利用航空母舰编队为主要力量，战术优势也许会持续更久。随着美国海军在航空母舰制胜的作战思想支配下，出现了越来越多的航空母舰，日本丧失优势的速度超出了所有人预料。对美日之间巨大的实力差距了然于胸的山本五十六在开战前预言，日本的主动权只能维持一年半左右。然而，历史证明，即使是日本海军中少有的理智派也过于乐观。

初战告捷的胜利者总是难以抵御进一步扩大战争主动权的诱惑。偷袭珍珠港成功之后，日本海军有两个方向可以扩大战果：一是向东进攻，威胁甚至攻占夏威夷，迫使美国退回到本土；二是向南进攻，除已经占领菲律宾等极具战略价值的岛屿之外，再攻占澳大利亚，使美国在太平洋上彻底失去盟友和可靠基地。日本大本营、直接执行作战任务的联合舰队都有各自的主张。

大本营坚持继续南下，直到攻占澳大利亚。理由是：太平洋舰队一时难以恢复，应当抓紧时间控制西太平洋。等到美国海军太平洋舰队实力恢复，便无法改变美日平分太平洋的既定局面。这种局面下美国不敢妄动，日本不需要投入过多军力资源便能够维持"大东亚共荣圈"。如果继续东进，联合舰队战线被拉长的同时，无法获得足够的战争资源。

直接执行作战任务的联合舰队则认为，美国海军太平洋舰队刚刚遭受重创，即便快速补充战舰和人员，作战能力必将远逊于联合舰队。日本海军应当乘胜而进，威逼甚至攻占夏威夷震慑美国，不给美国以喘息之机。否则，美国终将以强大国力恢复海军实行报复，届时，日本将时刻处于美国的巨大压力之下。

两种意见各有利弊，但存在共同的致命缺陷：对美国的主观臆断。陆军部和海军部看似较为稳妥，以阿留申向南延伸到澳大利亚为界，美日平分太平洋；日本联合舰队看似积极，将美国海军逼至本土，以夏威夷为其前线，保持对美国预防性的强大压力。然而，它们都忘记了，美国在太平洋战争爆发前，国内战争潜力尚未开发时，都不愿意日本独享亚洲，何况遭受偷袭之辱后，将战争潜力开发至极致时，更不可能容忍日本独享亚洲。

经过半年多的争论，1942年4月，日本军部在海军"大和"号战列舰上召开作战会议，决定采取折中方案，即南下和东进并举。这个决策产生两个致命错误：

一是时机过晚。在近半年的争论时期，联合舰队主动发起了一系列攻势行动。在马来海战中击沉英国引以为傲的新锐战舰"威尔士亲王"号，在珊瑚海海战中击沉美军42 000吨的航空母舰"列克星敦"号，先后攻占了威克岛、马绍尔群岛、印度尼西亚、菲律宾、马来半岛、安达曼和尼科巴各岛、俾斯麦群岛。日本控制了西太平洋上3 000多万平方海里海域。但是，越来越多易被忽略的软肋开始显现。首先，战略速决无法实现导致战略摇摆。战术性捷报频传，但连续作战导致了难以及时补充的巨大消耗。山本五十六认为，日本的胜算在于速决，使美国失去与日本开战的勇气。换言之，偷袭珍珠港的真实意图是"以战保和"，而不是以战求胜。然而，美国不仅没有被日本震慑，反而立即向日本宣战，表示只有赢得战争才会考虑结束战争。广阔的太平洋和美国超强的战争潜力，终将迫使日本在没有预先制订战略计划的情况下追求持久决胜。战术上的精心准备掩盖了战略上的仓促应对。其次，日本攻守失衡。1942年4月18日，美海军"大黄蜂"号航空母舰搭载16架B-25轰炸机对日本本土实施轰炸，以示报复。此前，东条英机曾向天皇和国民保证，国土绝不会遭到攻击。美国有限的报复说明，日本的力量配置外线强而内线弱，占据西太平洋的日本海军战线越长，力量顶点越早到来，过之则必衰。攻守失衡的日本，只要远离本土的军队被消灭，就将面临亡国境地。

最后，日本联合舰队无法保密。日本海军屡次改变密码，但联合舰队90%的密码电报被美国海军情报机构截获并破译。其中日本泄露的情报包括联合舰队进攻莫尔兹比港的作战计划和"中途岛作战情报"[①]。无法保密的联合舰队失去突然性，也就失去了胜利的可能性。

二是力量分散。日本海军在珍珠港事件后补充了两艘航空母舰，总共有8艘。同时用于南下和东进两个方向，造成了力量分散。战术素养深厚的日本海军高级将领，深知分散兵力无法达成速决制胜。但是，太平洋战争初期的胜利，使其开战前的冒险心态，在"尊皇"心理自觉的催化下，似乎变成了某种"乐观"之后的自负。鉴于太平洋舰队遭受重创，许多日本海军将领乐观地认为，如果分配好航空母舰编队的力量，可以取得双线作战的同时胜利。然而，后来的历史证明这只是一厢情愿。日本海军由于分散使用航空母舰力量，不仅没有达成双线胜利，还在中途岛海战中失败，丧失战争主动权。他们也许忽略了美国战略背后的本质。美国之所以采取守势，直接原因是海军力量没有得到及时补充，无法采取攻势。根源是贯彻先欧后亚的全球战略。珍珠港事件爆发后，美国国内形成一股强大的民意力量，敦促罗斯福报珍珠港一箭之仇。美国政界和军界也有许多重量级人物向罗斯福施压，要求先战胜日本再战胜纳粹德国。由此，太平洋战争初期，罗斯福为坚持先欧后亚的全球战略陷入双边争论。美国不可能将主要资源倾注太平洋舰队重建上。

1942年，兵力分散和情报泄露的联合舰队分别在"珊瑚海海

---

① 从1942年4月初开始，美国海军情报部门截获了日军海军电报，其中有一个代号为"AF"的地点反复出现。美军怀疑所指为中途岛。为了确认，美国海军情报部门指示中途岛基地发出一份电报称："岛上淡水蒸馏设备发生故障。"三天后，美国海军情报部门截获的一份日本联合舰队发给海军军令部的密码电报称："AF缺乏淡水。"美军推测得到证实。

战"①和"中途岛海战"②中失败。1943年之后，美日攻守之势逆转。1945年，太平洋战争以美国胜利而告终。

南下与东进并举的错误战略是日本在太平洋失败的直接原因。即便南下与东进只选其一，集中航空母舰编队只用于一个方向，在"开足马力生产航空母舰和战舰的美国海军"③面前，日本海军也终将首尾难顾。太平洋战争的结局根源于日本战略上不可弥补的劣势和美国战略上不可超越的优势。

美英对战后远见的协调

1943年夏天，第二次世界大战的进程已经发生逆转，纳粹德国、日本、意大利的战败已成定局。战后秩序的问题重新出现。战后世界将往何处去，成为远见者之间的博弈。同年，丘吉尔在哈佛大学演讲，面对着视他为拯救英国甚至拯救欧洲的伟大人物的美国各界精英们，他慷慨激昂地展示了一幅美英未来的画卷："我怀着这个梦想：英国人与美国人可以自由地互相来往，彼此之间一点也没有外国人的感觉。"④丘吉尔能够在美国最负盛名的大学作如此演讲，已经说明美英之间希望将战争时期共同设计和贯彻战略所凝结的同盟，基于共同的文化进行新的升华。

美英对战后秩序规划都深深地打上自身烙印，成为战后秩序

---

① 1942年5月4日—8日，美日两国海军航空母舰编队在珊瑚海发生激烈交战，成为战争史上首次以航空母舰编队及其舰载机为主要作战手段的远程海战。这次战役是日本联合舰队的首次进攻受挫。此后，日本海军飞行员、战机、航空母舰无法得到有效补充的弊端充分暴露。

② 1942年6月4日，美国海军以一艘航空母舰为代价，击沉了日本四艘主力航空母舰、一艘主力巡洋舰，挫败了日本联合舰队在太平洋上的攻势。中途岛海战是太平洋战争的转折点。

③ 1942年年初，美国海军仅有3艘可用航空母舰。但到1943年年底时，航空母舰数量猛增到50艘。战争结束时，美国海军共拥有各种航空母舰达100余艘。日本在整个太平洋战争期间，总共只有25艘航空母舰。

④ Robert Rhodes James. *Winston Churchill: His Complete Speeches 1897—1963,* Vol.5, New York: Chelsea House Publishers, 1974, p.6825.

中地位差异的决定性因素。但是，历史证明，它们之间的合作与妥协，代表着对自身历史经验的超越。威尔逊主义的成功之处在于塑造了美国在世界舞台上的道德形象，令世界接受了美国提出的国际秩序的道德准则，如集体安全等。它的失败之处在于，没有构建起具有实际行动能力的大国合作秩序框架，甚至令美国违背了自己的集体安全组织，如退出国际联盟。罗斯福在道德和理想上传承了威尔逊主义，即秉承美国的价值观和理想来构建世界秩序。但是，罗斯福鉴于威尔逊主义的失败教训，结合了现实主义。罗斯福关于战后秩序的重要内容，其中之一是建立具有实际效力的国际组织（后来的联合国）。他认为，国际联盟只有道德感召力，而没有行动强制力，才导致纳粹德国、日本、意大利的嚣张与蛮横。因此，他提出建立四大警察制度，即由美、苏、英、中为四大国主导国际秩序，四大国共同对战争威胁进行威慑和封锁，甚至直接使用战争手段恢复和平。

罗斯福对威尔逊的超越之处在于，威尔逊使欧洲感到美国站在道德制高点上，心存不敬地俯视自己。罗斯福却充分地重视其他战胜国的立场与实际，令联合国比国际联盟具有更大的影响力和实际效果。最典型的就是，罗斯福希望以耐心和谅解，使与自己意识形态对立的苏联，成为国际社会中具有建设性作用的一员。

英国历史经验的核心就是建立欧洲大陆均势。但是，丘吉尔也富有远见地认识到："战后的美英特殊关系与战时同等重要。"[1]因此，他将欧洲大陆均势的战略思维运用到全球区域。所以，英国对战后秩序的设想主要有两点：一是利用美国的强大实力限制和压制苏联，维护欧洲大陆均势；二是维护英国在全球的势力范围，即使不能全部维护，也要极力维护关键之处。实际上，英国对战后世界秩序这类"务虚"问题的关注，远不如对可能的权力真

[1] Warren Cohen, *The Cambridge History of American Foreign Relations*, New York, 1993, p.29.

空地带的关注。英国最关注的是遏制苏联，因而将处理战后波兰问题放在优先地位。丘吉尔在雅尔塔会议上对罗斯福说道："除非俄国人能被说服或在强迫下公正和体面地对待波兰人民，否则看不到世界理事会（联合国）有任何意义。"[①]他进而提出，要挡住苏联红军进入波兰的道路，鼓励在伦敦的波兰流亡政府建立东欧联邦。丘吉尔不主张全球集体安全。他提出在欧洲、亚洲和美洲建立一些地区性组织，由既定的地区大国对地区进行主导，并在此基础上成立四大国的最高委员会。运行基本制度是："区域性组织只负责处理本地区的事务，以防一个国家干涉其他国家的事务。只有区域性组织不能解决的问题才提交到最高委员会处理。"[②]显然，丘吉尔既希望迎合罗斯福的全球集体安全的设想，又希望通过建立地区性组织，维护英国全球势力范围，并通过四大国最高委员会来约束苏联。当然，如果地区性组织建立，美国在全球的行动便容易受英国影响。

最终，美英对战后秩序的设想经过协调后达成共识，奠定了战后美英军事同盟继续存在的基础。英国极力支持美国提出的联合国。美国希望中国成为四大国之一，一直轻视中国的英国最终同意；美国虽然轻视法国，但在英国的坚持下，仍然承认了法国的大国地位。

罗斯福的意见占据上风，但对苏联的防范与遏制却因为丘吉尔的坚持而在美英军事同盟中被继承。斯大林在战争尚未结束时，也考虑过战后秩序问题，但基本上是俄罗斯历史传统的翻版，希望在周边建立起所谓的安全屏障。这刚好为美英遏制苏联制造了口实。美英在战后秩序方面的协调，是双方远见的协调。

---

① 　Richard F. *The Yalta Conference Boston D.C. Heath, 1955*, p.591.

② 　Thomas Campbell. *The Masquerade Peace American U.N. Policy 1944—1945*, Florida: Florida State University Press, 1973, p.11.

美英将欧洲问题和遏制苏联连接在一起，从而将美英关系变成了以欧洲为中心的全球关系。

美日同盟的成立

近代欧洲莫测难辨的敌友变幻又发生在第二次世界大战之后的太平洋上。1945年4月12日，罗斯福突然逝世，执强烈反苏立场的副总统哈里·杜鲁门成为接替者。同样执强烈反苏立场的丘吉尔，毫不掩饰地希望美国成为抵御苏联"扩张"的"中流砥柱"。美英苏战时同盟关系出现变化的迹象日益明显。当时，纳粹德国败局已定，美英与苏联之间的关系在纳粹德国覆灭之前便发生微妙变化。从美英与苏联抢占柏林一事便可见端倪。丘吉尔强烈主张艾森豪威尔抢在苏联红军前头占领柏林，斯大林命令朱可夫尽快攻占柏林。最终，盟军最高司令出于单纯的军事考虑，慢了半拍，使柏林大部分城区被苏联红军占领，其他城区被美英法盟军占领。1945年5月8日，两艘运送支援苏联军事物资的船只，在即将接近苏联港口时，意外接到掉头返回的命令。此时，美英也许还没有与苏联相处的全盘战略，但至少在潜意识中已经将苏联当作对手。同日，杜鲁门发表对日本的声明，耐人寻味地指出，日本武装力量的无条件投降，"意味着战争的结束……并不意味着要消灭或是奴役日本民族"。显然，坚定要求日本无条件投降之时，却使用保留日本"面子"的措辞，似乎蕴意了美英与苏联盟友关系将尽时，一切皆有可能。当然，仅凭纳粹德国覆灭当天的情势，还难以断定，美英希望将日本由战时敌人变成战后助手。

1945年7月26日，要求日本无条件投降的《波茨坦公告》发布。但是公告对日本坚持将保留天皇作为条件的要求不置可否，尽管此前有许多美国人认为："无论天皇现在对我们多么有用，他都可能是今后一代人的危险之源。"①1945年8月10日，日本发出接受《波茨坦公告》的乞降照会，提出"……应取得以下谅解，即上述宣言并不包含任何有损于陛下作为最高统治者之特权之要求"。美国在复文中没有拒绝这一条。日本天皇在讨论回应美国复文的御前会议时告诉内阁："关于国体问题，虽说有各种疑义，但我从此项复文的文意理解到，对方是怀有相当的好意的，我认为是全体国民的信念和觉悟的问题。所以，我觉得此刻最好接受对方的要求。"随后，日本内阁发布告示，强调"今后国民应一致努力维护国体"。日本宣布正式投降后，美国没有明确反对保留天皇。

决定美国这一立场的关键人物是抱强烈反苏立场并执着于提升亚洲在美国全球战略中地位的麦克阿瑟。在美国军事史乃至世界军事史上，麦克阿瑟是为数不多的兼具超群的军事才华和卓越的政治才华的将领。日本偷袭珍珠港后，麦克阿瑟在菲律宾遭到溃败。他认为这是个人军事生涯的最大耻辱，发誓要一雪前耻。但是，他没有让复仇心理支配自己履行作为一名高级将领的职责。当斯大林在雅尔塔会议上承诺纳粹德国投降后三个月内对日开战时，他就判断美苏将走向对抗，于是开始立足美国全球战略考虑战后处理日本。当日本投降在望时，他开始摒弃复仇心理，积极转变心态：从不惜任何代价追求胜利以完成复仇转变为积极的政治妥协，以使日本成为美国在远东对抗苏联的重要跳板和屏障。当日本投降时，麦克阿瑟立即着手考虑对日本的政治经济社会进行改造，包括制定宪法、消除军国主义、提携和使用具有先进的政治头脑的日本政治家，奠定了日本新的发展格局。麦克阿瑟作为指挥美国军队赢得太平洋战争的最高军事将领之一（另外一人是海军上将尼米兹），对太平洋的战略地位有个人感情因

① FRUS, 1945, Potsdam Conference, Washington, D.C.:U.S. Government Printing Office, 1945.

素。但是，他富有远见地看到了日本在远东的战略价值和太平洋在美国全球战略中的地位。在美国军方中，除了艾森豪威尔之外，还没有一位军事将领在政治和外交方面产生的重要影响能与麦克阿瑟相提并论。

麦克阿瑟在日本投降时，意识到了取缔天皇将使美国控制和改造日本时面临重大风险。因此，他极力主张保留天皇。最终，美国政府同意保留日本天皇，清除了改造和控制日本的最大障碍。美苏战时盟友关系的消失、杜鲁门和麦克阿瑟的极端反苏立场、日本在远东的地缘政治价值、苏联在远东缺乏海上力量等因素，决定了美日由敌人变成"伙伴"。

1945年8月，美国开始对日本进行军事占领。**在军事占领区，最高司令官的权限是战争结果的真实反映**。根据协定，"日本政府在最高司令官指示下，有行使国内日常行政事务的政治机能。但是，当不能满足最高司令官的要求时，最高司令官则有权更换政府机构或人事，或者依据直接行动的权利和义务加以限制。"[①]可见，日本的最高权力人物不是天皇和内阁，而是盟军驻日本军队最高司令官麦克阿瑟。

同一时期的中国，国民党和共产党之间分别在美国和苏联的支持下进行政治谈判，两党关系成为美苏关系的缩影。当1946年中国内战爆发后，也意味着美苏之间可以合作的领域减少了一个，走向对抗的领域增加了一个。1948年，第一次柏林危机爆发，美苏彻底放弃战时盟友关系而走向对抗。1949年9月，美国失去中国大陆，日本的地缘战略价值进一步凸显。同月，美国国防部提出："随着国民党在中国大陆溃败，日本重要性凸显，为防止苏联对太平洋的威胁以及遏制苏联势力向东南亚的扩张，美国必须控制日本。"[②]基于此，美国调整了军事占领政策：由在日本

---

①　MacArthur speech about U.S. *A Policy Towards Japan*, August 29, 1945.

②　NSC49, September 7, 1949.

周围的琉球群岛长期驻军扩大为在日本本土长期驻军。但正考虑启动对日媾和的美国国务院提出异议，认为美国强化对日本的控制，不仅取决于军事力量，还在于要赢得日本政府和民众的友好态度。美国如果长期在日本本土驻军，能否获得他们的认可，是令人怀疑的。如果美日之间出现历史上所有的征服者与被征服者之间的天然矛盾，日本就不可能成为美国遏制苏联和中国的"助手"，而却可能是"包袱"，甚至可能是敌人。

解决二者分歧的关键在于麦克阿瑟。麦克阿瑟认识到，美国在日本本土长期驻军可以"向苏联清楚地表明，对日本的进攻就意味着与美国的全面战争"[①]。为此，他主张将长期本土驻军与对日媾和进行统一考虑。为获得日本支持、防止苏联影响日本，美国对日外交媾和应当尽早进行。为保护日本安全和美国在远东利益，美国必须在日本本土驻军。在具体操作中，他提出两点举措：一是"促使日本政府正式邀请美国军队驻留，在日本驻留军队是必要的"[②]。二是在对日媾和后的和约中，包含保障美军驻日合法性及驻日美军权利的条款。但是，对日和约要为防止国际社会，特别是苏联质疑和日本国内民众的反感，提出美军驻留是为了防止军国主义死灰复燃。麦克阿瑟的意图是，既使美国在日本本土长期驻军获得合法性与合理性，又确保美国对日媾和之后对其控制时，不至于引起军事占领导致的国际道义问题。

1950年6月25日，朝鲜战争爆发，日本的战略地位更加凸显，令外交媾和与长期本土驻军之间的矛盾被湮没。美国在远东遏制苏联最强大、最有效的力量就是在日本的驻军，这使美国面临矛盾的局面："要么以盟军名义继续占领日本，要么重新武装日

① FRUS, 1950, Memorandum of Conversation, Washington, D.C.:U.S. Government Printing Office, November 12, 1949, Vol.7, p.891.

② FRUS, 1950, Memorandum of Conversation, Washington, D.C.:U.S. Government Printing Office, April 6, 1950, Vol.6, p.1170—1171.

本，两者必居其一。"①面对这个矛盾，美国另外一名外交人才发挥了重要作用。年轻的国务院官员福斯特·杜勒斯提出，以联合国名义确定美国在日本本土长期驻军的合法性。这有利于避免国际社会认为美国在日本拥有特殊利益，使美国站在遵守国际安全与和平框架的道德制高点。同时，这还有利于显示美国对日本的安全责任和引导日本进入国际社会。

杜勒斯的设想使日本面临这样一个局面：如果要重新获得国际社会的认可，并且重新以独立主权国家的身份加入国际社会，就必须接受美国在其本土长期驻军。美国面临的局面是，使日本既在心理上接受美国在其本土长期驻军，又尽快完成对日媾和。

1951年9月5日，由美国主导的对日媾和国际会议在旧金山召开。50多个参会的国家包括英国等西方国家，也有苏联、波兰等东欧国家，但中国、印度等遭受日本侵略的国家却被排除在外。在旧金山对日媾和国际会议举行的第三天，即9月7日，日本首相吉田茂的正式发言中有这样一段话："日本过去就受到来自北方俄国的威胁，如今在同样的方向又受到来自共产主义的威胁。由于日本没有武装，只能寻求自由国家的集体保护，这是和美国缔结安全协定的原因。在日本能依靠自身力量保卫本国安全之前，或者在联合国或其他集体安全机制能确保日本周围的国际和平与安全之前，不得不请求美军驻扎在日本。"日本向国际社会公开宣布将依赖美国并同美国结成同盟，以确保应对苏联威胁，令美国感到满意，也获得了参与国的"理解"。当然，在国际场合获得支持，有利于政府减少国内的政治阻力。9月8日上午，对日媾和国际会议结束并签订了《对日和平条约》（苏联、波兰等国家都拒绝签字）。吉田茂又与美国国务卿艾奇逊分别代表两国政府签订

---

① FRUS, 1948, Allied With Japan, Washington, D.C.:U.S. Government Printing Office, December 30, 1974.

《日美安全保障条约》。10月25日和11月18日，《对日和平条约》和《日美安全保障条约》分别在美国众、参两院获得通过，1952年4月28日正式生效。由此，美日同盟得以建立。

此时的日本，只是部分地摆脱了孤立和战败国地位。美国在日本本土长期驻军，不仅获得国内认可，也具备国际法理地位，有利于日本摆脱战败国地位，也有利于加强控制日本。因为条约规定，美国可以坚持对冲绳等岛屿的永久所有权。

不难发现，明治维新使日本经济、科技、军队、国民生活等获得全面变革。但是，名义上实行君主立宪制的日本，因为明治维新固化了皇权统治，产生了僵化的民族本位思想和制度。战败后的日本，在美国这一强大的外力面前，无任何意志守护自己的既得体制和文化，只能在美国的主导下"脱胎换骨"。可以说，太平洋战争之后的日本获得继明治维新之后的又一次"新生"。这次"新生"，日本民族自身的勤奋和善于学习的优点再一次体现得淋漓尽致。

吉田茂在1952年说："美国人是作为敌人进入我国的，但短短七年内，两国便实现了世界罕见的互相谅解。"[1]这样的表态似乎有讨好之嫌，但却反映了一点：日本从美国军事占领中受益，是未来美日同盟得以稳固和持续的根本原因。

第四节　美英与美日在战争和危机年代中的不同境遇

两次柏林危机、朝鲜战争期间，美英虽然在应对具体问题上产生分歧，但在战略上仍然紧密合作。直到苏伊士运河危机，美

---

[1]　William R.Nester. *Power across the Pacific*, New York: New York University Press, 1996, p.26.

国"背叛"了英国，使英国彻底丧失在中东的影响力。越南战争又使美英关系降至低谷。反观美日，从朝鲜战争开始，美国每次介入亚洲，日本都成为受益者，经济和科技实现腾飞，政治自主程度逐步提高。至20世纪80年代时，美英和美日再次出现差异。罗纳德·里根和玛格丽特·撒切尔分别成为美国总统和英国首相后，美英特殊关系重新稳固。反观美日，美日在经济贸易竞争上摩擦加剧，日本努力摆脱依附地位的同时，美国不断调控美日同盟。处于同样的冷战岁月，美英和美日沿着各自的独特曲线发展，反映着美国以遏制苏联为总体目标的全球战略的变迁。

美英权力传承与冷战的爆发

同盟的成立不一定是历史的开创，但同盟的终结一定是历史的回归。美苏英大同盟即将胜利时，英国的视野又退回到历史上。当苏联红军以摧枯拉朽之势攻占柏林时，丘吉尔满怀危机感地认为："苏联企图把他们控制的那部分欧洲分离出去。"①显然，在维持欧洲大陆均势传统心理的支配下，丘吉尔必须要面对两个残酷的现实：一是已成废墟的西欧无法抗衡苏联；二是美国退回美洲大陆致使英国独自面对苏联。丘吉尔的继任者克莱门特·艾德礼同样有此忧虑。英国只能依赖美国对抗苏联，以维持欧洲大陆均势。

1946年年底和1947年年初，位于由地中海进入中东海上要道上的希腊和土耳其爆发危机。英国的想法是，如果不能维护传统势力范围，宁愿其落入美国之手，也不能落入苏联之手。于是，无力介入的英国向美国求助。1947年2月21日，英国驻美大使馆

---

① Warren Cohen. *The Cambridge History of American Foreign Relations*, Vol.5, London: Cambridge University Press, 1993, p.29.

向美国国务院递交外交照会，宣布英国无法提供援助以恢复希腊和土耳其秩序，希望美国接手。1947年3月12日，杜鲁门发表国情咨文，表示美国一定会"支持自由国家抵抗那些武装的少数派集团或外来压力奴役他们的图谋"。"杜鲁门主义"①开始正式形成。美国向希腊、土耳其提供总共4亿美元的援助，并对苏联采取强硬政策。自此，美苏之间矛盾彻底公开并激化，导致冷战爆发。

英国依靠美国维护欧洲大陆均势的愿望实现了，美国也"合情合理"地留在了西欧。美国认为，抗衡苏联首先要避免西欧落入苏联手中，而战后经济萧条的西欧特别容易滋生共产主义思想。因此，1948年4月3日，美国国会通过旨在对欧洲提供资金帮助其恢复经济的《马歇尔计划》②。《马歇尔计划》遭到苏联拒绝，因而成为只针对西欧的援助计划。它使美国凭借雄厚的经济实力帮助西欧复兴经济的同时，也获得了对西欧政治、军事等方面的影响力。作为最重要的同盟国，英国成为《马歇尔计划》的最大受益国。

冷战开始之初，美英对苏联的意图进行了判断。他们认为苏联政府的所有行为将建立在马歇尔计划必将失败的基础之上。因为按照马克思主义的观点，资本主义将因为经济危机和战争而崩溃瓦解。因此，苏联最需要的是战后休养生息。繁重的战后重建和实现经济、科技繁荣的美好远景，将使苏联极力避免挑衅独享原子弹优势的西方。美英犯的错误就是按照自己的思维方式判断他人。

美英低估了安全感对苏联决策者的影响。这也许归咎于杜鲁

---

① 1947年3月12日，杜鲁门发表外交政策，被苏联解读为对其的公开威胁。杜鲁门主义的出台是冷战正式开始的重要标志。

② 官方称为《欧洲复兴计划》。第二次世界大战结束后，美国决定对西欧各国重建予以经济援助。1947年7月，《马歇尔计划》正式启动，持续达4年时间。在此期间，美国向西欧提供经济援助合计超过130亿美元，其中90%是赠予，10%为贷款。

门和艾德礼对斯大林内心特点的无视。他们二人并未参加第二次世界大战时大部分与斯大林的会面，对斯大林的内心特点几乎一无所知。**专权者最显著的心理特点是安全先于繁荣。每当他们觉得不安全时，特别容易失去耐心，几乎是习惯性地制造危机获得安全。**

冷战刚刚爆发，焦点在欧洲，欧洲的焦点在美英法苏占领的德国，德国的焦点在柏林。柏林成为冷战的"风向标"，牵扯多方的脆弱神经。在互信缺失的情况下，哪怕微小的异动都可能被对方认为是"我行我素式的敌对行为"。

美英法希望德国按照"西德"①模式统一，苏联则坚持德国统一后应成为非武装的中立国。美英法三国坚持德国统一决定权在德国人民，而不是占领国当局。这种模糊的表态表明，美英法不希望被苏联认为是在干预德国统一，也不希望苏联阻止美英法主导德国统一。

四大占领国在1946年达成的协议规定："讨论德国问题不应当排除任何一个占领国。"②因此，1948年旨在将美英法占领区进行合并的伦敦会议，立即引起了苏联担心。斯大林认为，美英法不与苏联协商便"擅自"统一占领区的政治和经济秩序，企图利用面积更大、人口更多、经济更加发达的优势吞并德国东部，最终将德国纳入西方体系。如果美英法成功，那么在美国已经占领日本时，苏联将面对来自美国、西欧、日本的强大压力，重新陷入更危险的安全困境。

斯大林的判断是正确的。美英法的确不希望德国在短期内统一并中立。因为统一并中立的德国将更加依赖地理距离更近的苏

---

① 1945年5月2日，纳粹德国向苏联投降，5月8日向美英军事同盟投降。德国领土被美国、苏联、英国和法国共同管制。其中，西部地区为美英法三国管制，东部地区为苏联管制。1949年5月23日，美国、英国、法国将德国西部的占领区合并，成立德意志联邦共和国，简称西德。同年，苏联则宣布在德国东部占领区成立德意志民主共和国，简称东德。

② Paul Preston and Michael. *British Documents on Foreign Affairs: Reports and Papers from the Foreign Office Confidential Print,* Series F, 2002, p.22.

联的能源和市场。长久如此，"俄国丰富的农业和自然资源，如果与德国先进的工业技术相结合，将对西欧构成重大危险"①。但是，斯大林没有就德国如何形成稳定的政治经济秩序提出可操作性主张，只是提出德国统一并保持中立这一笼统的设想。至于如何确保德国中立，他也没有提出均可以接受的条件。俄罗斯民族强于地缘政治斗争却疏于发展经济社会的特点，在斯大林身上有着典型的反映。也许他只看到德国保持中立将更加有利于距离更近的苏联，因而不急于提出具有可操作性的推动德国统一的主张。从这一角度看，冷战根源于民族特性差异、地缘政治斗争的历史惯性，意识形态对立仅仅起到了加速作用。

1948年6月24日，苏联对柏林水陆交通实施封锁，导致第一次柏林危机爆发。起初，杜鲁门显得犹豫，只是模糊地表示"苏联没有权力通过直接或间接的方法迫使我们退出柏林"②。但是，英国的态度截然相反。当天，艾德礼便向美国驻英国大使指出："如果放弃柏林，德国西部乃至整个西欧将面临严重威胁。"③同时，英国外交部在向美国发出外交照会前便向苏联表示强烈抗议，坚定地表明英国会留在柏林。赋闲在家的丘吉尔甚至向杜鲁门提议使用原子弹。

精于欧洲斗争的英国，对柏林的认识比美国更加深刻和敏感。当然，也不排除这种可能性：杜鲁门的模糊和犹豫，仅是一种促使英国和西欧感到紧张的策略，从而刺激它们主动寻求与美国协调，甚至听从美国的安排。

解决危机的后盾永远是实力。能够有效震慑苏联的只有美

---

① FRUS, 1946, Policy in Germany , Washington, D.C.:U.S. Government Printing Office, 1946, p.4.
② Alan Bullock. *Ernest Bevin: Foreign Secretary 1945—1951,* London: Oxford University Press, 1985, p.578.
③ FRUS, 1948, Policy in Germany, Washington, D.C.:U.S. Government Printing Office, 1973, p.294.

国。当英国表示要坚决留在柏林后，美国得到的是这样一个信号：如果美国坚决留在柏林，一定会获得西欧的全力支持，不用顾忌西欧可能的犹豫与摇摆；如果美国退缩不前甚至退出柏林，保护西欧的承诺便成为软弱无力的口号，西欧很可能倒向苏联。于是，杜鲁门在危机爆发次日便公开表态："西方将不惜一切代价留在德国。"[1]

美英协商后决定，既要显示有足够的力量抗拒苏联的威逼与敲诈，也要显示有足够的耐心获得问题的解决。为此，英国提出要向西柏林空运物资和生活给养，解决当地居民的燃眉之急。美国立即予以采纳。英国向西柏林空运物资与生活给养的态度既坚决但也适度。空运使苏联水陆交通封锁处于无用之地，但又不至于使之遭到羞辱后采取过激行动，即骑虎难下时孤注一掷，导致双方失去回旋余地。美英共同实施空运向苏联展示了强大的经济力量和空中力量以及不退缩的意志。

英国又提出了几项加强军事协调的建议。其中影响最重大的是，"将可以投掷原子弹的B-29战略轰炸机部署于英国"[2]。1948年下半年，携带原子弹的B-29轰炸机陆续抵达英国。

空运和核威慑同步进行，使苏联处于无法采取反制措施的窘境。苏联受到核打击的威慑却没有能力进行报复；如果拦截美英空运飞机，一旦造成机毁人亡的事件，就可能面临核打击；即使没有造成机毁人亡事件，劣势的空中力量，一旦拦截不成功，便意味着策略的失败。

当苏联的虚张声势和色厉内荏暴露无遗时，美国开始希望以武力行动突破苏联封锁。英国担心美国此举导致武装对峙恶化为

[1] Deborah Welch Larson. *The Origins of Commitment*: *Truman and West Berlin*, Journal of Cold War Studies, Vol.13, Winter 2011, p.18.

[2] Paul Preston and Michael. *British Documents on Foreign Affairs: Reports and Papers from the Foreign Office Confidential Print*, Series F, 2002, p.143.

武装冲突。刚刚从大战中走出来的西欧，无法再面临一次战争。所以，英国开始约束美国武装冒险。正如艾德礼向来访的美国国家安全委员会的查尔斯·波伦半开玩笑地说："你们美国人不会真的希望挑起战争吧，我不会让你们得逞的。"[1]

第一次柏林危机中，美英应对策略基本是按照英国的想法实施，即不断扩大空运、不主动提议谈判。谈判过程中西方既不翻脸，也绝不示弱和妥协。最终，斯大林希望通过制造危机来弥补孤立和弱势的希望落空。

美英成为第一次柏林危机的胜利者。作为美国最重要的盟友，英国也因此成为美国在"北大西洋上的一艘航空母舰"[2]。美国在英国协助下，开创了处理与苏联之间爆发危机时的典型模式，即在爆发战争的临界点上，以坚决灵活的行动，使苏联在要么"打"要么"降"的两难中感到恐慌，但底线是极力避免与苏联直接爆发战争。这一危机应对策略在之后的第二次柏林危机和古巴导弹危机中，均得到了较为成功的运用。

丘吉尔的三环外交

作为深谙历史的学者型政治家和战略家，丘吉尔个人政治生涯充满了曲折。在起伏超乎寻常的从政经历中，天生坚毅与聪慧的丘吉尔，成为对英国国家命运理解最为透彻的现代政治家和战略家，从而成为英国历史转折点时的巨人。当英国已经被美国全面超越并取代时，他又擘画出"三环外交"[3]。

---

[1]　Charles E.Bohlen. *Witness to History, 1929—1969,* London: Weidenfeld & Nicolon, 1973, p.174.

[2]　Andrew J.Pierre. *Nuclear Politics: the British Experience with an Independent Strategic Force, 1939—1970,* London: Oxford University Press, 1972, p.79.

[3]　英国在第二次世界大战后初期的外交战略。其主旨是通过英国在与美国、英联邦和联合起来的欧洲这三个环节中的特殊联系，充当三者的联结点和纽带，以维护英国的传统利益和大国地位。

　　三环外交的本质是英国传统均势战略的升级版，主要有两个原因：一是构建者的个人视野。战略决策受制于决策者本人的视野。丘吉尔酷爱西欧历史，尤其是对英国历史的理解，更是深入骨髓。但是，他对西欧之外的历史，尤其是东欧、俄罗斯、美洲大陆的历史知之甚少。作为一个坚信英国历史、价值观和顽固仇恨共产主义意识形态的政治家，丘吉尔的个人视野仅是根据英国历史经验感知现实变化。当然，这是英国战略思维的优点：总是善于"在被动中争取尽可能多的主动，从不放弃主动性的任何机会"①。二是美国希望欧亚大陆上存在遏制苏联的前沿屏障。如果美国要遏制苏联，就必须将西欧、中欧、东亚作为"桥头堡"。欧亚大陆保持均势对于美国，正如欧洲大陆均势对于英国一样重要。如果欧亚大陆被苏联控制，美国将陷入来自太平洋和大西洋的两面包围。英国既然是第二次世界大战战胜国，又和苏联对立，美国自然愿意对英国比对其他西欧国家"高看一等"。美苏对抗时的美英与英德对抗时的英法极为相似。

　　当然，三环外交的视野由欧洲与美国扩展到了全球。丘吉尔认为："在自由和民主国家中存在着三个大环：英帝国、英语世界和联合起来的欧洲。我们是唯一在每个环中都占有重要地位的国家。事实上，我们正处在三环的连接点上。"②从而可看出，美英特殊关系中英国的角色，不是对美国亦步亦趋的"跟班"，而是尊重美国超强地位基础上的平衡者与协调者。

　　三环外交政策塑造的英国作为平衡者和协调者的角色，使英国"可以与美苏这两个头等强国同乘一架飞机"③。首先，英国不是一味迎合美国，而是影响美国。美英之间实力不对等，但作

①　陈乐民、王振华、胡国成：《战后英国外交史》，11页，北京，世界知识出版社，1994。
②　Alex May. *Britain and Europe since 1945*, London and New York, 1999, p.91.
③　周琪、王国明：《战后西欧四大国外交》，16页，北京，中国人民公安大学出版社，1992。

为现实主义大师的丘吉尔意识到："如果丧失对美国的影响力，就必须屈身扮演一个顾问的角色。"[1]英国的优势是全球的战略视野，尤其地缘政治斗争经验，值得美国学习。第二次世界大战时，丘吉尔对于反攻欧洲大陆这一核心问题产生重要影响力。《马歇尔计划》出台之前，美国对于如何构建西欧并没有成熟的考虑，倒是经验丰富的英国为美国提供了重要建议。在希腊、土耳其等问题上，美国的策略几乎被英国牵着走。当英国无力单独对抗苏联时，从旁助推了美国遏制苏联，使欧洲大陆均势成为现实。其次，英国利用美英特殊关系提升其在西欧的战略地位。英国在历史上一直奉行光荣孤立，刻意与西欧各国保持距离，令英国在西欧没有强力帮手。但是，西欧对于英国的战略价值是显而易见的。如果英国首先与美国形成同盟，可抬高自己的地位与西欧各国签署协议。英国再通过与西欧各国协议，在美国和西欧之间发挥"桥梁"作用，抬高自己在美英关系中的地位。换言之，只有将美国、英国与西欧三者构建为同盟体系，英国构建新型欧洲大陆均势的设想才能宣告完成。冷战使西欧成为美国遏制苏联的屏障。增强对西欧的影响力，可以提高在冷战中的地位，从而在美英特殊关系中保持较强的影响力。所以，美国推动成立北约，既是英国在美国面前大显身手的好机会，也是英国提升对西欧影响力的好机会。英国利用1947年与法国签订的《敦刻尔克条约》，1948年与法、比、荷、卢建立布鲁塞尔条约组织时的领导地位，在美国与西欧之间"穿针引线"，发挥了极强的协调作用。当然，英国也保持了作为重要协调者的独立性。因为"英国以战争期间主权未被凌辱而骄傲，对未能保卫主权的西欧国家心存一丝自信"[2]。

---

[1] Anthony Gorst. *Lew is John Man and Scott Lucas. Contemporary British History: 1931—1961,* London: The Pinter Publisher, 1991, p.227.

[2] Noeinky Greif. *International Relationship 100 Years,* London, 1971, p.232.

最后，英国重要作用的根源不是美国的恩赐，而是付出的代价。美国在英国本土建立军事基地。按照协议，英国将在本土研究原子弹的成果和科学家送到美国，美国却不需要向英国公开核秘密和分享核技术。在经济领域，根据《马歇尔计划》，英国必须向美国定期提供财经运行情况。英国受制于美国的同时，也使美国日益需要英国。

三环外交的支柱看似是美英特殊关系，而实际上取决于英国在美国与西欧之间、美国与苏联之间如何界定角色。

纵观英国在冷战时实施三环外交政策的各种战略，主线就是在美、苏、西欧之间立场有所偏向、目标明确清晰具体的"长袖善舞"：利用美英特殊关系来谋求英国的全球地位，并且在苏联威胁下实现自己的国家安全，每当美苏陷入危机，英国便要通过影响美国的立场来缓解危机，从而使苏联最终妥协，在缓和年代，英国又抛弃意识形态的成见，不断调整对苏战略，对苏联加强接触，步步蚕食其立场，使其最终解体；英国在西欧问题上既保持独立性，又参与到西欧一体化事务当中，不仅有着经贸等实惠的考虑，还有同时提高对美国和西欧地位的深层次考虑；英国对待英联邦国家，虽然国力日衰，但是极力维护，不仅主动求变，而且有时也确实顺应潮流，及时"放手"，避免更大的被动。

朝鲜战争中的不同角色

1949年，苏联打破美国独享原子弹的垄断地位，中华人民共和国正式成立。1950年6月25日，朝鲜战争在没有任何征兆的情况下爆发。这一系列事件加剧了冷战。尤其是针对朝鲜战争，美英几乎做出相同的判断：苏联是背后主谋。如果任由苏联及其代理人"扩张"，不仅将有损西方的威望，还会产生极为严重的地缘政治后果。

　　但是，地位与实力不同的美英产生了不同诉求。美国拥有对苏联占据实力优势的自信，也产生了原子弹垄断地位被打破后的危机感。两股相反的心态在朝鲜战争爆发时找到了结合点。美国认为如果不对"破坏协定的行为"①做出反应，将刺激苏联做出"更出格"的事情。英国国内经济尚未从战争中恢复；全球殖民地上，此起彼伏的民族独立运动，使其历史上曾引以为傲的全球殖民体系摇摇欲坠；军队疲惫不堪，民众很难支持政府在万里之外一个与自身利益不相干的地方出兵打仗；而且还有一个虎视眈眈地盯着欧洲大陆的庞然大物——苏联。英国则担心朝鲜战争危及马来西亚、香港的安全和引起苏联对欧洲的威胁。因此，当美国以联合国名义出兵时，英国虽加入其中，但双方大相径庭的动机决定了要在战略战术上出现嫌隙。

　　美国为获得国际社会的道德认同，需要包括英国在内的尽量多的国家共同出兵。如果作为最坚定盟友的英国没有出兵，将对美国心理和国际印象产生巨大损害。英国出兵的主要目的是不失去对正如日中天的美国的影响力，并通过"协助"美国控制战争局势，避免朝鲜半岛的战火扩大到欧洲，使欧洲成为一片火海。如果战争进程顺利，英国可以巩固国际地位；如果战争进程不顺利，当美国深陷朝鲜半岛时，英国可以"纠正"美国，避免美国置欧洲不顾，防止苏联在欧洲为所欲为。

　　出兵动机差异只有战争进程异常顺利时才能弥合。仁川登陆成功后，美国最高决策层放松了对前线事务的监管。杜鲁门总统没有明确反对傲慢的麦克阿瑟越过北纬38度线，也没有重视英国的意见。艾德礼向美国驻英大使提出，他担心联合国军越过北纬38度线，将引起中国警惕而采取敌对性行动。然而，作战进程异

---

① 日本投降后，美苏商定以北纬38度线为界，分别接受日军投降。因此，38度线的稳定代表着美苏两国在朝鲜半岛上的协定。

常顺利和麦克阿瑟作为优秀将领的威信，湮没了对实际战况理智的质疑。

经过两次战役后，中国大规模出兵得到确认。英国立即意识到战争长期化可能带来的危险。当杜鲁门提出，正积极考虑使用合作原子弹时，英国立即向美国表明了担忧。因为英国不仅要维护美英特殊关系，还要利用美英特殊关系维护自己的利益。英国担心朝鲜战争扩大可能导致苏联进攻西欧、刺激中国攻占香港。艾德礼在1950年12月初，赴美与杜鲁门会谈前，对法国总统夏尔·戴高乐说："此行肩负着英法两国乃至整个西欧的使命。"① 1950年12月3日—8日，他与杜鲁门在华盛顿举行了6次会谈。会谈之后，确定了朝鲜战争的总原则，即避免朝鲜战争的战火殃及欧洲。杜鲁门也私下应允，如果使用原子弹将会和英国协商。

美英在朝鲜战争中的合作与分歧，恰好反映了双方的互相需要。美国在全球所有的行动必须获得英国的支持。英国是西欧最有能力避免美国"独断专行"或"骑虎难下"的国家。当然，双方互相影响是建立在美英特殊关系的基础上，而不是脱离美英关系。这也表明美英是不对称的盟友关系，英国只有在赞同美国战略的基础上，才能在战术上影响美国。

《朝鲜停战协定》签订前，美国令英国极为"担心"，却令日本极为"舒心"。因为朝鲜战争刺激了美国巨大的军事需求。日本有距离朝鲜半岛最近的美军驻地，其企业获得了大量订单。朝鲜战争爆发一年之内，日本便摆脱了经济崩溃的危险。至1953年，日本企业接到的美国军需订单金额达到7亿美元，服务业约为3亿美元。同期，美驻日军人数大增，导致生活开支剧增。美军在日本购买消费品的数额仅在1952年便达到了25亿美元。日本经济

---

① Alan Bullock. *Ernest Bevin: Foreign Secretary*, New York: Norton, 1983, p.2.

发展的数据更加令人炫目：从1951年到1953年，日本国民生产总值从161亿日元增加到217亿日元，工矿业生产指数从73.3上升到131.4，出口贸易从8亿多美元上升到12亿多美元，进口贸易从9亿多美元上升到24亿多美元，城市居民家庭消费水平指数从69.8上升到93.4。

朝鲜战争对日本除现实的经济意义外，还产生了深远的影响，即日本获得了重整军备的机会。虽然吉田茂首相专注于经济恢复，但仍然开始重整军备的步伐。1950年7月8日，麦克阿瑟发出指示，建立一支7.5万人的警察预备队，并扩充海上保安厅实力，增加8 000人。吉田茂立即着手落实。8月10日，发布警察预备指令，成立警察预备队。8月23日—10月12日，日本警察预备队招募74 580人，其中旧军人占50%以上。警察预备队的指挥权归于驻日美军。海上保安厅也迅速扩充，由最初的8 600人扩充到16 600人。1951年，吉田茂在与杜勒斯和美国缔结同盟关系的会谈中，答应逐步扩大重建军备规模，但希望美国保密。

朝鲜战争成为美英与美日两个双边关系分开的分水岭。美英关系在美国主导下不断协调，英国承担着助手和协调者甚至是约束者的角色。美英双方矛盾也开始在危机中暴露和修正。美日之间，则是美国承担的责任越来越大，不断为日本提供重大的战略机遇。

日本在美日同盟内的"自主"

美日同盟使日本追随美国的同时，在政治、经济、外交等诸多领域发生巨变。经济快速恢复的日本，在旧金山媾和会议后，以独立国家身份再次进入国际社会。随着《马歇尔计划》推动西欧经济的复兴，日本从西欧发展中也获得巨大商机和外交空间。因此，日本在符合美国需要的基础上，掌握了一定的独立性。

日本要打开自己的外交局面，首先要从周边开始。日本的周边有苏联、尚未进入联合国的中华人民共和国、在国际社会上"代表"中国的台湾国民党当局。鉴于美苏处于冷战对抗、中华人民共和国与美国正在朝鲜半岛上进行直接的军事对抗、美国正式承认台湾国民党当局的外交地位等因素，日本打开外交局面的首要对象只能是台湾国民党当局。

实际上，在旧金山对日媾和会议上，作为会议主导者的美国便对日台之间有意引导。美国希望由台湾国民党当局代表中国参加，英国则担心刺激中华人民共和国强行收回香港，希望美国邀请中华人民共和国参会。美英之间商讨的结果是，既不请中华人民共和国政府参加，也不邀请台湾当局参加。最终，中华人民共和国与台湾国民党当局没有被对等看待。

《对日媾和条约》"巧妙"地规定，条约生效后，日本政府有权"自由"选择中华人民共和国或"中华民国"作为缔约对象。然而，1951年12月10日，杜勒斯专程赴东京告诉吉田茂："国民政府作为中国的合法政府已被美国和其他国家所承认，并在远东军事战略上占有重要位置。"[①]此时的日本其实没有选择。1951年12月24日，吉田茂发表了著名的《吉田书简》，向美国承诺不承认中华人民共和国，媾和对象为台湾国民党当局。

吉田茂的个人倾向也起了关键作用。首先，他具有强烈的反共倾向。在日本宣布战败后，他便对天皇说："如仅就战败而言，尚无须为国体而忧虑。以维护国体的立场来说，最堪忧虑的，与其说是战败，毋宁说是由于战败而可能引起的共产主义革命。"[②]他甚至在旧金山会议上提出："与共产主义之压迫与专制相伴随的

① ［日］渡边昭夫主编：《战后日本的对外政策》，70页，东京，有斐阁，1985。
② ［日］猪木正道：《吉田茂传》上册，吴杰，等，译，447页，上海，上海译文出版社，1984。

阴谋势力，加深了远东的不安与混乱，公然肆行侵略。对于这种集团性的侵略，日本为谋求自由国家的集体防护，势与美国缔结安全保障条约。"①其次，他具有强烈的亲西方色彩。他认为："明治维新以来先辈深思熟虑带领日本走过的道路，若应用到今天，就是与以英美为中心的自由各国一道前进。这条道路是不能丢掉的，也不能轻视其意义。"②在朝鲜战争加剧冷战之时，吉田茂选择跟随美国，便意味着必须远离中华人民共和国。最后，他一直对台湾国民党当局"感恩"。他曾于1951年3月对访日的国民党高级将领何应钦说："从所谓中日事变到大东亚战争止，日本始终以蒋介石总统领导的国民政府即中华民国为交战的对方。战争结束后，由于蒋总统的宽大处理，日本在中国的军队和侨民才得以安全回国。"③

然而，日台各自出发点的差异决定了《日台和约》签订背后和内在的复杂性。台湾国民党当局对日台关系的心理是复杂的。中国内战失败后，退守台湾的蒋介石虽然从未放弃过要反攻大陆，但仍然需要美国的保护。美国一边对其保护，一边对其约束，防范并极力阻止台湾国民党当局反攻大陆。同时，台湾国民党当局急需孤立中华人民共和国。因此，台湾国民党当局提出对日和约三原则："对日签订和约，不丧失盟国之地位；不损害台湾之统治权，不干涉其内政；台湾、澎湖不受任何军事干涉与侵犯；以巩固反攻大陆之基地。"④台湾国民党当局认为与日本缔结和约，应当有利于使国际社会承认其代表中国，也需要日本支持其反攻大陆。政治和军事目的主导着台湾当局。日本对于日台关

---

① 摘自吉田茂在旧金山国际会议上的演讲。
② ［日］吉田茂.《世界与日本》，127页，东京，番町书房，1963。
③ ［日］吉田茂：《十年回忆》卷三，韩润堂、阎静先，译，42页，北京，世界知识出版社，1965。
④ 秦孝仪：《中华民国重要史料初编——对日抗战时期》卷七，713页，台北，中国国民党中央委员会党史委员会，1985。

系的初衷是发展经贸和获得国际承认。

日本与台湾国民党当局进行了历时两个多月的谈判，举行了18次非正式会谈和三次正式会谈。1952年4月28日下午3时，距《旧金山和约》生效仅7小时30分钟时，《日台和约》正式签署。日本同意台方提出的要求，即"日本必须承认中华民国对中国全部领土的主权"①。但是，台方也接受了日本的主张："关于中华民国之一方，应适用于中华民国政府控制下或将来在其控制之下的全部领土。"②

这样的措辞非常隐晦地显示了日本的内心。日本对台湾当局的承认取决于台湾当局将来能否成功地控制全部中国领土。如果能，则日本便可以因为支持台湾而获得中国全体的外交资源。如果不能，日本也可能在适当时候不受台湾限制地发展与中华人民共和国的正常外交关系。巨大的潜在市场使精明的吉田茂"不能忽视大陆上四亿五千万中国人的感情"③。

和约签订后，吉田茂颇有意味地宣称："这个条约是日本和现在统治台湾及澎湖列岛的国民政府之间的条约，我方虽然希望将来签订全面的条约，但此次签署的条约，并未承认国民政府是代表全中国的政权。"④美国认为这是日本与台湾国民党当局之间的和约，不涉及领土安排，只限于现在或将来事实上国民党能够控制的领土范围。美国的策略是利用《日台和约》制约台湾当局。因为台湾当局能够控制多少实际领土，取决于美国的帮助。

日本在《日台和约》中，史无前例地享有一个战败国难以获得的自由权和灵活立场。尽管日台所谓的"建交"意味着日本必须在美国允许的情况下"自由选择"，但其间的曲折与艰难足以说

① 《蒋总统秘录》卷七，3119页，台北，中央日报，1985。
② 顾维钧：《顾维钧回忆录》第九册，737页，北京，中华书局，1989。
③ 顾维钧：《顾维钧回忆录》第九册，260页，北京，中华书局，1989。
④ ［日］吉田茂：《十年回忆》卷三，韩润堂、阎静先，译，46页，北京，世界知识出版社，1965。

明，日台关系不可能超越中国大陆巨大市场的经济诱惑和潜在的政治、安全影响。现实利益和长远利益，早晚会迫使日本治国者突破自身政治立场的局限性，争取拥有众多人口的中华人民共和国为伙伴。

1953年7月之后，《朝鲜停战协定》签订；苏联新任领导人向美国发出缓和信号；美国与中华人民共和国在台湾海峡进行军事对峙等因素，使日本在亚洲享受到了和平红利，实现经济快速发展。独立自主的心态随之开始出现。1954年12月，将自主作为主要政策目标之一的鸠山一郎成为新任首相。他希望在美日同盟的基础上扩大日本的"自主权"，以独立国家的姿态与美国协调。

此时的美国，不仅通过朝鲜战争实现了在朝鲜半岛的军事存在，还巩固了对日本的军事占领。如果经济快速发展的日本能够主动作为，打破孤立境地，对于减轻美国安全与外交负担是有益的。面对鸠山一郎坚定追求独立自主，美国如果一味反对，反倒不利于美日同盟。因此，当美国获得鸠山一郎"日苏关系绝不会影响美日同盟"[①]的承诺后，开始对日苏复交谈判施加影响。

一是美国为日本规定了谈判原则和底线。美国向日本"建议"，为防止苏联利用和平攻势分化美日同盟，无论何时何事，务必保持同盟团结。实际上，美国无须特别说明，日本也能够领悟。日本经济快速发展，利用美日同盟加入西方主流国际社会，不可能希望破坏美日同盟。况且，日本推动日苏复交的根本目的，不是与美国抗衡，而是抬升在美国协调中的地位。美国为日本规定谈判原则和底线，也向日本传授了应对苏联的经验。苏联喜欢虚张声势，遇到不可抗击的强硬反应时必会寻求妥协。所以，美国要求日本向苏联传递一个明确的信号："美国是日本的同盟国，日本将受到美国最坚定的保护。"美国的态度有利于日本以

---

① 1953年，日本外相重光葵在日苏复交谈判前访问美国，向美方保证日苏复交不会影响美日关系。

出乎苏联意料的强硬方式，最大限度地追求自身地位和利益，从而动摇苏联的立场。

二是阻止日本在南千岛群岛问题上与苏联妥协。南千岛群岛问题①是日俄战争的产物，也是第二次世界大战的遗留问题。日苏谈判涉及了南千岛群岛。初步可能的协议是，苏联归还其中两岛，作为交换，日本承认苏联对其他两岛的主权。如果日苏在南千岛群岛上达成如此协议，将使美国冲绳驻军的合法性受到质疑。所以，美国在日苏即将达成妥协时警告日本，如果日本与苏联达成协议，苏联归还齿舞岛、色丹岛，日本承认苏联的南库页岛及千岛群岛的主权，美国将根据《旧金山和约》第26条规定，坚持对冲绳的永久所有权。随后，美国强调日本必须向苏联提出四岛一并归还的要求。这一苏联不可能同意的要求，反映了美国对日苏复交的真实意图，即制造和利用日苏矛盾，令二者互相掣肘。只要日本与苏联之间存在无解的领土主权争端，美国便能始终掌握影响日本的重要工具。

三是迫使力主进行日苏复交谈判的首相鸠山一郎下台。如果日苏复交顺利完成，鸠山一郎的政治声望会如日中天，极有可能推行更加自主的政策。这是美国不愿意看到的。于是，在日苏复交谈判接近完成之前，美国政府向日本国内和天皇施加压力，要求鸠山一郎辞职。鸠山一郎迫于巨大压力，在日苏复交谈判结束并回到日本的第二天便宣布辞职。美国支持日苏复交谈判，可以通过满足日本的部分心愿来影响和控制日本，避免日本产生抵触心理。美国一定程度上"尊重"日本的自主权是为了控制日本的自主权。

日苏复交是日本继旧金山媾和会议和日台建交后，进入国际社会的重要一步，也许还是日本战后仅次于美日同盟的最大外交成果，因为苏联同意日本加入联合国。但是，冷战令日苏复交成

---

① 日本称"北方四岛"，位于太平洋西北部。根据《雅尔塔协定》，苏联将在日本无条件投降后，取得南库页岛以及千岛群岛全部领土。

为制造矛盾和拖延矛盾的权宜之计，日本更加依赖美国，而不是脱离美国。

苏联没有将日苏复交变成离间美日的楔子。相反，日苏复交暴露了苏联对待自己盟友的真实心理。中华人民共和国作为苏联最重要的盟友，在朝鲜战争之后处于严重的安全威胁中：台湾国民党叫嚣"反攻大陆"、中美军事对峙、中日被美国隔绝。日苏复交无疑将置中华人民共和国于更加孤立的境地。本来就与苏联有历史积怨的中共领导人，心存更多芥蒂。苏联在日苏复交中的自私，暴露了它多方权衡背后虚张声势的本质，低估了美日同盟的地缘政治影响。

苏伊士运河危机中的美英

第二次世界大战的结束也是民族主义、民主主义在全球范围内风起云涌的开始。大量殖民地脱离英法等欧洲殖民国家，成为主权独立的新兴国家。西方主导全球的枢纽之地——埃及成为独立国家后，于1956年7月26日宣布将苏伊士运河收归国有。苏伊士运河关联着地中海、非洲、中东、印度洋，无论是从地缘政治还是从经济得益角度，它都是世界性枢纽要道。为此，"失去苏伊士运河"的英国和法国，经过数次失败的外交行动，与和埃及矛盾重重的以色列，于1956年10月29日突然发起军事行动，导致苏伊士运河危机①爆发。

苏伊士运河危机的爆发令美英首次就某个重大问题产生对立。**没有一个大国甘心将势力范围拱手相让，尤其是对自己的生**

---

① 英法为夺得苏伊士运河的控制权，与以色列联合，于1956年10月29日对埃及发动的军事行动。英法以三国的行动遭到国际社会的普遍指责。美苏两国均介入此事，并对三国施加压力。11月6日，在强大的国际压力下，英法两国被迫接受停火决议，以色列也在11月8日同意撤出西奈半岛。英法两国的军事冒险以失败告终，标志着美国和苏联两个超级大国成为真正主宰中东乃至全世界的力量。

存和地位具有举足轻重地位的战略要地。苏伊士运河是全球贸易和石油输送航线上的枢纽，对英国经济、安全极为重要，从而产生重要地缘政治影响。因此，在埃及宣布将苏伊士运河国有化后，英国希望美国支持自己在苏伊士运河上的特殊权益。美国则向英国承诺坚持自由航行的国际义务，以相对超然的态度，保持足够的灵活性，一方面对英国表示理解，另一方面劝阻英国避免武力相向。危机爆发前，英国从未明确向美国表示出底线，也许甚至认为美国最终会支持自己出兵。美国则希望保持对英国的影响力，也许甚至还有利用英国的错误排挤英国的"小算盘"。

危机一爆发，英法便被贴上了旧殖民主义的标签，以色列则被贴上了侵略者的标签。美国对英国这个最重要的盟友不与自己"协商"便行动，感到既难堪又恼火。当众多新兴国家成为联合国的正式成员时，美国可能会因支持英国而陷入国际道义低谷。此时，"匈牙利事件"①使苏联遭到国际社会舆论指责，英法和以色列却帮助苏联"解围"。瓦解苏联和东欧集团的一次千载难逢的机遇出现之际，西方却自我陷入道德低谷和战略被动。

美国宣布对英国实施经济制裁。面对来自最亲密、最重要盟友的制裁，英国的内心痛楚令其他国家难以体会。更令英国苦不堪言的是，美国居然与苏联立场一致地反对自己。但是，经历了数百年欧洲冷酷的实力博弈的英国，在危急时刻总能保持清醒的头脑。此时，它有两种选择：一是无视美国的反对，即使美国长期经济制裁，也要确保控制苏伊士运河，从而确保在中东的主导地位；二是争取美国在其他方面的支持后体面地撤军。

英国的选择取决于它建立在判断全球地位基础上的取舍。如果美英特殊关系破裂，英国在西欧的地位将遭到严重削弱。同时，英国实力江河日下，无法独力确保苏伊士运河的控制权。另

---

① 1956年10月23日—11月4日，在匈牙利首都爆发群众和平游行活动，进而引发武装暴动。苏联两次进行军事干预，事态才被平息。

外，英国退出中东，导致美苏争夺中东，美国就不得不重视美英特殊关系。

美国强大的经济实力和英国经济上的弱点，使苏伊士运河危机以英法和以色列撤军而告终。苏伊士运河危机说明英国自我调整是艰难的，尤其是将霸主地位让渡时，对历史成就的追忆和对残酷现实的无奈互相交织时，是多么痛苦。

英国丧失了在中东的主导地位，标志着它在拿破仑战争之后，经过两次世界大战的消耗，确定无疑地失去了昔日的全球霸权地位。遭到美国"背叛"的英国认识到："必须承认美国人的领导地位，并且跟随他们，至少不与他们关系破裂。"①从这个角度看，苏伊士运河危机使美英霸权转移的历史进程完成了从心理到现实的最终转变。

美国制裁英国既富有理智，又充满了现实主义。从长远看，美国在苏伊士运河危机中的所作所为，捍卫了西方在全球的领导地位。历史上备受欺侮的弱小民族，成为新兴国家，预示着建立在弱肉强食基础上的全球秩序，即将成为历史。如果美国不明确地反对英国，众多新兴国家将会把西欧看成残存的殖民者幽灵。届时，美国领导的西方就会失去国际道义，最终失去国际影响力。无疑，美国不是被极端物质主义支配的国家。从现实看，美国取代英国成为中东的主导者的条件就是，利用世界潮流的力量，支持中东众多新兴国家走向独立自主，从而增强自己的影响力。换言之，美国需要被中东国家认为是真诚的朋友，即便成为不了真诚的朋友，也应当成为互相理解的朋友。因此，美国非常务实地认识到："如果仅仅因为埃及将一个公司国有化而遭到入侵，我们将会被看成强权政治，引起整个阿拉伯世界对我们的仇

---

① Anthony Gorst. Lew is John Man and Scott Lucas. *Contemporary British History: 1931—1961*, London: The Pinter Publisher, 1991, p.227.

视。"①美国反对英国入侵，是在中东地区争取朋友的必须之举，使本已亲美的中东国家更加相信美国，中立者看到了美国的"义举"，反美者则无话可说。

美国赢得中东国家好感，远远超过了陷英国于不义。美英的行为方式有很多相似之处：将商业利益置于首位、重视军事力量与道德传播并举、努力塑造有利的国际规则与秩序等。然而，美国对英国的超越之处在于，美国比英国具有更大的视野和更加符合时代潮流的理念，即反殖民主义。从这个角度看，充斥着复杂性与模糊性的美英权力转移，具有历史性的进步意义。当英国退出中东后，美英全球权力传承的历史进程彻底结束。此时，美国始自威尔逊时代的国际主义达到了最高峰：通过两次世界大战获得了对西欧的主导权；通过朝鲜战争在朝鲜半岛获得了立足点；北约和美日同盟的存在使美国完成了对苏联东西两侧的包围；当美国进入中东后，主导了世界经济发展最重要的能源区。从朝鲜战争开始，美国对欧亚大陆的控制、渗透不断强化，直到今天亦是如此。

苏伊士运河危机也使美国看到，西方集团内部出现裂痕，最大的伤害是苏联有机可乘。美国开始修复因苏伊士运河危机而遭到破坏的西方内部的团结，其中最重要的是给予英国一定"补偿"。美英尽管矛盾公开，但双方仍然无法离开对方，尤其是还在进行核合作。苏伊士运河危机之后，美英特殊关系趋于成熟和稳定。苏伊士运河危机后，艾德礼首相辞职，接任的哈罗德·麦克米伦在发表电视讲话时称："我们不想同美国分道扬镳，但我们也不想成为一个卫星国。"②

---

① Dwright D.Eisenhower. *Waging Peace, 1956—1961*, New York, 1965, p.680.
② Sir Robin Renwick. *Fighting with Allies: America and Britain in Peace and at War*, New York, 1996, p.232.

美英核合作

历史上还没有哪一种武器，像核武器一样，一出现便颠覆了政治规则。任何国家都难以承担的超强的毁灭能力，使拥有核武器成为大国地位的标志。在核武器问题上的互动反映了双边或者多边关系的本质。没有互信，核合作是不可想象的。从大国心理来看，没有任何一个大国需要与其他大国分享致命性的军事秘密。然而，美英核合作却非常紧密。

早在第二次世界大战尚未结束时，美英便签订了"三大协议"[①]。波茨坦会议上，杜鲁门告诉艾德礼，美国已经制造出第一颗原子弹。二人迅速达成共识：如果日本继续顽抗，将在必要时使用原子弹。第二次世界大战结束后，美国国会通过了旨在中止美英核合作的《原子能法案》。但是，第一次柏林危机期间，美国驻英大使道格拉斯与英国外交大臣贝文仅达成口头协议，美国空军便派出可携带原子弹的B–29轰炸机进驻英国。B–29轰炸机如果从本土起飞攻击苏联，便无法返回，因而须使用英国基地震慑苏联。英国的支持对美国使用核武器不可或缺。

能携带装有原子弹的B–29战略轰炸机进驻英国基地，对美英双方的影响都是深远的。美国增强了对苏联的核威慑，也增强了在西欧的战略地位。英国成为西欧唯一能影响美国使用核武器的

---

① 1943年8月，罗斯福和丘吉尔签订《魁北克协议》，主要内容为：1. 缔约的一方保证在任何时候都不对缔约的另一方使用原子弹；2. 只有在缔约双方都同意的情况下，才可以对第三方使用原子弹；3. 除非双方同意，否则不向第三方透露任何有关核合作计划的情报；4. 生产原子弹的重担主要由美国承担，英国政府同意任何带来战后工业或商业特征的核能利益，将经由美国总统向英国首相特别提出并协商；英国首相明确放弃美国总统所认为的任何有悖于世界经济福祉公平公正的核能工业与商业利益；5. 之后的安排将确保两国完成有效的合作以使工程顺利完成。《魁北克协议》实现了美英核合作，对双方责任与义务进行了规定。之后，美英进一步加强了核合作。1944年6月13日，美英又签订了原料方面的协议和《托拉斯宣言》，规定美国和英国将在战争期间以及战后合作控制可利用的铀等材料供应。1944年9月19日，罗斯福与丘吉尔就原子能问题达成《海德公园备忘录》，对战后美英核合作进行了明确规定。

国家。第一次柏林危机中，美英核合作即使不是最终危机得以妥协和解决的根本原因，也是相当重要的原因。

核合作改变不了各取所需的关系格局。1949年，苏联获得原子弹技术，使美英核合作受到严肃考验。美国更加依赖英国提供可供战略轰炸机起飞的军事基地，英国也更加需要美国的核武器作为盾牌抵御苏联核威慑。但是，对英国而言，与美国核合作不仅是保护安全的盾牌，还是独立发展核力量的重要条件。当苏联拥有原子弹时，英国不仅愈加希望加强核合作，还愈加希望独立拥有核武器。朝鲜战争爆发后，杜鲁门积极考虑使用核武器，使英国担心一旦美国使用核武器，将引起苏联核报复。英国立即劝阻美国。杜鲁门向艾德礼私下承诺，如果使用原子弹，一定会和英国协商。但是，杜鲁门的承诺并未写进会谈公报。这说明美国不愿意放弃使用核武器的独立决策权，从而引起英国不满，独立发展核武器的决心更加坚定。

1951年，丘吉尔重新成为英国首相。1952年10月3日，英国在澳大利亚海域成功试爆了第一颗原子弹，成为第三个自主掌握核武器的国家。美国立即承认了英国有核国家地位。1953年，与丘吉尔私交甚密的德怀特·艾森豪威尔成为美国总统。美国军事战略转变为"大规模报复战略"，将发展核优势置于优先位置。1953年10月，艾森豪威尔政府颁布新国家安全战略文件，明确指出："美国依赖战略空军和核武器，因而需要海外基地，尤其是位于欧洲的基地。"[1]显然，美国希望在欧洲部署核武器。美英核合作再次深化和扩展。

虽然美英经历了苏伊士运河危机后的短暂不快，但危机过后的第二年，美英达成协议，正式提出核合作的基本原则——互相依赖，即"应当充分分享核武器研究情报、交流实验成果、共同

---

[1] Ritchie Ovendale. *British Defence Policy since 1945*, Manchester: Manchester University Press, 1994, p.597.

开发新型核技术"①。

1957年5月15日，英国进行氢弹试爆。同年，苏联发射第一颗人造卫星成功。美国的危机感剧增。美英继续深化核合作的契机出现。**当双方都有合作意愿时，实力地位越对等，合作越容易产生实效。**此时的英国拥有独立自主的全面核打击能力。所以，美英决定合作部署和研制核武器。

1960年，美国要求英国中止"蓝光"导弹研制。出于回报，美国与英国合作研制"空中闪电"。同年11月，英国宣布允许美国的"北极星"核潜艇使用英国霍利湾海军基地。不久，因为投入过大仍不能达到技术要求，美国决定放弃研制"空中闪电"，英国立即表示不满。美国为安抚英国，与英国签署《拿骚协议》，规定由美国向英国提供"北极星"潜射导弹，核弹头和装载导弹的潜艇由英国自行研制，发射权可由英国控制。但又规定，英国核力量必须作为北约核力量的一部分，发射钥匙由美英两家共管。

美英核合作由美国企图垄断核武器迫使英国独立发展核力量开始，随着英国核力量不断强化，美英核力量日益走向融合。这一历史进程曲折，由低层次的技术和情报交流，直到最高层次的武器系统的共管，英国走的是一条先合作、再独立发展、最后融为一体的核合作道路。由于英国具备独立核能力，因此当它的核力量被纳入西方整体核力量体系时，并没有处于附庸地位。相反，英国利用核合作获得了其他西欧国家根本不可能与之相匹敌的核地位。当然，英国独立发展核武器，也激发了法国独立发展核武器的雄心。美国在面对独立倾向不断增强的西欧时，必须将英国置于特殊重要的位置。英国对此乐见其成。

---

① John Baylis. *Anglo-American Defense Relations 1939—1984: The Special Relationship*, London: The Macmillan Press, 1984, p.90.

美国在越南战争中的窘境

想准确寻找美国弱点的人，一定会将目光瞄准越南。使尽了全身力气的美国无法赢得越南战争，令其刻骨铭心的，不仅是国内社会分裂，还包括全球战略态势处于被动、领导地位遭到削弱。

法国在越南陷入困境后向美国求援，英国反对美国介入。法国败退越南，"抵御"共产主义扩张的"决心"和在"第二次柏林危机""古巴导弹危机"胜利之后的信心，促使美国介入越南。此时，美国看到的是责任，英国看到的是危险，日本看到的是机遇。

越南战争升级，美国出兵中南半岛。英国担心美国卷入过深，将向它寻求在亚洲的军事协助。英国政府于1964年开始酝酿从亚洲撤出驻军，于1968年宣布，将在1971年之前从马来西亚和新加坡撤走所有驻军。英国此举在美国看来是不折不扣的"拆台"。苏伊士运河危机的不快，是美国无法获得英国帮助的直接原因。根源却是，从全球霸权地位上陨落的英国，已经不需要关注亚洲。

英国不予以支持，美国便开始寻求日本的帮助。经济开始腾飞的日本正努力将自己塑造成致力于世界和平的经济强国。从1965年开始，日本处于美日贸易中的顺差地位，并于当年提出"亚太经济合作"构想。1968年，日本东京成立太平洋贸易发展会议。日本"脑子里只想着扩大海外市场和资产，想方设法地支配东南亚的贸易"[1]。如果它在越南战争中帮助美国，自然可以提高对美国的影响力，但势必引起东南亚国家反感，不利于日本发展经济和贸易的国策。日本因而极力避免卷入美国在越南的政治和军事旋涡。

美国介入越南战争时，日本已经成为世界经济强国。经济强大必将促进政治自主。当美国提出希望获得日本帮助时，日本在

---

[1] U.S. News and World Report, July 24, 1967, p.91.

野党立即向自民党政府施加压力，政府必须遵守《和平宪法》。作为执政党的自民党政府最后以国内反对声音过大为由，委婉地拒绝美国；美国空军B-52轰炸机从冲绳基地起飞，飞赴越南执行任务，由于国内对《和平宪法》的争论，出现了要求归还冲绳的民间运动。这些事情的要害，不仅在于维护《和平宪法》和日本主权独立，还在于国内政治党派互相制衡，形成对政府的掣肘。这是日本明显的自主倾向。

日本甚至开始独立地介入越南战争。1970年8月，日本外长与苏联外长展开会谈，商讨推动越南和平进程。1971年，日本政府先后数次派出外交人员，分别与南越和北越举行会谈。同年，日本外务省甚至公开质疑，美国轰炸北越的桥梁道路是否违反人道主义原则，还提出美国应当只轰炸军事设施。日本介入越南战争，遭到了美国威胁。1971年，美国驻日大使告诉日本外相："如果日本继续对美国的越南政策进行不符合同盟关系的评论，美国市场将彻底向日本关闭。"[1]

根据越南战争的需要，美国利用在日本的军事基地赴越南作战，突破了美日同盟规定的专守范围。日本在东南亚的市场拓展和政治上出现独立倾向，为今后日本不断突破美日同盟界限提供了条件和内在诉求。直到20世纪70年代，美日关系不断变化，美日同盟也出现相应调整。

美国深陷越南战争泥潭时，理查德·尼克松提出"五大力量中心说"[2]和"布雷顿森林体系"[3]时，恰逢西欧和日本经济腾飞、中国对美苏冷战影响日益增强，似乎预示着西欧、中国、日本将

① Timothy P.Maga. *Hands across the Sea: U.S.A-Japan Relationship 1961—1981,* Ohio: Ohio University Press, 1997, p.58.
② 1971年7月，美国前总统尼克松在堪萨斯发表演说，称世界上存在着美国、西欧、日本、苏联和中国五大力量，这五大力量将决定世界的前途。
③ 1944年7月，美英及其他部分国家在美国新罕布什尔州布雷顿森林举行国际货币金融会议，确立了以美元为中心的国际货币体系。

冲击美苏格局。这与20世纪初美国、德国、日本的崛起冲击英法俄极为相似。如果真是这样，世界将重回群雄争霸的动荡与混乱年代。然而，事实并非如此。

在众多新兴国家出现在世界舞台之际，多个经济巨人出现，再也无法通过划分势力范围谋求权益。世界没有失衡，而是走向一体。政治上互相依赖和经济上竞争加剧，令双方面临共同挑战：既要执行自主的经济政策，又要处理利益伙伴与竞争对手的混合关系。显然，尼克松敏锐地意识到，各股力量之间经济融合和政治独立的两大平行走势支配未来世界。

在这样的背景下，美国开始调整对日同盟。美国仍然"保护"着经西太平洋通向印度洋的日本海上生命线。更为关键的是，美国为日本提供"核保护"。这决定了美日同盟的未来不是美日变成平等盟友。

当日本追求政治自主的呼声和要求日甚时，如果美国不给予积极回应，未来将以更大的代价和成本维护美日间的既定现状。如果日本受到刺激，可能出现像运作日苏复交那样运作与其他大国关系，如中日关系。美国适当支持日本依托强大的经济和科技实力，发挥更大的国际作用，是务实的选择。尼克松承认日本不断提高的国际地位是务实之举。换言之，调整美日同盟必须有利于美英同盟，而非纵容日本。冲绳和经贸成为必须解决的两个重要问题。

冲绳是西太平洋上的战略要冲，拥有美军在西太平洋地区最大的军事基地。更加令人敏感的是，美国在远东部署的核武器贮存于冲绳。其地位变化成为美日关系变化的"风向标"。美国归还冲绳具有相当大的风险，日本对此也心知肚明。1972年，美国归还冲绳的行政权，军事基地保留，但按照日本的要求撤走核武器。冲绳重回日本政府管辖，是日本获得更大自主性的象征，表明日本已经"不再是一个在更广泛的外交领域中仰仗美国鼻息的太平洋国家"[1]。但是，美日取得谅解，美国在西太平洋上的战略地位不仅没有削弱，还在扩大日本自主权的同时得到强化。这样的结果就是，日本必须继续将美日关系作为日本国策的基石，从现实权力关系看，美国归还冲绳便意味着美日关系进入新时代。

1965年以后，日本便在美日贸易中处于巨大的顺差地位，美日之间的经贸矛盾便开始产生。正如美国参谋长联席会议主席厄尔·惠勒所评论的："这些年来，我们对日本让步过多……它在我们的核保护伞下实现了经济繁荣。我们的自由市场使日本商品大量涌入，日本却对我们的商品和投资进行严格限制。"[2]两国经贸摩擦由两国市场开放程度差异导致。其中，"纺织品贸易摩擦成为美日间经贸矛盾的焦点"[3]。尼克松成为总统伊始，便着手解决美日经贸摩擦问题。在谈判之初，双方都希望使对方在自己设定的底线之上让步。鉴于日本纺织品在美国国内市场的竞争力，以米尔斯为首的一批国会议员力主对日采取贸易保护主义措施，提出了"米尔斯法案"，扬言将单方面实行纺织品的进口配额制。日本国内对此反应强烈，向美国政府提出，如果该法案在美国国会获得通过，日本将中断所有涉及两国间问题的商谈。纺织品矛盾致使太平洋经济战争的声音不绝于耳。被越南战争所累的尼克松，只是在1969年暂时平息了美日经贸摩擦。对此，美国需要面对日本日益强势的经济力量和独立的政治倾向做出新的调整。1981年，旨在"重振国威"的罗纳德·里根成为美国总统，预示着美国对日本的策略开始质变。

---

[1] Richard Nixon. *Diplomatic Policy Report to Congress*, 1973.
[2] Digital National Security Archive. *Japan and the U.S.A: Diplomatic, Security and Economic Relations, Part 1: 1960—1976*, p.1103.
[3] 20世纪60年代，日本纺织业发展较快，出口量占世界纺织品出口总量的约70%，其中大部分输往美国。

第五节　冷战末期美英特殊关系的重燃和美日关系的调整

在世人看来，里根似乎不具备一名伟大总统的特质：出身于平民、以演员身份从政、教育背景平平。之前，里根参与过几次总统选举，在共和党内部便功败垂成。但正是个人的坚持、乐观和幽默以及在弱势时的不屈，使他在近70岁高龄时成为最富朝气、少数将个人烙印刻进时代的总统。

尼克松把冷战看成美苏同时向同一个高峰迈进的争夺，而里根把美苏看成善恶大决斗。这并不能证实里根对苏联致命弊端的政治洞察力强于尼克松，但可以证明里根更能发挥美国的优势。

从数据和表象上看，苏联仍然咄咄逼人。然而，背后却是被动和疲惫之态。软弱的经济和科技，使苏联已经难以支撑与美国进行新的军备竞赛；极力与西欧缓和，离间欧美的本质却是对实力的不自信；1979年入侵阿富汗后又尽受国际孤立。里根上台时，苏联只有强弩之末时的虚张声势。

务实灵活地调整美日同盟

在日本、西欧、中国已经成为新的力量中心之时，里根加强对苏联遏制，有利于形成新的美欧、美日、美中关系。里根上台之初，美日同盟正面临前所未有的考验：一是日本提高地位的自主倾向日益明显。日本于20世纪60年代末期成为仅次于美苏的世界第三大经济体；1977年，日本首相福田赳夫提出令美国感到尴尬的"福田三原则"[①]；1980年，日本的经济总量已经接近美国的

---

① 福田三原则主要包括：一是环太平洋合作不能是排他性的地区主义；二是以自由开发和相互依赖为目标；三是不与现有双边与多边关系相矛盾，并有益于相互补充关系的发展。

一半。二是经济贸易摩擦开始加剧。日本强势的海外贸易和投资已经使美国感受到巨大压力。日本的汽车、电子产品向美国大量出口，令美国企业生存压力越来越大。

面对这种情况，里根既需要日本分担负担与责任，也需要向日本施压缓解美日经贸摩擦。首先，将美日同盟进行法理确认。1981年5月，日本首相铃木善幸访美，与里根总统会谈结束后，双方发表的联合公报第一次正式表明美日是"同盟关系"①。值得注意的是，美国极力主张将同盟关系写入联合公报中。公报有这样的表述："双方希望为了确保日本的防卫以及远东的和平与安全，美日两国应该进行适当的责任分担。"两年后，1983年1月，日本首相中曾根访美时，特别肯定"美日同盟"的表述，并且宣布："美日同盟包括军事同盟。"其次，美国助推日本打破专守防卫限制。美国要求日本能够保护1 000海里海上通道。这意味着日本的军事战略需要突破专守防卫的限制而走向远海。由此，日本在美日同盟中的角色发生变化，由地区性后勤基地变为全球战略的辅助力量。

美国通过顺应日本的诉求来使日本继续保持美国的主导地位，日本也乐见其成。强大的经济实力和科技实力，结合美国的"重用"，日本开始在国际舞台上一展身手。1981年，针对苏联武力干预波兰内政，日本追随美国对苏联进行经济制裁，成为战后第一次将强大的经济力量运用于国际政治的实践。1983年9月，苏联击落南朝鲜民航客机，日本不仅与美国共同强烈谴责，还开始与美国互通西北太平洋地区的航空情报。当鼓吹成为"正常国家"的中曾根成为首相后，日本更是风头十足。他一改以往日本首相不谈核问题的禁忌，在1983年西方七国首脑会议上，公开支持里根的核裁军立场：核裁军问题靠实力才能在全球解决。1987

① 美日早已是事实上的同盟关系，正式赋予法理地位，只是将注定要发生的事情，予以合法确认而已。

年9月，中曾根授意日本外务省出台对美关系指导报告，明确指出："在今后的日美关系中，以美国国际地位下降为背景，日本不再采取应美国要求行事的做法，而是通过自己的选择履行国际责任和发挥作用。"1987年4月15日，美国财政部长贝克在纽约发表讲演时甚至提出"美日共同管理世界"。日本的一些国际作为得到美国的积极评价。

里根为加强遏制苏联而对日本"松绑"，并非改变美日间权力关系。美国仍然在许多敏感领域限制日本。尽管日本具有发展先进武器装备的科技储备，但日本自卫队没有完整的作战体系：日本海上自卫队只能承担扫雷、反潜、局部侦察等任务；日本自卫队均不得装备独立的战场感知手段（如雷达）；日本自卫队的演习计划和军官训练需要得到驻日美军批准；各级指挥所里，最终决定指挥机构设置的仍然是美军指挥官；美国仍然向日本提供核保护伞；美军仍然保护日本的海上贸易通道和石油通道。

经济问题的最终解决受制于政治格局。日本经济崛起促使美国将其看作潜在挑战者。从20世纪70年代后期开始，美日经贸摩擦加剧。美日间不同的市场开放程度，成为决定经济竞争力强弱的政治问题。1983年里根访问日本期间，双方决定成立旨在专门解决两国间贸易摩擦的美日特别委员会。美日间贸易谈判开始。每次谈判，美国利用巨大的市场优势和政治军事实力迫使日本认识到，即使日本的产品物美价廉和富有竞争力，日本也需要在美国制定的框架原则内行事。但是，美国没有生硬地迫使日本在贸易争端中就范，而是非常灵活地诱使日本在经贸问题上让步。每次谈判的最终结局都是以日本被迫开放市场或者限制出口而告终。日本每次让步后，美国政府和国会又提出更多要求。面对看似无止境的压力，日本只能依靠尽量延长解决问题的时间和增加解决问题的难度，争取尽量小的让步。美日贸易谈判的最终结果累积起来产生的政治效果显示出，日本需要美国要远远胜于美国需要日本。美国对日本的经贸政策的实质是，利用日本的经济实力成为美国主导世界经济秩序和推动全球市场的助力，同时巧妙地提出要求日本扩大开放国内市场。

20世纪80年代，日本已经成为重要的地缘政治力量。所以，里根顺应日本要求的同时，也加强了对日本的控制，使美日关系完成了战后的第一次跨越。正是在里根时期，日本的经济和科技成就，使之决心完成由战败国向正常国家的转型。当然，也正是在里根时期，日本进一步认清，如果没有美国允许，日本任何意图都难以实现。美国默认了日本突破宪法对军费不超过GDP1%的限制；同意"星球大战"计划吸纳日本的参与，使日本的军事科技进入美国军事力量体系；日本企业参与军事技术交流等于就是政府变相地突破了"禁止武器出口三原则"[①]。日本的变化是划时代性的，美日间越来越像"平等"盟友。

整个冷战期间，美日同盟使日本成为受益者，尽管独立倾向越来越大，但日本还没有，也不可能脱离美日同盟。当苏联解体时，美国成为唯一超级大国，日本更加难以脱离美日同盟。日本的独立倾向取决于美日同盟在美国全球战略中的位置。

美英关系与马岛战争

美国在越南战争时期陷入冷战被动地位时，美英特殊关系看似与"有利则合无利则散"的普通关系毫无二致。但当1979年玛格丽特·撒切尔成为英国首相后，特别是里根成为美国总统后，美英特殊关系开始跨越现实利益交换、互相需要和文化相似，升华

---

① 日本在1967年4月针对出口武器问题提出的三项基本原则，即"不向共产主义阵营国家出售武器""不向联合国禁止的国家出口武器""不向发生国际争端的当事国或者可能要发生国际争端的当事国出售武器"。这是第二次世界大战后日本限制性防卫政策的核心支柱，目的在于专守防卫。

为心理认同。这不仅源自第二次世界大战结束以来两国总是在同
一同盟体系内的"磨合",还得益于二人几乎相同的价值观、政策
倾向、个人性格。相隔不到两年先后上台执政的他们,使美英特
殊关系进入了新的高峰。撒切尔上台之初便将美英特殊关系置于
最为优先的位置。苏联入侵阿富汗①时,英国与美国共同在第一时
间予以谴责;伊朗使馆人质危机②爆发后,英国又在第一时间表
示坚定地支持美国;里根成为总统不久,撒切尔为配合里根"重
振国威",不顾议会反对,允许在英国军事基地部署美军160枚巡
航导弹。1982年,她在议院辩论中称:"英国应该认识到,美国的
战略核力量是欧洲自由的最后保证。"③既然英国在极度敏感的核
武器部署上都能支持美国,那还有什么不能进行支持的呢?撒切
尔是里根成为总统后第一位访美的外国领导人。在华盛顿,她公
开宣称支持美军将在欧洲部署快速反应部队的计划。

　　上台伊始,里根针对苏联极富个人情感的言辞,结束了自尼
克松时代开始的美苏缓和进程。美国不仅在西欧和日本强化遏制
苏联,还在南美洲加强打击亲苏力量。所以,阿根廷在美国全球
战略中的地位上升。依靠军事政变上台的阿根廷领导人出现了一
种错觉:如果阿根廷占领马岛(马尔维纳斯群岛,英国称之为福克
兰群岛,简称"马岛",下同),美国不会帮助英国。这种错觉不
是马岛危机爆发的根源,但却成为阿根廷战败的根源。

　　战争才是检验国家间关系最可靠的"试金石"。马岛主权归
属争议一直存在于英阿之间,两国经常发生摩擦。从1982年3月

①　1979年12月27日,苏军以超过10万的兵力,突然入侵阿富汗,开始长达9年之久的
　　军事占领。
②　1979年11月4日,美国大使馆被占领,52名美国外交官和平民被扣留为人质。1981
　　年1月20日,人质获释放,危机结束。
③　Paul Sharp. *Thatcher Diplomacy: The Revival of British Foreign Policy*, New York: Palgrave
　　Macmillan, 1997, p.105.

爆发南佐治亚事件①开始，英阿双方的交涉气氛骤然紧张。"4月2日，阿根廷军队登上马岛，俘虏了岛上的英国驻军。"②马岛危机爆发。

危机爆发当天，撒切尔打破周末不开会惯例，主持召开紧急内阁会议，决定成立战时内阁。撒切尔深知，"美国的态度将是决定性的"③。英国必须取得美国的支持。马岛危机使美国处于两难境地：一边是传统的亲密盟友，一边是刚刚开始亲密的重要盟友。对美国而言，最好的结局就是避免双方爆发战争。因此，美国驻联合国大使柯克·帕特里克极力劝说阿根廷驻联合国大使，不要将马岛危机提交安理会讨论。阿根廷方面立即予以拒绝。对英国而言，马岛被阿根廷以武力强行占领，尊严和利益受到伤害。对阿根廷而言，既然军事占领了，就必须使包括英国和美国在内的所有国家，承认阿根廷军事占领的合法性。各方根本立场对立，注定美国的斡旋成为徒劳。

冷战年代，美国的全球战略重心是对抗苏联。英国是美国对抗苏联不可或缺的盟友。按照北约作战计划，英国皇家海军的主要任务是在北大西洋围堵苏联海军波罗的海舰队。这意味着，如果美国不支持英国，不仅让自主倾向加剧的西欧和日本等盟国质疑和担忧美国的领导信誉，还容易动摇遏制苏联的军事力量体系。何况英国还是唯一与美国分享核技术的盟国。同时，美国也

---

① 1982年3月18日，阿根廷废铁收购商人戴卫道夫租用阿根廷海军破冰船到南佐治亚岛拆除废旧鲸鱼加工厂，他们登上南佐治亚岛的利思港后，举行升阿根廷国旗的仪式。此举立即引起英国强烈反应。3月22日，英国驻阿大使向阿根廷外交部提出抗议照会，认为这种行为触犯了英国主权，指责这批阿根廷工人是加尔铁里政府有意派往马岛的非法移民，这种蓄意挑衅将加剧紧张局势，进一步恶化两国关系。照会强烈要求阿根廷工人立即从南佐治亚岛撤走、阿根廷政府惩办"肇事者"并保证今后不再发生类似事件。

② 1982年4月1日，阿根廷总统加尔铁里下令实施旨在收复马岛的"罗萨里奥"计划。1982年4月2日，100多名英国守军全部投降，英国政府任命的总督成为俘虏，阿根廷军队以伤亡7人、两架直升机坠毁的代价占领马岛。

③ Margaret Thatcher: *Thatcher Memories—Years in Downing Street,* London: Macmillan, 1993, p.115.

不希望作为自己在南美最重要盟友的阿根廷出现过多难堪。美国不希望英国与阿根廷之间因为马岛主权归属问题爆发战争，但是，战争既然不可避免，美国必须支持英国，但最好通过规模和伤亡尽量小、进程尽量短的作战行动结束战争。"502决议"①的通过已经表明了美国的态度。

撒切尔看准了美国心态，便在"黑格穿梭于英阿之间进行外交调停"②时，一方面坚持英国的立场，即马岛地位必须恢复到阿根廷出兵占领之前；另一方面，她又宣扬美英特殊关系，不断宣称理解和尊重美国的难处。同时，撒切尔不断通过美国国务卿黑格向西方和国际社会传达这样一个信号："问题的关键不是英国与阿根廷之间的争议，而是阿根廷使用武力夺取有争议的领土，是一个危险的先例，将导致西方的正义标准遭受质疑。"③显然，英国把自己打扮成武力入侵的受害者，避免遭到国际孤立。撒切尔的精明之处在于没有用美英特殊关系对美国进行"道德胁迫"，只是利用阿根廷的不妥协态度，使作为调停者的美国看到：英国不仅是更加重要的盟友，还比阿根廷"更讲道理"。里根在事后回忆："当阿根廷拒绝了所有解决争端的合理建议从而引发战争之后，我们就声称全力支持英国，并向其提供一切可能的援助。"④

美国自然知晓英国和阿根廷的地位孰轻孰重。维护北约团结和美日同盟是美国遏制苏联的主干，其他只是枝节。阿根廷政府

---

① 4月3日，联合国安理会经过辩论后，以10票赞成、1票反对（巴拿马）、4票弃权（苏联、中国、波兰、西班牙）通过了502决议。决议有以下措辞："在福克兰群岛（马尔维纳斯群岛）地区存在着破坏和平的现象"，要求"立即停止敌对行动"和从该群岛"撤出所有的阿根廷军队"，并以此作为进行任何谈判的先决条件。502决议为英国在以后两个月中采取的行动提供了法理依据。

② 黑格的穿梭外交进行了两个阶段：4月8日—13日、4月16日—19日。主要目的是督促英阿双方通过谈判解决马岛主权争端、避免由危机演变为战争。其实，黑格本人在开始穿梭外交之前，就意识到如果外交调停失败，美国将被迫站在英国一边。

③ Alexander Meigs Haig. *Caveat: Realism, Reagan and Foreign Policy*, New York: Macmillan, 1984, p.272.

④ ［美］罗纳德·里根：《里根回忆录》，萨本望、李庆功、龚卫平，译，350页，北京，中国工人出版社，1991。

出兵占领马岛28天之后，"对阿根廷仁至义尽"的美国宣布放弃中立。1982年5月1日，里根总统对外界宣称："美国真诚的外交调停以失败告终，阿根廷军政府要对这一失败负责。"[①]同日，他指示国防部应当采取一切必要措施"支持英国尽快获胜"。于是，国防部长卡斯帕·温伯格发出指令："应当满足英国方面提出的任何人员和装备的要求，并缩短审核流程，甚至指示工作人员将每一份英军的申请报告直接送到他的办公室。"[②]显然，美国从未认为阿根廷能获胜，也从未认为阿根廷应当获胜。

美国最终做出在马岛危机中支持英国的决定，不仅是美国全球战略的必然，还是撒切尔重视美英特殊关系的巨大回报。美军向英军提供了全面的后勤支援，不仅包括重要武器弹药，如"响尾蛇"导弹、"毒刺"防空导弹，还向英军开放距马岛5600公里的阿森松岛美国军事基地，作为英军后勤中转站。更重要的是，美军还对英军进行直接的作战支援，在南大西洋海域为英军战机提供空中加油，动用间谍卫星为英军前线指挥机构直接提供情报保障。

没有美国的支持，英国便没有外交主动和绝对军事优势。没有联合国支持，英国可能面临许多限制。所以，英国针对联合国采取了两手：一手是推动联合国安理会通过谴责阿根廷武力入侵行为并要求其撤军的"502决议"。此举使英国赢得了国际社会支持，停止了部分国家攻击英国殖民遗风的舆论；另一手是抵消可能反对英国武力收复马岛的"声音"，尤其是关注苏联的态度。当确信苏联不会武力介入后，4月30日，黑格宣布调停失败。同日，撒切尔政府没有宣布军事行动，只是中性化地宣布继续坚守502决议立场。实际上，英军特混舰队已经开始建立封锁体系。

---

① ［美］卡斯柏·温伯格：《温伯格回忆录——为和平而战》，158页，北京，世界知识出版社，1991。

② Caspar Weinberger. *Fighting for Peace: Seven Critical Years in the Pentagon*, New York: Warner Books, 1990, p.270.

英国成熟的外交使之在国际社会营造出了这样一个形象：不想打仗却又不得不打仗，不愿意破坏和平却被逼迫得毫无妥协余地。实质上，当特混舰队成立后，撒切尔便不指望和谈解决问题。马岛战争与其说是强势者的历史惯性搅动，不如说是弱势者的盲动所致。

英国的首要问题是开战时机。从国内政治氛围角度看，撒切尔政府正处于国内失业率和其他社会问题使其备受困扰之时，阿根廷武力占领马岛无异于为撒切尔政府"解围"。撒切尔政府唯有尽快做出反应，才是抓住这一"良机"的根本之举。英国政府在事发翌日便决定实施战争动员并开始组建特混舰队。4月5日，特混舰队首批舰船从索斯安普顿港起航。从战场自然环境看，英国必须在马岛海域进入冬季之前结束战争，否则严寒将严重限制英国先进的战舰、飞机、坦克等武器装备的性能。所以，撒切尔所有的外交均是为了尽快形成军事优势、尽快开战。

与外交同步运作的是国内战争准备。目前，还没有足够的证据证明："撒切尔政府为了转移国内经济社会矛盾而诱使阿根廷军政府发动马岛战争。"[①]但是，马岛危机证明了，如果政府机构中缺乏涵盖应对危机与战争功能的常备性战略指挥体系，即使危机征兆非常明显，也会被庞杂事务干扰而疏于防备。"外交、情报、军事系统各自为政"[②]的英国政府运动模式应当对马岛危机爆发时的窘境负重要责任。早在马岛危机爆发之前一个月，"英国情报部门已经发出过阿根廷可能'入侵'的警告，但内阁却没有予以足

---

① 撒切尔成为首相初期的经济成绩较为显著，但没有有效解决英国的经济顽疾。至1982年，英国破产企业达13 540家，失业率高达13.5%。仅凭这一组数据可以断定，撒切尔政府在1983年之后，在内外压力下，也难以取得发展经济和社会实质性进展。

② Robert Andrew Burns. *Diplomacy War and Parliamentary Democracy: Further Lessons from the Falklands or Advice from Academe*, 1985, p.39.

够的重视"①，尽管撒切尔领导的战时内阁在战争期间表现得非常出色。

马岛失守使政府面临巨大的舆论压力和政治压力。事发当天，外交大臣卡林顿、掌玺大臣汉弗莱·阿特金斯、外交和联邦事务部政务次官理查德·卢斯在猛烈指责下引咎辞职。国防大臣诺特也提出辞职，但未得到撒切尔批准。可见，撒切尔已经决心武力解决危机。战时内阁的主要成员包括：撒切尔、新任外交大臣、内政大臣、国防大臣、主计大臣和保守党主席等人。从成员组成可以看出，英国战时内阁作为处理危机和指挥战争的最高权力机构，将统一领导战争的军事、外交、内政。值得指出的是，保守党主席的加入，表明战时内阁需要协调不同政党立场，避免政治斗争祸及军民士气。

战时内阁的部门组成包括办公厅，重要职责之一就是与美国共享阿根廷重要军事和外交情报，可将情报直接呈送撒切尔和其他战时内阁成员。另外，战时内阁还成立了以国防总参谋长特伦斯·卢因海军元帅为首，包括总检察长在内的专家小组，主要职责是列席战时内阁会议，向战时内阁提供军事、法律方面的决策咨询。战时内阁为了避免因节省战争费用而增大伤亡，没有吸纳财政大臣和贸易大臣。但是，财政部和贸易部根据战时内阁的指示，对阿根廷实施经济和金融制裁，包括冻结资金、切断阿根廷外贸等。

英国战时内阁做出的核心决策就是派出特混舰队。特混舰队以海军为基础，聚合了陆海空三军的先进装备和精锐部队，作战指挥的专业性极强。另外，马岛海域远在万里之外的南大西洋。为了使英国战时内阁及时感知战场变化、形成专业性判断、做出专业性决策，没有一个主要成员是职业军人的战时内阁决定成立

---

① 　William Wallace. *How Frank was Franks? International Affairs,* Vol.59, Summer, 1983, p.453—458.

"联合作战指挥部"[1]。这是在战时国家的最高战争领导机构与前线指挥机构之间的专业性作战指挥机构。主要职责是根据战时内阁的政治与战略意图，设计作战行动、向战时内阁提出决策建议、统一指挥协调特混舰队与其他支援配合力量的作战行动。可见，联合作战指挥部是战时内阁领导指挥马岛战争的关键部门。

战时内阁赋予联合作战指挥部的职权主要有四方面：一是根据战时内阁意图制订作战计划，但不参与前线指挥。此举既发挥了它专业性作战指挥的功能，又避免了在战时内阁与特混舰队之间多出一个指挥环节。实践证明，指挥环节越多，指挥效率越低。二是评估战场态势，为战时内阁提供决策咨询。联合作战指挥部成为战时内阁与特混舰队之间的"桥梁"。一旦出现政治需求与战场实际抵触情形，它可以成为"润滑剂"，使特混舰队指挥员的临机决断符合战时内阁的总体意图，也使战时内阁始终能根据战场实际需求形成总体意图。三是与其他政府部门联合制定战争预算。联合作战指挥部预想的战争伤亡、损耗、补充，是英国财政部制定战争预算的重要指标。但是，联合作战指挥部无权支出或者决定支出战争预算的经费。四是直接掌握战略空军，指挥战略轰炸和直接支援特混舰队作战。联合作战指挥部既是战时内阁领导指挥战争的"中枢神经"，又是战时内阁的"智囊"。这样的机构设置确保了战时内阁与前线指挥部之间权力划分合理、指挥关系顺畅清晰，避免了繁杂的协调事务。

联合作战指挥部认为，英军的致命弱点是远离本土的劳师远征，而占领马岛的阿根廷军队则是以逸待劳。但是，战争双方优劣与强弱时刻都在转换。英军获得美军后勤与情报支援，劳师远征的劣势基本得到弥补。反观阿根廷军队，却是在士气高涨时，

---

[1] 联合作战指挥部由国防总参谋长领导，由英国舰队总司令菲尔德豪斯海军上将任总指挥，陆军中将特兰特、空军中将柯蒂斯任副总指挥。它位于伦敦近郊，利用英国皇家海军和皇家空军司令部通信系统与特混舰队联络。

忽略了自身弱点。首先，阿根廷陆海空三军没有统一指挥与统一作战计划。所有战场压力均由大多数为新兵的马岛守军部队承担。马岛距离阿根廷本土达500海里，无法获得阿根廷本土的长期支援，无法部署大量海空兵力对英军形成优势。其次，主要武器装备均从西方国家进口。马岛危机爆发后，西方国家对阿根廷实施武器禁运。阿根廷军队武器消耗无法补充。最后，阿根廷无法获得最重要的战场制胜条件——制空权。马岛上只有一座位于斯坦利港的机场，不能起降阿根廷空军最先进的"超级军旗"战机。英军特混舰队中的航空母舰搭载能够垂直起降的"鹞"式战机，还装备先进的雷达和防空导弹，完全能够掌握马岛海域的制空权。

综合各方面条件，英国联合作战指挥部预计战争将仅持续三个月，其中海上封锁两个月，登陆和岛上作战持续一个月。事后证明，该判断比较科学。整个战争持续74天，陆上战斗持续24天，实际损失比预计小，战争费用开支也没有超过预算。战争结束时，政府还有44亿美元的应急储备金。

英国战时内阁正确地判断了阿根廷军政府的心态。撒切尔公开宣布成立战时内阁的当天，阿根廷军政府仅是口头表态上的针锋相对，并无实质意义的应对。4月5日，阿根廷军政府才宣布停止支付给英国的所有货款、冻结所有英国驻阿根廷外交官的存款、中止办理英国公民在阿根廷境内的财产过户和转移手续。阿根廷军政府的回应"不仅令包括英国在内的国际社会感到出乎意料"[1]，更在英国战时内阁面前暴露了它缺乏不惜一战的决心与意志而仅仅是色厉内荏。这更强化了英国战时内阁武力解决马岛危机的决心，增加了心理和精神上的主动地位。

完成战争决策后，战时内阁的主要工作是领导和指挥战争。

---

[1]　英国战时内阁判断阿根廷军政府可能会没收英国在阿根廷境内的一切资产，拒绝偿还所欠英国的一切债务。因为英国是阿根廷最大的债权国。

从战争实践看，英国战时内阁领导指挥战争的行为，几乎完美地体现了战争胜利所必需的灵活性、专业性、实效性。

战时内阁避开了国际法对战争行为的限制。为了把握策略的灵活性，即使在特混舰队向南大西洋开进的新闻公之于世时，英国战时内阁也没有宣战，只是宣布与阿根廷进入敌对性武装冲突阶段。因为如果英国政府宣战，特混舰队在抵达富有争议的马岛海域时，作战行动将受到国际法限制。

英国战时内阁控制了战场范围。撒切尔公开宣布，武装行动仅限于有争议的马岛海域，不扩大至阿根廷本土，从而避免国际社会，尤其是有殖民历史的国家的强烈反应，有利于美国和西欧进行支持。

英国战时内阁迅速派出了具有较大规模的兵力。马岛危机仅爆发三天，特混舰队一边组建，一边从港口出发。此时的英国皇家海军，已经由全球性战略性力量变为在北约框架下的地区性战役战术力量，主要任务是在从格陵兰岛至欧洲的北大西洋海域内遏制苏联海军中的波罗的海舰队。由于财政投入萎缩，英国为减少成本而逐步退役了中型航空母舰和许多常规舰载机。因此，出征马岛的特混舰队"即使不代表英国举国之力，也代表着英国军事力量体系中的主要精锐"[1]。对此，撒切尔赞扬道，"特混舰队的反应速度将永垂青史"。特混舰队的快速组建和向战场进发，不仅代表英国政府向国际社会宣示，更代表它对国内社会的舆论和民众情绪的回应。**高效的军事反应永远是政府面临危机时意志与能力的见证**。特混舰队的高效说明了英国皇家海军高效的战备体系。在北约集团里，英国皇家海军的平时战备程度仅次于美国海

---

[1] 特混舰队中共有各种海军战舰61艘，总吨位约为49万吨，占英国皇家海军总兵力的三分之二。其中，直接用于作战的舰艇44艘，吨位约为23万吨，后勤和作战支援舰艇17艘，吨位约为25万吨，占能出远海执行作战任务战舰总艘数的44%，总吨位的63%。两艘中型航空母舰全部出动，4艘核潜艇出动3艘，"海鹞"战机出动80%。

军，总吨位的60%—70%能够随时投入作战。英军特混舰队正因为平时的严格战备，才可能快速出动，并且在向南大西洋开进时可以训练。

战时内阁高效地组建了前线指挥部。战时内阁的成立只是确立了危机和战争期间的国家和军队的战略领导力量，对于如何成立前线指挥部却取决于战时内阁对战争的设计。联合作战指挥部制订的作战计划将战争分为两个阶段：一是对马岛进行海空封锁，二是实施登陆作战并进行岛上作战。围绕这两个作战阶段，战时内阁需要确定两个行动的指挥员并且规定指挥关系。最终，战时内阁决定，特混舰队指挥员为前线最高指挥员，赋予其战役战术指挥的临机决断之权。登陆部队指挥员为登陆作战最高指挥员，在登陆作战开始后接受特混舰队支援。

作为特混舰队的最高指挥员，首先要具有联合作战的指挥才能，熟悉各种战舰的作战运用，使它们密切协同、形成整体合力。其次要具有战争战略思维能力，既要具有大局观，能够坚定贯彻战时内阁的决心意图，又要熟悉高层指挥机关的指挥流程，善于与战时内阁和联合指挥部有效协调。伍德沃德被任命为特混舰队司令官主要是基于他的经历。伍德沃德担任过潜艇艇长和驱逐舰舰长、国防部海军计划处处长，这样的经历使他成为指挥特混舰队的合适人选。从常理看，在航空母舰起降的舰载机成为海上作战的主要打击手段时，特混舰队指挥员由航空母舰指挥员担任似乎更加合理。英国皇家海军却不遵从这条规律。主要原因是英国皇家海军自从第二次世界大战结束以来，没有进行过航空母舰编队作战，也就从未重视培养航空母舰编队指挥员的联合作战指挥能力。但是，怯弱的阿根廷海军没有使英军特混舰队暴露出固有的弱点。"贝尔格拉诺将军号"巡洋舰被击沉后，阿根廷海军其他水面战舰便龟缩在港。勇气可嘉的阿根廷空军则每次需要从本土出发突袭。英军特混舰队面临的威胁并不大。如果阿根廷海军唯一一艘航空母舰"五月二十五日"号搭载舰载机出港作战，即使最终被击沉，英军特混舰队面临的空中威胁也会增大。

作为登陆部队的最高指挥员，首先，必须非常熟悉登陆作战的组织指挥程序。其次，拥有海外作战经验。最后，由于登陆作战中参战军兵种众多，指挥关系动态性特别强，要求登陆部队最高指挥员对其他军兵种部队拥有足够的权威。基于这样的要求，海军陆战队第二号人物，54岁的穆尔成为登陆作战最高指挥员。他在海外服役时间长达9年，并且在东南亚地区参加过实战行动，在攻击北爱尔兰共和军的作战行动中获得"帝国勋章"一枚。穆尔虽年龄大，但经验丰富、性格坚定、敢于合理冒险。

英军特混舰队两个最重要的指挥员，一个是海上作战的通才，一个是两栖作战的专才；一个年富力强，一个经验丰富；一个善于协调，一个果断坚毅。相得益彰的指挥员成就了关系顺畅、优势互补的前线指挥体系。

特混舰队司令部开设在"竞技神"号航空母舰上，负责指挥北纬100°到马岛海区中的所有作战舰艇、勤务舰船、战术空军和登陆部队。登陆部队司令部开设在"无畏"号航空母舰上，登陆部队在向南大西洋开进时隶属于特混舰队。当完成登陆作战并转入岛上作战时，登陆部队由联合作战司令部直接指挥，与特混舰队转为协同与支援关系。特混舰队负责火力支援、海上扫雷等任务，登陆部队司令部负责制订陆上作战计划，直接指挥陆上战斗。

英国战时内阁没有干预前线指挥，只向特混舰队规定了基本行动原则：一是作战行动只限于马岛周围200海里海域，不得扩大至阿根廷本土；二是防止扩大为全面战争；三是尽快完成封锁部署，力争在马岛进入严冬以前结束战争；四是减少人员伤亡，不仅尽量减少己方人员伤亡，还要尽量避免阿根廷马岛守军大规模人员伤亡；五是登陆作战视战局整体需要而定。特混舰队最高指挥员在上述五项行动原则范围内获得了兵力部署、战术行动、后勤安排和确定登陆地点等关键作战问题的指挥权，可以根据前线的实际情况，围绕总体意图临机处置。

为使特混舰队最高指挥员和登陆部队最高指挥员集中精力指挥本级作战行动，提高指挥效率，必须尽量减少指挥跨度，即在保证对参战作战力量统一指挥的基础上，尽量减少直接指挥的作战力量的单位数量，从而减少指挥协调工作量。

基于战略核潜艇的特殊性与独立性，英国战时内阁没有打乱其平时建制，规定战略核潜艇不隶属于特混舰队，但规定它必须对特混舰队提供作战支援与协助。另外，英国战略空军由联合作战指挥部直接掌握，对阿根廷在马岛的防御体系实施轰炸。战略空军由联合作战指挥部直接指挥有两个原因：一是第二次世界大战时延续而来的传统。从不列颠空战开始直到实施霸王行动，英国战略空军一直被盟军最高统帅部直接掌握进行独立作战；二是特混舰队的航空母舰无法为战略轰炸机提供所需降落平台。英军战略轰炸机均从阿森松岛①起飞执行轰炸任务。战略核潜艇与战略轰炸机独立于特混舰队，有利于减少特混舰队指挥与协调的工作量。因为战略轰炸、岛上作战、战略核潜艇作战具有极为敏感的政治性，由直属于英国战时内阁的联合作战指挥部直接掌控，使战时内阁可以"抓大放小"，也避免特混舰队在诸多战略性行动和战役级行动之间进行事务性协调，更充分地发挥了联合作战指挥部的专业职能。

---

① 阿森松岛位于南纬7°56′，西经14°22′，面积不到90平方公里，但它最关键的价值是岛上的机场和转运设施，是英军特混舰队唯一可以使用的中转基地，对于特混舰队后勤补给、侦察具有极为重要的作用。岛上的韦特瓦克机场，能够起降30多架战略轰炸机，跑道长4 018米，宽81米，可以直接起降B-52等重型战略轰炸机。岛上储备着大量弹药和粮食等作战物资，还建设有大型通信中继站，可以直接进行卫星通信、航天遥测遥控、雷达监控。通往巴西、阿根廷的海底电缆也经过于此。马岛战争爆发前，美英两国便签有租借协定，英国需要使用该岛时只要提前一天通知美方即可。4月5日，英军特混舰队出发的当天，美国一方面表示愿意充当调解人，而另一方面宣布美国将按照协议向英军提供设施的使用权利。

高度商业化社会不可保持庞大的军事体系。英国单靠军队不可能打赢马岛战争。英国战时内阁不仅迅速派出了随时投入战场上的战舰，还动员出庞大的船运力量，输送规模庞大、数量众多的物资、人员。其中，航行于全球海洋和停泊于全球各大港口的商船，成为征用最便捷的民用船只。英国具有五百年发展海外贸易和两百年称霸全球海洋的历史，民船被征为军用拥有完善的国防和军事制度作为保障。自拿破仑战争以来，英国立法保障军队征用民用船只，并不断修订和完善战争时期征用民船的计划。计划中，规定了每一艘民用船只的征用时机、改装方法与地点、配属的舰队。"4月5日，也就是阿根廷武力占领马岛后第三天，英国便征用了16艘商船和油轮，编入特混舰队。特混舰队组建两周不到，共有40艘民用舰只陆续加入到特混舰队当中。"①英国动员出来的民用船只比直接参与作战的战舰还要多，有的船只正驶往地中海、印度洋等海域，接到命令后立即就近卸货卸人，改变航向，驶往指定地点与特混舰队会合；有的甚至边开进边改装；有的从后方基地向前线转运燃料物资；有的甚至改装为扫雷舰，直接支援作战行动。英军距离马岛最近的补给基地是阿森松岛，最短补给距离达到5 000海里左右，但经由"民转军"后，补给距离缩短到不足500海里。

现代商业社会使军队无法独立应对战争，只有依赖于国防动员。英国赢得西方支持和阿根廷军政府的色厉内荏，使英国战时

---

① 马岛战争期间，英国共征用了57艘商船，由商船和民船改装而来的后勤保障运输船包括：运兵舰、医疗舰、修理舰、综合补给舰等，总吨位超过100万吨，共运送10万吨物资、9 000名人员、85架飞机到达马岛前线。其中最著名的例子有：4.5万吨的"堪培拉"号邮轮4月5日被征用，经过两天改装后，成为可以载运一个伞兵营的运输舰。6.7万吨的"伊丽莎白女王二世"号大型客轮正在地中海承担旅游任务，但接到征用命令后，立即返回航空母舰港，后舱上两个游泳池焊接了钢板，一周内便改装为两个直升机坪。"大西洋运送者"号集装箱货船经过7天改装，可搭载20架"鹞"式飞机；"乌干达"号商船经两天时间就改装成为一艘装备有全副医疗设备的医疗船。

内阁高效地进行国防动员。但仅从动员规模看，英国小国寡民式的国防实力得以全面暴露。如果阿根廷拥有大规模远程海空打击能力，甚至能够封锁阿森松岛或者在此前便可以拦截特混舰队，孤军深入的特混舰队能否胜利可能会受到质疑。

英国征用船只效率不是国防动员本身的成功，而是针对军力弱小的阿根廷军政府的成功。已经无须保持全球军事存在的英国，是一个典型的重商主义国家，长期和平迫使政府不得不削减军备、提高军费使用效率。英军特混舰队的优势之处在于精干、专业和职业化素质及由此表现出来的危机反应能力。它暴露出来的短板就是无法保持大规模的持久作战能力，除非整个国家陷入全面战争。由于战争的技术含量越来越高，国防动员的作用越来越仅限于日渐沉重的后勤补给，传统的海上扫雷等辅助性作战，将逐步被电子战和远程精确作战替代。换言之，如果过分依赖国防动员，军队无法长时间持续作战，政府也无法依赖精干专业的职业化军队速战速决。

特混舰队必须大量征用船只，说明后勤运输是其致命之处。但令英国感到庆幸的是，阿根廷军政府不仅战争决心迟疑不断，更无远程打击能力威胁英军后勤补给。起初，阿根廷军政府并没有退让之意，宣布马岛成为阿根廷第24个省，并成立"南大西洋战区"。同时，"阿根廷海军也开始积极准备和部署"①。然而，

---

① 阿根廷在英国宣布建立马岛海上禁区时，便开始在马岛海域布放水雷，并将所有战舰在本土港口重新编组，组成第79特混舰队，并于4月17日开始边进行战前训练、边完成部署。4月27日，"五月二十五日"号航空母舰和42型导弹驱逐舰"圣特立尼达"号及"赫尔克里士"号部署在圣豪尔赫湾东北方。驱逐舰"塞吉"号、"派准将"号、"斯托尼海军上将"号部署在圣豪尔赫湾东南方。"贝尔格拉诺将军"号巡洋舰和经过现代化改装、配有"飞鱼"式舰对舰导弹的驱逐舰"伊波利托·布查德"号、"布埃纳·彼德拉"号部署在洛斯埃斯塔多斯岛附近。69型导弹护卫舰"德律蒙"号、"格里科"号、"格朗维尔"号作为机动兵力。阿根廷海军的4艘潜艇中动用了两艘："圣菲"号潜艇被派往南佐治亚执行下潜任务，"圣路易斯"号潜艇进入马岛北部海区，伺机打击英军。在积极部署的同时，阿根廷海军也开始了侦测：货船"拉普拉塔河"号到英军特混舰队必经的航路上游弋，一架民航波音客机和C-130运输机进行空中侦察。

阿根廷海军下达作战命令的密码电报被美国情报机构截听破译，并直接交给英国战时内阁。对阿根廷军事部署与意图了如指掌的英国战时内阁立即下令对马岛进行封锁。4月7日，英国国防大臣诺特宣布从4月12日格林尼治时间4时起（马岛当地时间1时），以南纬51°40′、西经59°03′为圆心的马岛周围200海里范围以内为海上禁区。如果在禁区内"发现任何阿根廷军舰及其辅助船只，将被认为是敌对行为"，将会"不加警告地予以攻击"。此时的特混舰队主力仍然在开进途中，4月4日便从母港出发的4艘战略核潜艇承担了这一任务。当其中3艘核潜艇抵达马岛海域后，立即在阿根廷本土与马岛之间展开了作战部署。英国战时内阁为了向国内表示自己开始行动的承诺，也为了对阿根廷军政府施加心理压力，公开宣布三艘核潜艇已经抵达马岛并完成作战部署。对英国战时内阁而言，如果战略核潜艇威慑成功，无须特混舰队"大打出手"，将是最佳结果。但是，英国战时内阁并没有这样"天真"。事实证明，如果指望威慑能够迫使对手就范，不仅天真幼稚，还会使自己陷入危险。

英国战时内阁之所以一反战略核潜艇通常秘密行动的常规，高调宣布核潜艇到达马岛海域并实施封锁，根本原因是阿根廷没有反潜能力。缺乏反潜能力的阿根廷海军于4月13日向马岛运送了最后一批装备和物资后，被迫停止了从海上向马岛运补。之后，阿根廷马岛守军唯一来自本土的补给，是通过少数小艇利用夜暗运输而至。阿根廷军政府随后向外界宣称其海军舰队不准备进入封锁区。

双方首次角力将决定双方的心态，从而对未来行动产生重大影响。三艘核潜艇切断了阿根廷本土与马岛之间的补给和阿根廷军政府如此表态，是英国赢得的一次实质性胜利和阿根廷军政府的首次退让，具有巨大的政治影响。

英国更加坚定继续对阿根廷施加军事压力的决心。因此，

"特混舰队主力抵达马岛海域之前，先头部队顺势拿下南佐治亚岛便是自然之举"①。南佐治亚岛掌握在英军手里，使特混舰队有了安全的停泊点。因为南佐治亚岛位于阿根廷空军作战半径最大的"超级军旗"战机作战半径之外，夺占南佐治亚岛后，特混舰队可以就近、安全地进行后勤补给和装备维护。更为重要的是，登陆部队可以利用南佐治亚岛进行秘密准备和发起突袭。

英军夺占南佐治亚岛使英国获得了战争主动权，不仅再一次震慑阿根廷军政府、打击其军心和民心，而且向国际社会表明，即使支持阿根廷也是徒劳。而且，英军夺占南佐治亚岛促使阿根廷军政府做出错误决定：中断马岛问题谈判。这正是英国战时内阁需要的，将战争升级的责任推向阿根廷。

夺占南佐治亚岛后不久，特混舰队抵达马岛海域，"恰好"美国又宣布调停失败。此时的阿根廷军政府已经骑虎难下："被激起的民族主义情绪"②已经使其无法退让；连英军核潜艇的海上封锁都无法破解，更别提摧毁特混舰队。

英国战时内阁又宣布扩大封锁。从4月30日起，对马岛周围200海里范围内实行海空全面封锁，由原来禁止阿根廷舰船进入扩大为禁止所有国家的舰船和飞机进入。面对封锁已经无能为力的阿根廷军队只能坐看特混舰队顺利地完成了封锁部署。舰队作战能力最脆弱之时是停泊于港口，其次是海上开进之时，再次是由开进队形向作战队形转换时。这三个阶段，英军特混舰队均安全渡过。

要想封锁马岛就必须使阿根廷海军战舰无法出海、空军战机

---

① 4月24日，特混舰队最高指挥员伍德沃德向战时内阁发出电报，称："请转告女王陛下，在南佐治亚岛，白旗和英国国旗并排飘扬。"白旗是英国皇家海军军旗的别名，不是表示投降的白旗。

② 阿根廷军队武力占领马岛的消息传回国内后，一时间举国欢庆，布宜诺斯艾利斯街头数十万民众聚集在五月广场，支持政府这一行动。阿根廷全国12个政党和总工会也都一改以往反政府的态度。而两天前，反政府示威行动还在五月广场上爆发。

无法上天。要达到这一目标，最理想的行动就是特混舰队直接打击阿根廷本土的港口和机场。显然，这有悖于战时内阁的战略意图。因此，特混舰队封锁马岛的关键就是，尽量远地发现和阻止离开本土港口和机场的阿根廷海军战舰、空军战机。所以，英国战时内阁又宣布将封锁海域由马岛周边扩大至阿根廷领海边缘。

英军海空封锁体系主要有三层：最外层是部署于距离阿根廷本土最近海域的核潜艇和海上巡逻飞机，负责监视阿根廷海军战舰、空军战机活动情况；中间层是停泊在阿根廷空军打击范围之外、作为特混舰队支柱的航空母舰编队，负责利用舰载机"海鹞"式战机，与配备有先进雷达的部分战舰，共同拦截和打击阿根廷突破最外层封锁线的战舰和飞机；最内层是部署于阿根廷马岛守军的炮火和防空导弹作战范围之外的部分战舰和部分战机，负责打击冲破封锁线的来自阿根廷本土的战舰和飞机，尤其是补给物资的阿根廷船只，并打击阿根廷马岛守军的重要目标（如机场、港口、雷达站、导弹阵地等）、摧毁防御工事、迷惑和制造心理震慑。另外，由英军联合作战指挥部直接掌握的"火神式"战略轰炸机，从阿森松岛机场起飞，负责对阿根廷马岛守军实施轰炸。首次轰炸是发生于5月1日、代号为"黑羚羊"的远程突袭行动。5月1日凌晨4时46分，一架从阿森松岛起飞的"火神式"战略轰炸机在3 450米高空上5秒内向斯坦利港机场边疆投下21枚重磅炸弹。这是第二次世界大战结束以来英国皇家空军首次超远程夜间奔袭。同时，为了彻底切断阿根廷的海上和空中运输线，特混舰队编成内的特种部队不时突袭马岛上重要机场和港口，使阿根廷守军无法接收物资，还为登陆作战提供了良好的条件。如5月14日，英国特种部队突袭马岛北侧的佩布尔岛机场，摧毁了停留于地面的11架飞机。

英军特混舰队抵达马岛海域后，立即形成了严密的封锁部署。这一过程反映了英国的战争决心。英军特混舰队陆续抵达马岛海域时，英阿虽然有小规模交火出现，但并无人员伤亡。因此，避免战争恶化的和平希望仍然留存。此前，秘鲁前总统贝朗德提出过一份看似具有操作性的和平建议。但是，5月2日英国"征服者"号核潜艇击沉了阿根廷海军第二大舰"贝尔格拉诺将军"号巡洋舰，造成阿根廷368名士兵死亡。和平希望已经荡然无存。

英国核潜艇探测到并确认在位于封锁禁区之外的阿根廷海军主力战舰之一"贝尔格拉诺将军"号巡洋舰，针对"贝尔格拉诺将军"号巡洋舰的行动超越了战术性意义，成为英国希望和平或者导致战争升级的"分水岭"。

英军的指挥优势发挥出来。涵盖战略和战术层次的情报和通信系统使英军核潜艇与英国战时内阁获得直接联系。前线指挥人员发现并确认这一重要目标后，立即向撒切尔报告这一重大战场发现。获得这个重要信息的英国战时内阁，如果仍然寄希望于和平谈判迫使阿根廷撤军，就不应当采取行动，并且将这一善意之举向包括阿根廷在内的国际社会及时释放。然而，这样的决策非常艰难。因为放弃击沉的善意之举，有可能没有被"贝尔格拉诺将军"号巡洋舰上的阿根廷军人准确解读，反而成为刺激阿根廷军队增加对英军的战场压力，导致远赴万里的英军特混舰队陷入危险。即便英国的善意之举被阿根廷准确解读，但当时持强硬立场的阿根廷军政府以对等善意回应的可能性很小，甚至被认为是"畏战"。已经下定决心武力解决问题的撒切尔当机立断，下达了击沉命令。"贝尔格拉诺将军"号巡洋舰被击沉后，阿根廷海军所有水面战舰，包括唯一的一艘航空母舰、世界一流的导弹驱逐舰和42型驱逐舰一直龟缩在本土港口内，再未出战。从这个角度看，"贝尔格拉诺将军"号巡洋舰被击沉不仅具有战争中强大的心理震慑效应，还破坏了阿根廷军队的战争力量体系。

"贝尔格拉诺将军"号巡洋舰被击沉，说明坚定的战争决心需要可靠的指挥优势支撑。英国核潜艇通过卫星直接接收远在13 000公里之外的联合作战指挥部的作战指令，而它又能够实时根据发现的重要目标做出决断，并及时向核潜艇发出作战指令。这种指挥优势第一次在战争史上出现，战术性指挥模式在先进的卫星和其他手段支撑下成为先进的战略指挥模式。英军特混舰队中的大多数舰艇都装有卫星通信系统、作战数据自动化处理系统等多种电子设备。所以，特混舰队与联合作战指挥部之间能够实时分享信息，联合作战指挥部可以及时掌握特混舰队的训练和战斗准备，使收集情报、拟订作战方案等更有针对性。特混舰队最高指挥员能够有效地控制重要战舰、部队，通过卫星通信直接与联合作战指挥部、美国情报部门保持联系。另外，英军前线指挥人员可以通过发达的全球媒体，在接收战时内阁作战指令的同时，掌握国际社会关于作战行动的舆论风向。凭借可靠的指挥优势，英军特混舰队比阿根廷前线兵力做了更加快速与合理的反应。

英军击沉"贝尔格拉诺将军"号巡洋舰，使包括阿根廷在内的国际社会认识到，英国从来没有指望和谈解决问题。随着两天后英军"谢菲尔德"号导弹驱逐舰被击沉，英阿双方进入了实质性的大规模交战状态。

国际社会并没有放弃和平努力。联合国秘书长佩雷斯·德奎里亚尔在"谢菲尔德"号导弹驱逐舰被击沉后的第二天，向英阿双方提出了一项和平建议。内容主要是：双方立即停火，同时撤军；马岛由联合国临时托管；至于马岛的主权归属问题，待双方脱离军事接触，再通过谈判找到解决问题的方式。

这种理想化的中立调停不可能得到英国的实质性响应。原因有两个：一是此时的英军损失了一艘先进驱逐舰，并正在建立封锁体系、夺占了南佐治亚岛，从而占据着明显的战场主动权。如果英国战时内阁同意撤军，不仅要面对国内反对党的攻讦，还要被民众贴上"软弱退让"的标签。二是如果同时撤军，没有指出英军特混舰队应当撤往哪里。如果撤回本土，英国政府很难相信距离马岛更近的阿根廷，不会进行新的军事冒险，导致英国疲于奔命。阿根廷军政府表示愿意接受联合国秘书长的建议，预示着可能为让步"找台阶"。因此，英国战时内阁既没有可能，也没有必要接受。但是，考虑到战争中的和平形象，英国战时内阁仅表示"可以考虑"联合国托管马岛的提议。这样的模糊表态与"战时内阁的公开言论"[①]已经说明了英国的态度。5月8日拉美五国（哥伦比亚、伯利兹、哥斯达黎加、洪都拉斯、委内瑞拉）再次呼吁英阿双方立即停止武装冲突，阿根廷军政府再一次做出退让：不再坚持以英国承认阿对马岛主权为直接谈判的先决条件。对手已经示弱，得到美国全力支持的英国更不可能此时撤军。这意味着战争无法停止。

英军特混舰队进行持续封锁。"已经骑虎难下的阿根廷军政府也只好针锋相对。"[②]总体来看，英军处于较为明显的优势。

严密的封锁体系和灵活主动的封锁行动、突袭行动产生了巨大的效果。阿根廷本土向马岛的大规模补给运输被迫中止，只有少数小型运输机利用夜暗和恶劣天气进行"入不敷出"的物资补给。

"贝尔格拉诺将军"号巡洋舰被击沉，导致阿根廷海军所有战舰全部龟缩在港口，只有少数本来可以用于攻击的潜艇承担向马岛守军运送后勤物资的任务。阿根廷空军只有对海面目标攻击的能力，没有反潜能力。因此，英军特混舰队的海上威胁完全消除。然而，仓促出战的舰队必定存在能力短板。特混舰队主力战舰包括两艘航空母舰、23艘驱逐舰和护卫舰，其他用于两栖输送和后勤的舰船91艘，合计116艘。它们要进行海空封锁、空中

---

① 撒切尔首相在回应联合国秘书长的和平建议时说："不能因为谈判而停止军事行动。"
② 5月11日，阿根廷军政府宣布："凡在阿领海航行的所有悬挂英国国旗的军舰和穿越阿领空的英国飞机都将被认为是敌对的，将受到攻击。"5月1日、4日、12日，阿根廷空军和海军航空兵对英军特混舰队实施反击。其中，5月4日，阿根廷海军航空兵"超级军旗"式战机用"飞鱼"导弹击毁了英国最先进的导弹驱逐舰"谢菲尔德"号。

作战和两栖作战，而负责护航和火力支援的作战舰艇只占五分之一。这预示着以牺牲某部分能力为代价配备舰只，必将出现可能被对手找到并利用的巨大弱点。英军特混舰队中没有预警机、大部分舰艇没有远程警戒雷达。另外，特混舰队的"鹞"式舰载机数量过少，既要拦截性能更加先进的超级军旗战机，还要担负侦察和对地攻击等多项任务。特混舰队面临严重的空中威胁。

英国战时内阁规定特混舰队的作战行动只限于马岛周围200海里范围内，不能扩大到阿根廷本土。在规定的战场范围内，英国战时内阁将战役战术全权赋予特混舰队。从政治上明确界定的战场、作战任务目标，有利于战略指挥与战役高效衔接，既保证了特混舰队的所有作战行动符合战略意图，也释放了特混舰队的自主行动能力。但是，这样的安排使从本土机场起飞的阿根廷空军可以自由地选择攻击时间、方式和规模。换言之，制空权成为双方胜负的决定性条件。如果特混舰队能够打破阿根廷空军威胁，马岛便成为"囊中之物"。如果阿根廷空军对特混舰队造成致命损害，英国将遭受历史上少有的奇耻大辱。

阿根廷空军拥有先进的超级军旗战机，发射的"飞鱼"反舰导弹对于防空能力薄弱的特混舰队威胁极大。特混舰队无法有效探测和防御低空掠海突袭的超级军旗战机，阿根廷空军在海空封锁之初几乎如入无人之境，还凭借勇敢的作战精神获得部分战果，如5月4日一架"超级军旗"距"谢菲尔德"号驱逐舰48公里处发射一枚"飞鱼"式导弹，虽然配备先进电子战装备的"谢菲尔德"号驱逐舰在被击中前10秒时发现有导弹来袭，但来不及规避而被击沉。不过，阿根廷空军存在致命弱点。

首先，阿根廷没有独立的空军力量体系。阿根廷主力战机"超级军旗"从法国进口。马岛危机爆发之初，法国政府便宣布停止对阿根廷供应超级军旗战机的所有器材和相应导弹，导致超级军旗战机的每一次起飞作战，都是不可弥补的损耗。另外，阿根廷空军驾驶超级军旗战机的飞行员，大部分在法国进行训练，他们只完成了中级操作技能训练，无法发挥出先进战机的全部性能。法国空军派出一个"超级军旗"战机中队，对航渡中的英军特混舰队实施模拟攻击，帮助英军特混舰队研究和演练抗击"超级军旗"战机。法国超级军旗中队还与"鹞"式舰载机进行对抗性空战演练，使英军飞行员掌握了超级军旗的战斗性能。法国还宣布停止为阿根廷继续建造价值3.5亿美元的航空母舰及14架舰载机。法国不但停止向阿交售武器，还以秘鲁向阿根廷提供军事援助为由，取消了向秘鲁交付8枚"飞鱼"导弹的协议，导致阿根廷空军的"飞鱼"反舰导弹打一枚就少一枚。阿根廷军政府试图从国际军火市场以100万美元一枚的高价收购"飞鱼"导弹，但受到法国阻挠始终没能买到。尽管时值撒切尔的主要外交方向是美英特殊关系，一定程度上降低了英法关系，但是法国的直接军事支持，其意义超越了马岛战争。全球市场的出现导致经贸利益在国际关系中的地位上升，但从来没有超越地缘政治和心理认同的地位。比普通产品更加敏感的军火贸易，仍然无法抗拒地缘政治与心理认同的作用。战争胜负不仅取决于武器系统、军人职业素质、技战术的对抗，还取决于国家间的整体对抗。

其次，阿根廷空军没有适应战场的力量体系。马岛上没有可供超级军旗战机起降的机场，即便有也可能遭到轰炸而破坏。阿根廷本土机场距离马岛海域最近也有510公里，几乎是超级军旗战机作战半径的极限。超级军旗战机在马岛海域内没有足够的滞空作战时间。为保持对特混舰队足够的空中打击威力，超级军旗的作战编队必须低空掠海实施突袭，而且每一编队基本只有一次有效攻击机会。这期间只要出现一次导航误判，战机必将因续航能力不足而放弃突袭任务。另外，阿根廷空军没有与先进战机性能相匹配的专项指挥控制系统，限制了战机性能的发挥。阿根廷传统的指挥手段无法同时指挥大规模超级军旗战机编队作战。每次超级军旗战机作战时，最大攻击能力就是两到四架小编队实施多批次突击。英军特混舰队的航空母舰始终在阿根廷空军作战半径之外，阿根廷空军又难以与舰载机实施长期空中格斗。显然，阿根廷空军受到极大制约的力量体系，无法对英军特混舰队整个作战体系形成规模性破坏而产生致命威胁。

阿根廷空军的最显著战果是击沉英国先进的"谢菲尔德"号驱逐舰和改装的"大西洋"号运输舰。但是，局部性战果并没有软化英国的战争决心。英国战时内阁预计的战损代价是一艘航空母舰。"谢菲尔德"号驱逐舰被击沉，刺激了英国更大的决心。5月7日开始，英国不仅将封锁范围扩大到距阿根廷大陆12海里处，还决定调集位于本土的10艘战舰开赴马岛海域。在整个战争期间，阿根廷空军击中了14艘英国舰船（其中击沉6艘），这样的战果不足以动摇英国的整体力量体系，当然也无法软化其战争决心。特混舰队甚至在后续增援的10艘舰艇到达之前，便占据了绝对优势。反观阿根廷军政府，"贝尔格拉诺将军"号巡洋舰被击沉后，海军战舰几乎全部龟缩到本土港口。

英阿双方实际上均缺乏充足的条件进行长期海空对抗。英军特混舰队能否抗击超级军旗战机低空掠海突袭？无法进行大规模空中格斗的超级军旗战机编队能否在消耗殆尽之前通过低空掠海突袭重创特混舰队？这两个因素是决定胜败的关键。因此，决定战局的关键性因素是作战力量消耗和作战技能博弈。最终，特混舰队利用舰载机和防空导弹组织越来越密集的空中封锁打击来袭的阿根廷空军飞机，取得了制空权。

英国的战争目标是收复马岛，决胜性一击自然是登陆作战。此时的阿根廷军政府，早已到了不胜利便要受审判的地步，因而会"战斗至最后一兵一卒"。英军已经将制空权、制海权操之于手，战场态势极为有利。英国战时内阁便将登陆时机、登陆地点、结束岛上作战的时限与要求等关键问题的决定权完全下放给前线指挥部，仅提出原则性指令：尽量达成突然性、尽快占领重要高地和政治目标、减少登陆作战伤亡、尽量避免杀伤阿根廷守军有生力量。

当英军特混舰队和登陆部队决定于5月21日凌晨开始登陆作战后，战时内阁的外交均围绕登陆日而展开。撒切尔在5月18日向外界宣布，联合国的外交斡旋最迟必须在5月20日得出结果，否则将采取下一步行动。5月19日，联合国秘书长呼吁英国再宽限几天，以便做最后的调解努力。然而，占据战场绝对主动权的英军已经做好登陆作战准备，为防止阿根廷利用联合国外交调解而搞"缓兵之计"，撒切尔几乎是最后通牒式地予以回应：阿根廷只能考虑24小时，过期英军就要采取"重大的军事行动"。

5月20日，联合国秘书长被迫宣布调停失败。5月21日凌晨，英军登陆部队从圣卡洛斯湾登上马岛。阿根廷马岛守军根本无法组织起有效抵抗。6月14日中午，英军登陆部队最高指挥员穆尔少将与阿根廷马岛守军最高指挥员梅嫩德斯少将进行停火谈判。双方同意自当地时间16时（格林尼治时间19时）起正式停火。梅嫩德斯少将通过英国"无恐"号两栖突击舰电台向阿根廷总统加尔铁里报告停火谈判情况，在取得其同意后，与穆尔少将签署了包括七个条款的停火撤军纪要，并决定立即成立一个双边混合委员会，负责岛上行政机构的移交工作。当晚，穆尔少将向特混舰队报告谈判情况，特混舰队随之向英国战时内阁发出电报。7月14日，英军特混舰队将包括阿根廷驻马岛守军最高指挥员在内的593名阿根廷战俘遣送回国。至此，英国取得了马岛战争的全面胜利。马岛战争失败导致了阿根廷国内政治矛盾总爆发，军政府倒台。次年，经大选后的政府又将前总统加尔铁里和海、空军司令等高级将领送上军事法庭受审。

战争结束后，美英并没有大肆宣扬胜利。这体现了美英的默契与成熟。美国立即展开了对阿根廷的安抚。美国的精明之举在于转移了阿根廷民众的视线，它将战争失败的错误归咎于阿根廷军政府，而不是将战争责任笼统地推向阿根廷。所以，里根认为："阿根廷军政府不仅错误地估计了撒切尔夫人的坚强意志，而且也错误地估计了我们同英国的牢固关系，更错误地估计了我们对发生在任何地方的武装入侵所持的反对态度。"①

马岛战争说明了海战和海权仍然是美英维持全球地位的支柱。庞大的指挥体系需要在全球范围内的指挥手段形成网络对其保障。英国仅仅将战场限定于马岛周围200海里，然而，对其交火范围的作战指挥却需要动用部署于印度洋、大西洋和太平洋上的20多个通信中继站，才能从卫星接收和传送作战信息。遍布全球的指挥网络还不能完全满足需要，英国甚至租用商业通信卫星来实施作战指挥。

撒切尔政府对战争的政治领导和战略指挥，符合了当时的国际社会实际，也符合美国的全球战略。当然，最根本的是符合英国的战略利益。首先，从国际社会角度看，大多数国家理解阿根廷政府对马岛的主权诉求，甚至有许多国家公开承认阿根廷对马岛的主权地位。但是，"国际社会却没有这样的一个共识：阿根廷应当以军事手段解决马岛问题"②。阿根廷军事占领马岛后，向其他国家表现出来的居高临下的胜利者姿态，使得相当多国家难以表示支持。反观英国，在国际社会中把自己打扮成一个受到侵略的受害者，不仅在西方获得同情与支持，还没有激起大多数受到殖民迫害的国家的反对。英阿二者对待国际社会的态度使战端未

---

① ［美］罗纳德·里根：《里根回忆录》，萨本望、李庆功、龚卫国，译，350页，北京，中国工人出版社，1991。
② 联合国大会多次敦促英阿进行谈判和平解决马岛问题，但是阿根廷先起战端，所以在舆论方面并不占优势。就连拉美国家对此也持保留态度。它们虽然支持阿根廷对马岛的主权要求，但不赞同其贸然出兵。有些讲英语的加勒比国家，如特立尼达和多巴哥、圭亚那，则明显地站在英国一边。在战争爆发以后，美洲国家组织常设理事会通过决议："对阿根廷和英国面临的严重局势表示深刻不安，希望按照国际法准则尽快和平解决两国的冲突。"

开便高下立见。另外，英国也不能承担将战争长期化可能带来的风险和代价。英国必须利用和赢得美国的支持，而不是考验美国的耐心。在失业率居高不下的情况下，政府将可能因为战争长期化而遭到民众质疑和抛弃。

英国凭借正确的外交策略、训练有素的职业化军队和美国的支持，非常顺利地赢得了马岛战争。从表象上看，英国在战争决心、军队职业化技战术素养、指挥与情报优势等方面，占据绝对优势。从本质上看，英国的优势源自西方集团的战争决心及"整体优势"①。当冷战处于僵持之际，英国的失败就是西方的失败，意味着在苏联面前更加容易失败。这是美国无法容忍的。英国打赢马岛战争表明，西方支配国际秩序。当然，战争也暴露了阿根廷军政府的局限性——寄希望于解决悬而未决达150年的马岛问题，维持虚假的"体面"，怀着侥幸心态愚蠢地冒险。从世界文明发展的大势看，任何强烈依靠军队维持存在的政权，都特别容易因为对外战略的错误而致使国家陷入灾难。

后来的实践证明，马岛战争至少是间接地影响到了冷战。因为马岛战争是美英在冷战历次危机中矛盾最少、关系最顺畅的合作。英国正确地理解了美国的全球战略，美国也予以英国坚定的支持，奠定了美英更加紧密的合作基础。冷战的结束，在很大程度上归功于二者以如出一辙的强硬与灵活的策略"扼杀"了虚弱的苏联。马岛战争的胜利使撒切尔在国际国内受到更少的羁绊来实施对苏战略。撒切尔本人的意识形态与丘吉尔如出一辙。她在马岛战争后极力主张接触苏联。自从马岛战争结束后，直到1989年，五年间，撒切尔与戈尔巴乔夫总共会晤达到惊人的六次，比

---

① 以经济和贸易为例。4月6日，撒切尔致电各欧共体各国、日本、加拿大、澳大利亚及新西兰等政府首脑，要求获得支持。4月10日，欧共体决定对阿根廷实施禁运。5月16日，欧共体对阿根廷实施经济制裁的时限期满。两天后，虽然意大利和爱尔兰并不赞成继续制裁，但欧共体仍然宣布经济制裁不定期延长。经济和贸易成为西方整体优势的鲜明标志。

在第二届任期内形成了缓和氛围的里根还要频繁。当然，英苏关系密切，不仅提升了英国的国际地位，还使英国从苏英贸易中获得了巨大的经贸实惠。20世纪80年代中后期，苏英贸易年平均增长率达到30%以上。英国与苏联加强接触，对于促使苏联在后来一再让步具有重要作用。

不过，马岛战争却没有对英国的欧洲政策产生影响。在欧洲一体化问题上，英国与法国、联邦德国等西欧大国立场相异。撒切尔主张政治和经济分开：经济上，欧洲各国贸易政策应当更加协调，支持建立一个统一的欧洲大市场；政治上，她虽然极力倡导加强欧洲的团结，但反对欧共体变成"欧洲联邦"而削弱任何一个独立国家的平等主权。这样的主张是有合理性的。经济上实现互惠是欧洲各国共同的诉求，而在政治上的主张必须坚持各国主权不能削弱，这是因为英国担心，如果欧洲联邦得以成立，法国和联邦德国就会将其他小国吸纳。届时，世仇已经和解的法德可能会对欧洲大陆形成垄断地位，导致英国在美国与欧洲之间的协调者的作用遭到弱化。这说明，西欧一体化的趋势和英国加入欧共体这两大因素并没有促使英国改变独立于欧洲之外的战略诉求和心理习惯。当然，这也从另外一个侧面说明，英国仍然坚持现实主义政策，西欧政治一体化看起来有些遥远，英国没有必要为过于遥远的事情投入过多。但是，西欧经济发展迅速，欧共体所有成员国都成为受益者，英国自然也不可能脱离这一大势。英国在重重现实压力之下，终于摒弃了英镑的超然地位，于1990年10月，正式加入欧共体统一的汇率机制。

从总体上看，英国最核心的成功战略是在弱势中加强对强者的影响。如果没有美英特殊关系，英国便无法独立于西欧和影响苏联。然而，英国如果缺乏对西欧和苏联的影响力，又难以使美国在危机年代和缓和年代都日益倚重英国。可以说，英国是将现实主义与理想主义结合得最为完美的前霸权国家，也是人类历史上首个从霸权位置上"跌而不倒"的前霸权国家。英国根据不同的情况主动求变的战略也使美英特殊关系远远不像世人认为的那样牢不可破。美国从未完全放弃对英国的影响甚至控制，也从未让英国事事出尽风头。英国也明白，必须获得美国尊重，否则将难再现大国荣耀。当然，英国的自由程度与日本在美国的管控下，其性质是截然不同的。英国不仅是美国的助手，还在一定程度上成为美国的矫正器，而日本只是美国的助手，本质上并无发言权。

整个冷战期间，英国是美国最重要、最得力的助手。世界上没有哪个国家像英国那样，对美国具有重要影响力。苏联解体后，美英特殊关系并没有因为冷战结束而结束，而是随着全球化扩展而扩展。

第六节　奠定美国全球霸权地位的海湾战争

战争史上，对最后的胜利者而言，鲜有像海湾战争般"完美"的战争。美国获得国际社会的空前支持、伊拉克在国际社会陷入空前孤立、另外最可能掣肘美国的大国——苏联自顾不暇、沙漠地带特别有利于发挥美军武器装备的作战效能、美军早有防范中东地区大国称霸的危机方案和预有准备，等等，诸多几乎是理想化的条件造就了美国的胜利。当然，战争的"完美"不仅体现在技战术方面，更加体现在战争的地缘政治意义上。历史上也没有一场像海湾战争般，以如此短暂的进程来显示人类历史上规模最庞大的地缘政治对抗走向终结的战争。令人耳目一新而又惊叹不已的作战方式、连自己都意想不到的伤亡代价、苏联始料未及的反应，这些制胜因素，背后体现着以布什总统为首的美国战争内阁和以科普夫为司令员的美军中央司令部对战争的驾驭，也代表着美国正式埋葬冷战而走向全球霸权地位。

针对危机高效的军事反应

"海湾危机"①爆发之时，还没有明显迹象证明冷战即将结束，但精疲力竭的苏联与日益强势的美国之间已经形成鲜明对照。如果美国听任伊拉克吞并科威特，伊拉克将可能凭借更加丰富的石油储量操纵世界石油价格，经济实力的增长将刺激本来就充满野心的萨达姆谋求中东霸权。鉴于中东的地缘政治地位、自己及盟友对石油的依赖、国际号召力、苏联日益衰弱等因素，美国立即做出强烈反应，完全在情理之中。尽管那时针对海湾危机做出了强力反应并处于有利态势，但根本原因不是美国喜欢和擅长处理危机，而是国际社会文明程度不断增强，已经难以容忍主权国家独立地位和领土完整遭到破坏。尽管联合国自成立以来便成为美苏两个超级大国权力博弈的舞台，但随着核武器的互相毁灭作用导致双方共同致力于裁军和维护和平、西欧和日本的经济腾飞使之在政治上提高独立性、越来越多的发展中国家的影响力日益增强等因素综合在一起，主权独立和平等成为各国越来越强烈的心理认同，国际社会并没有随着冷战造成的现实政治越来越冷酷。联合国始终站在国际社会的道德制高点上，伊拉克公然入

---

① 1990年7月31日，在沙特、埃及、约旦等国的调停下，伊拉克政府与科威特政府开始谈判解决所谓的"领土"和"石油分配""债务"等问题。伊拉克政府向科威特政府提出科威特赔偿伊拉克140亿美元的石油"损失"款和24亿美元的"偷油"款，并让科威特答应伊拉克对其的领土要求。同时，伊拉克军队向伊科边境集结。谈判归于破裂后，8月2日凌晨2时，伊拉克军队突然入侵科威特，10个小时内吞并科威特，从而导致了海湾危机。海湾危机一爆发，国际社会迅速做出了反应，抗议伊拉克的侵略行径。紧接着，几乎是世界每个角落都在高呼："伊拉克立即从科威特撤回去。"伊拉克侵占科威特的当天就立即宣布：萨巴赫家族已被推翻。联合国安理会为此迅速召开了紧急会议，通过了有关海湾危机的第一个决议，即660号决议："1. 谴责伊拉克入侵科威特；2. 要求伊拉克立即无条件地将其所有部队撤至1990年8月1日所在的据点；3. 要求伊拉克和科威特立即进行谈判以解决它们的争执，并支持这方面的一切努力，特别是阿拉伯联盟的努力。"

侵、吞并科威特严重破坏了国际社会已经承认并且需要保护的基本准则，很难获得国际社会谅解。

作为国际社会中最重要的成员，美国如果对海湾危机的反应落后于国际社会，便会在赢得冷战的迹象日益明显之时，陷入巨大的政治被动，将容易导致冷战对手苏联站在道德制高点上令美国蒙羞，有损于美国的国际形象，更有损于美国在西方的领导地位和在中东的战略地位。因此，当海湾危机刚刚爆发时，立即做出反应的美国面临两项挑战：一是制止伊拉克可能做出威胁更大的举动；二是惩罚伊拉克。前项挑战是直接而紧迫的，后项挑战虽然不是直接和紧迫的，但却需要美国从国际秩序的未来和美国的地位出发全面谋划运作。

中东对美国之所以重要，直接因素是石油。如果伊拉克吞并科威特，它将掌握更多石油，有更强的能力通过控制石油产量来操纵石油价格，进而威胁美国及盟国的经济与安全。所以，美国最担心的是伊拉克吞并科威特之后，趁势再入侵石油储量更大、军力孱弱的毗邻国沙特阿拉伯。即便伊拉克在入侵科威特后罢手，美国如果默认甚至接受既定的入侵现实，在苏联日益衰弱之际，石油储量增大的伊拉克也可能给美国主导中东秩序制造越来越大的威胁。

海湾危机爆发当天，美国需要立即表明自己的立场是与国际社会一致的，并明确告诉伊拉克和国际社会，伊拉克入侵及吞并科威特使中东地区安全、美国及其盟国安全均受到威胁。第二天，"布什紧急召开国家安全会议"①，立即发表正式声明，不仅强

---

① 参加会议的人员包括：国家安全顾问斯考克·罗夫特、中央情报局局长韦伯斯特、安全委员会顾问中东问题专家哈斯、总统经济顾问博金斯和国防部副部长沃尔福维茨等人。在会议召开之前，美国国防部下令正在印度洋迪戈加西亚岛附近的"独立"号航空母舰战斗群驶向波斯湾，正在地中海的"艾森豪威尔"号航空母舰战斗群，准备驶入红海。另外，有两架此前驻扎在阿联酋的美国空军KC-X35空中加油机奉命原地待命。

烈谴责伊拉克入侵科威特，要求伊拉克立刻无条件地撤军，还特别强调伊拉克占领科威特并企图恫吓或侵略、支配沙特阿拉伯，对美国的国家利益构成了严重威胁，美国需要对此做出有力反应。随后，为了配合这一声明，布什总统签署了一项行政命令，对伊拉克实施贸易制裁、冻结伊拉克与科威特财产。这份声明与国际社会的步调相一致，甚至影响了国际社会在随后通过决议的进程，成为美国在未来取得国际社会法理和舆论支持的前奏。

基于声明，美国开始了实质性战略运作。首先，美国主动与苏联接触。目的是即使无法争取苏联支持美国未来可能的军事行动，至少也避免苏联从中作梗。此时，苏联国内积弊横流，极力希望与美国共同结束冷战。当美国争取到国际社会的道德制高点，苏联即便是为维护国际形象，也无法反对美国，对美国可能采取的军事行动进行制衡更无从谈起。

其次，美国推动国际社会共同制裁伊拉克。由于石油成为世界性"工业血液"，以美国为首的工业国家无法容忍伊拉克通过操纵石油产量和价格带来的威胁。并且，与工业化国家的贸易关系对许多国家的经济、政治、社会具有举足轻重的影响。因此，伊拉克入侵及吞并科威特的本质，不是威胁美国主导的工业化国家集团，而是触犯了国际社会"众怒"。共同制裁伊拉克的国际共识很快达成。联合国安理会自8月2日—9月25日以少有的速度和一致性通过了一系列决议，不仅强烈谴责伊拉克，还决定对伊拉克实施经济制裁和禁运、封锁，甚至在决议中出现了"采取一切必要手段"这样的措辞。

再次，布什总统争取国会支持。根据美国政治体制的特点，布什为了避免党派斗争牵扯精力，需要推动国会两院通过制裁伊拉克的法案。由于石油产业在美国政治和经济体系中的重要地位，国会两院顺利通过该法案，使布什总统在未来任何可能的行动有了明确的法理依据。

最后，伴随着政治、外交、经济准备，军事行动自然会紧锣密鼓地进行。布什总统于8月7日批准实施"沙漠盾牌"计划，大批美军部队开始向海湾地区集结。在越南战争阴影尚未完全褪去的时代，美国民众和国会两院对陷入长期战争的可能性非常敏感。因此，当美军开始越南战争之后的最大规模的集结时，布什总统马上向民众做出解释与预先通告，既希冀获得民众和国会两院支持，又提前使民众和国会两院对可能超出预期的战争做好心理准备。

美国政府成功处理海湾危机，离不开三个因素：

首先，美国政府充分发挥媒体作用。美国媒体在重大关头的作用被发挥到极致并非源自美国。在海湾危机中，美国政府坚定而明确的态度通过发达的媒体向全美和国际社会传播，无疑契合了国际社会的舆论氛围，尤其是盟国的心态。布什总统在批准实施"沙漠盾牌"计划的第二天，通过电视讲话明确了美国处理海湾危机的四项原则："1.所有伊拉克军队必须立即无条件地全部从科威特撤出；2.恢复科威特合法政府，取代傀儡政权；3.致力于波斯湾地区的安全与稳定；4.保护美国公民的生命安全。"最后特别说明："任何人都不应怀疑我们的和平愿望，但也不能低估我们对付侵略的决心。"[①]媒体几乎成为美国政府的"发言人"，表明美国政府在明确目标和坚定决心的同时，还向民众和国会表明政府将对公民生命安全承担责任，更向国际社会表明，是美国，而不是苏联，承担起处理海湾危机、维护海湾地区和平与秩序的领导责任。

其次，美国获得了最重要的盟国——英国的有力支持。英国是第二次世界大战爆发后美国最重要的盟友，在美国领导的北约军事力量体系里，英国皇家海军实力仅次于美国海军，并经历过马岛战争，是第二次世界大战之后唯一经过大规模实战锤炼的海

①　军事科学院军事历史研究部：《海湾战争全史》，86页，北京，解放军出版社，2000。

上军事力量。最重要、最有战争经验的盟友的支持对美国处理海湾危机举足轻重。海湾危机爆发时，正值极为重视美英特殊关系的撒切尔夫人担任首相，"她在担任英国首相期间，使美英特殊关系在继丘吉尔两次担任首相之后出现了又一次高峰。况且，1982年的英阿马岛战争，如果没有美国的支持，英国将不可能顺利取胜"①。无论是领导人偏好，还是历史情怀，英国对美国的支持力度都是最大的。

最后，美国获得了欧共体的共同支持。海湾危机爆发当天，欧洲共同体12国外长就在比利时首都布鲁塞尔开会，一致谴责伊拉克入侵科威特，要求伊拉克立刻从科威特撤军。其中，伊拉克入侵科威特当天，法国总统弗朗索瓦·密特朗中止休假，召开内阁紧急会议，研究海湾局势和对策，并派出海军两艘驱逐舰赶赴海湾，8月6日，又派出一艘护卫舰增援。欧共体中最重要的国家——法国开始采取军事行动，意味着欧共体对美国军事行动的积极响应。法国甚至在英国之前，即布什总统批准实施"沙漠盾牌"计划的同一天，宣布向海湾地区派出军队，其中包括向沙特阿拉伯派驻地面部队和军事顾问，并将"克莱蒙梭"号航空母舰派往波斯湾。地面部队的调动显然比战舰、战机调动更具政治和心理效应。"法国显示出的参与解决海湾危机的愿望非常强烈，但是希望保持一定的独立性。"②因为自从戴高乐时代开始，法国便与美国保持着盟国间的独立性，比如法军作战指挥系统与美军主导

① 伊拉克入侵科威特时，撒切尔正在美国访问，于是她与布什总统发表联合声明，严厉谴责伊拉克入侵行为，要求伊拉克立即无条件地从科威特境内撤出所有军队。8月3日，当布什宣布对伊拉克实施贸易制裁并冻结其财产后，撒切尔也立即宣布英国将冻结伊拉克和科威特在英国的所有资产。同日，英国国防部表示将"积极配合"美国的军事行动，并于8月6日下令两艘海军护卫舰驶往海湾地区，与在那里执勤的唯一一艘英国军舰会合，执行联合国对伊拉克的制裁决议。布什宣布批准实施"沙漠盾牌"计划的次日，英国也随之宣布向海湾地区部署军队。

② 法国国防部长舍韦内在解释法国向海湾地区派兵时指出："法国的军事力量在海湾地区不是用于进攻伊拉克，而是承担四项任务：一是对伊拉克构成威慑；二是向沙特阿拉伯、阿联酋、卡塔尔等国提供可能的物资援助；三是执行联合国安理会对伊拉克实行禁运的决议；四是保护该地区法国侨民的安全。"

的北约作战指挥系统是不兼容的。

英法派兵对美国是实质性支持。"至于日本和其他海湾亲美国家，因为对它们极为重要的石油需要美军保护，美国并没有花费多少精力说服它们支持美国出兵。"①此时，战争的军事指挥系统尽管没有完全组建，英法两国军队与美军指挥系统保持相对独立性，但美国已经没有必要急于要求英法军队置于同一指挥体系之中。一是从萨达姆拒不妥协的态度看，美国动武解决危机的可能性随着军事部署的深化而越来越大。美国必须专注于自己的战争准备；二是联合国和国际社会已经形成一致意见，如果动武，将以美军为主，如果其他派出部队的国家军队要想提高战争之后的影响力，肯定需要主动与美军协调；三是随着派出部队的国家越来越多，美军根本不愁有其他国家军队主动加入美军指挥体系。基于以上三点原因，美军并不急于在刚刚宣布增兵之时便要求确定联军指挥体系。

美军和其他西方国家军队开始源源不断地到达海湾地区，意味着除非伊拉克同意所有条件，开战就是唯一结局。8月12日，"伊拉克提出解决海湾危机中的建议时，美国立即表示拒绝"②。其实，伊拉克主动提出谈判即使没有缓兵之计的图谋，也在暗示让步的可能。这反倒令美国更加坚定了"不同意所有条件就动武解决"的决心。因此，美国的增兵速度与谈判的可能性成反比的事实已经形成。伊拉克于9月21日发表"绝不撤军"的声明，尽管

---

① 8月12日，当美国已经开始陆续派出部队奔赴海湾时，正式向日本提出三点要求：一是向中东派遣工作人员；二是增加负担驻日美军的经费；三是研究部署空中预警机。

② 伊拉克提出的解决海湾危机的建议主要有三点内容：一是根据联合国安理会规定的原则来同时解决中东地区一切被占领的问题，以色列立即无条件地从它所占领的巴勒斯坦、叙利亚和黎巴嫩领土撤出，叙利亚军队从黎巴嫩撤出，伊拉克和伊朗相互撤出各自占领的地区；二是对于科威特今后的安排，应该考虑伊拉克传统的领土权利并保证科威特人民决定自己前途的权利；三是要求美国和其他外国军队立刻撤出沙特阿拉伯，由一支阿拉伯军队代替。但是，布什认为："这些最新条件和威胁，是又一个旨在使人们转移对伊拉克的孤立状况的注意力和造成一种新的现状的企图。"

国际社会和一些其他国家从未放弃和平努力，美国也没有予以反对，但是，"人质危机"①导致所有和平的希望被彻底打破，和平大门彻底被关闭使美国所有行动都变成了围绕战争的准备。

美国出人意料地高效反应并迅速成为国际社会应对海湾危机的"领导"，其内部原因是美国政府对石油作为重要战略资源的敏感以及全面的外交与战争准备，而外部原因主要有两个：一是伊拉克引起国际社会强烈反应之外，无视国际社会一致的立场，"仍然愚蠢地一意孤行，使自己陷入无可挽回的孤立"②；二是苏联已经没有制衡美国的意志与能力。苏联曾经是伊拉克最强大的盟友，伊拉克最精锐的共和国卫队的装备均从苏联引进。然而，"既无心也无力与美国对抗的苏联一改冷战习惯，破天荒地与美国站在一起"③。尤其是伊拉克与国际社会顽固地唱反调，美国无须担心苏联的掣肘，可以集中精力进行战争准备。

战争史上，从来没有最后的赢家是经过完全和充分的准备再

---

① 8月16日晚上，入侵科威特的伊拉克军队，强迫在科威特的美国人和英国人到科威特的一家旅馆集中。8月17日，伊拉克议长萨阿迪•萨利赫宣布："所有敌视伊拉克的国家的公民都不得离开科威特和伊拉克，直到有充分的证据表明对伊拉克人民的战争威胁已不复存在。"8月18日，伊拉克政府正式宣布，它将反对伊拉克入侵科威特且滞留在科威特和伊拉克的外国人全部扣留，并把他们扣留在可能遭到美国攻击的军事设施、石油设施、公共设施以及饮水净化厂内。很明显，如果美国及其盟国对伊拉克发动进攻，这些被扣留的外国人将是第一批牺牲者。根据1990年8月底统计，被伊拉克扣为人质的西方人达8 000—1万人之多。其中，英国约4 000人、美国约3 000人、德国约400人、日本350人、法国330人、意大利300人。此外，还有荷兰、瑞士、加拿大等不少国家的部分人质。

② 联合国宣布制裁伊拉克后，伊拉克政府于8月8日宣布伊拉克与科威特合并，组成"统一的国家"。8月17日，伊拉克政府扣留外国公民。8月28日，宣布科威特为伊拉克的第19省。最严重的事件是9月14日，伊拉克军队强行闯入法国、比利时和荷兰等国驻科威特使馆，带走法国武官等人。

③ 苏联在伊拉克入侵科威特当天，便发表声明谴责伊拉克入侵行为，要求伊拉克军队立即撤出科威特，甚至在声明中提到："伊拉克对科威特的侵略完全违背阿拉伯国家的利益，给中东冲突的解决制造了新的障碍，与国际生活中的积极、进步潮流背道而驰。"同时，苏联国防部宣布暂停对伊拉克的武器供应。第二天，美苏外长在莫斯科晤时发表了措辞严厉的联合声明。在随后的联合国安理会上，苏联对制裁伊拉克投赞成票。9月9日，戈尔巴乔夫在赫尔辛基晤什时表示："只要危机存在，美苏就将配合起来反对侵略。"同时，为了获得沙特40亿美元的财政支援，戈尔巴乔夫又宣布将与沙特展开复交谈判。

一击而胜的。然而，美国却能够在开战前不受威胁地从容部署50万大军，这在战争史上实属罕见。美国顺利进行直接的战争准备除去伊拉克只知被动应付之外，还主要得益于两个方面：一是富有战略远见的指挥准备。根据1986年通过的《戈德华特－尼科尔斯法》，美军在全球按照区域划分并建立数个战区联合作战指挥部，其中分管中东地区的战区联合作战指挥机构为中央司令部。依照美军高级指挥岗位的人事安排制度和惯例，战区最高司令官一般由陆海空将领轮流接任。1989年，时任中央司令部最高司令官的一名陆军将领到达任职年限，按照常理，应当由海军或者空军将领接任。但是，时任国防部长的切尼和参谋长联席会议主席鲍威尔向布什总统建议，鉴于苏联软化冷战对抗立场和中东地区力量格局变化，美国在中东面对的最大威胁变成具有野心的地区性大国。如果要对这样的地区性大国采取军事行动，陆军部队将成为最终的决胜力量，因而应由另外一名陆军将领接任。这一建议得到布什总统采纳。他任命施瓦茨科普夫将军为中央司令部最高司令官。美军中央司令部总部设在美国本土佛罗里达州的坦帕，施瓦茨科普夫将军可以专心研究中东地区的战略形势和应对计划。因为如果中央司令部设在中东某个地区，最高司令官专职进行研究作战指挥的主要精力将受到诸多外交事务和民事活动的牵扯。

　　从里根时代开始，美国一直将伊朗作为中东地区的最大威胁。但是，两伊战争后的伊拉克却被美国认为是另外一个潜在的威胁。之后，美军就可能针对伊朗和伊拉克的军事行动开始制订一系列军事行动计划，名为《防御阿拉伯半岛作战计划》①。这套计划经过多次演习检验和修正，成为可操作性非常强的用兵指南。当海湾危机爆发后，中央司令部立即根据这套作战计划开始

---

① 又名"90—1002"计划。1990年7月，美军中央司令部根据该计划举行名为"内部观察90"的指挥部演习，对该计划草案的战术方案、后勤计划和所需兵力进行了检验。

指挥所有军事行动。

作战计划可能由于行动设想与现实南辕北辙而无足轻重，但制订作战计划本身却举足轻重。《防御阿拉伯半岛作战计划》中有一个重要的设想是伊拉克入侵沙特阿拉伯后，美国应立即作出军事反应，利用15周左右时间向阿拉伯半岛部署约10万兵力并击退伊拉克入侵兵力。尽管该计划起初的设想是伊拉克直接入侵沙特阿拉伯，而现实却是伊拉克直接入侵科威特。但是，《防御阿拉伯半岛作战计划》使美军搞清楚了沙漠战场对作战行动的影响和怎样灵活应对战略形势变化。以《防御阿拉伯半岛作战计划》为基本依据的指挥部演练，使施瓦茨科普夫明确和掌握了中东沙漠地区对美军装甲部队、直升机部队和航空兵部队作战行动的影响。当指挥部演练的报告呈送给美国国防部后，美国国防部立即根据报告指出的情况，制定了各个军种部队装备、训练和后勤等各个方面的改进方案，其中做出的最重要决定就是，扩大采购"爱国者"防空导弹，并迅速向海湾地区部署。指挥部演练和"爱国者"导弹的部署，是与布什总统作出出兵海湾的决策并向国际社会宣布向海湾地区派兵的两个战略步骤有序衔接的。因此，经过检验的"90—1002"号作战计划成为具体军事行动的基本依据，为美国和多国部队在海湾迅速部署军队打下了良好的基础。

先期制订的有翔实的情报支撑和经过系统研究过的作战计划，使美军中央司令部在危机爆发的第一时间就掌握了主动。1990年8月2日上午，中央司令部最高司令官施瓦茨科普夫向国防部长切尼、参谋长联席会议主席鲍威尔和其他高级将领汇报时，提出了两个行动的设想：一是对伊拉克的目标进行单纯的报复性空袭。由于美国在中东没有陆军和空军驻军，对伊拉克的空袭要由美国海军的舰载机来实施，空袭的目标包括入侵科威特境内的伊军部队、伊拉克境内的军事目标、输油管道以及海上的伊拉克油轮。这种攻击是有限的、惩罚性的，对伊拉克的军事和经济力量难以造成重大打击。二是向海湾部署空中和地面部队，先稳定防线，待达到一定规模后再展开反击。

前线指挥部快速反应和有效的策略准备，使国家最高当局有的放矢地会商应对措施。施瓦茨科普夫向国防部长和参谋长联席会议主席汇报结束当晚，布什总统指示国家安全顾问斯考克·罗夫特牵头召开国家安全会议，讨论所有可能的军事反应。讨论结果就是立即向海湾地区增派陆军、海军、空军和海军陆战队力量，以应对伊拉克对沙特阿拉伯可能的攻击，行动代号为"沙漠盾牌"。

应对危机的精髓是军事反应速度。海湾地区与美国本土的空中距离为1.1万公里、海上距离为两万公里。如果从美国本土向海湾地区增派兵力，空军和空中运输是决定军事反应速度的关键。美国总统布什下令实施"沙漠盾牌"行动后24小时内，首批48架F-15战机便从各自基地起飞，在连续飞行15小时、经过12次空中加油后抵达沙特阿拉伯。与此同时，美国陆军空降第82师先头旅1个突击连乘坐空中运输机抵达沙特阿拉伯。随后三周内，美军总共有400余架先进战机进驻沙特阿拉伯等30多个海湾国家，随即与伊拉克军队形成对峙态势。

为尽快适应战场，也为了宣示决心并进行心理震慑，美军各军种部队几乎一抵达集结地便展开临战训练。1990年9月13日，美军第一架A-10对地攻击机从德国法兰克福空军基地飞抵沙特阿拉伯空军基地，第二天便投入临战训练。此前，驾驭这种对地攻击机的飞行员习惯了欧洲布满森林和起伏不平的丘陵草原地形，对中东与天空连成一片的沙漠地带感到陌生。因此，刚刚展开临战训练时，尤其是模拟对地攻击时，难以辨别飞行高度，甚至出现过训练中坠毁事故。然而，中央司令部不为所动，坚持高强度临战训练。随着抵达海湾地区的部队规模不断扩大，临战训练不断加强。

临战训练的另外一个重要意义是，指挥员通过评估临战训练情况，来评估部队和重要武器系统在沙漠地区的实际作战能力。比如，空中作战司令官霍纳中将在率领参谋班子制订空中作战计划前，便专门全程研究了空中战机从单机作战训练至小型编队合练、再到多机型协同演练，并以此作为依据，决定按照每昼夜2 000—3 000架次强度制订空中作战计划。后来的空中作战证明，建立在对部队实际训练水平客观评估基础上的作战计划的可靠性比较强。

美军不仅将临战训练当作作战准备和心理威慑的重要环节，还在其中贯穿先期作战行动，即对伊军进行试探、干扰、削弱、麻痹。从1990年10月开始，美军开始试探伊军防空系统和电子战系统。空军多种战机在伊拉克周边上空进行飞行训练时，RC-135侦察机侦测伊军电子信号，并对其进行强烈的干扰。类似这样的试探和干扰迫使伊拉克为避免暴露目标关闭所有雷达和电子侦测设备。直到1991年1月17日开战日，伊军大多数雷达甚至处于未开机状态，以至于当美军炸弹落下后，伊军才发现自己已经遭到攻击。

美国针对海湾危机的军事反应快速而又高效，对盟友产生了巨大的触动。美军在沙漠盾牌行动中体现出来的决心与效率，使英国、法国、德国等认识到，快速高效的军事集结，对于在海湾危机中的地位、利益非常重要。英国开始了代号为"格兰比行动"①的大规模军事集结，法国和德国的军事集结也接踵而至。西方盟国大规模军事集结显示出的坚定政治立场，对于遏制早期可能扩大的危机具有决定性意义。通过军事集结反映出来的战略决心、作战能力及其背后良好的指挥与保障、有素的训练水平，令最容易遭受伊拉克攻击并在阿拉伯国家中具有重要影响力的沙特

---

① 其中最引人注目的是英国皇家空军的快速部署能力。英国国防部下令不到48小时，英国皇家空军一个中队的12架"旋风"战机便到达位于沙特的宰赫兰空军基地。其中有两架战机于到达两个小时后便开始执行空中巡航任务。又仅过了48小时，英国皇家空军另外一个中队的8架"美洲虎"对地攻击机到达位于阿曼中部的塞迈里特空军基地并立即展开空中巡航。

阿拉伯感到安全，在海湾地区传导出强烈的心理保证。

美国及盟国能够顺畅地实施大规模军事集结以达成高效的军事反应，主要有两个因素：一是美军中央司令部不断根据军事集结进展充实新的指挥职能。从作战计划到保障计划、从美军单独行动到联军行动，都需要对原有方案进行大幅删减与调整。尤其是指挥部门的规模不断扩大，战区内兵力调整导致指挥协调任务剧增。美军中央司令部出色地完成了这一任务。二是美国全球军事力量投送体系发挥了至关重要的作用。形成力量优势是军事反应成功的标志。基于全球战略行动需要，美军专门设置了运输司令部，负责向全球运输兵力和投送物资。在海湾危机的军事反应全程中，"美军动用了当时编制内所有约500架远程运输飞机，还临时征用或者租用了220架民航远程运输机编入后备队"[1]。美国还搭建了世界各地向海湾地区的空中和海上运输通道，正是这些可靠的运输通道，将大规模的部队和战争所需物资源源不断地向海湾地区输送。按照参谋长联席会议主席鲍威尔的评价，"沙漠盾牌"几乎将"整个芝加哥搬到中东"。

首战决胜于空中

美国及其盟国针对海湾危机的军事反应，如泰山压顶一般，使萨达姆只能面临两个选择：要么接受全部条件，要么负隅顽抗。实际上，他已无路可退。因为如果他在最后时刻同意执行联合国决议，则会导致其统治地位的基础——个人政治威望遭到毁灭性动摇。随之而来的将是其至高无上的权力地位随时被国际、国内的各种力量推翻和颠覆的可能性激增。对于享有长期权力的

---

[1]　主要机型包括C-5A"银河"、C-141"运输星"、C-130"大力神"等运输机。在海湾危机阶段，美国约有120架运输机往返于美国本土与海湾地区。在开战前一个月，平均每10分钟就有一架远程运输机在海湾地区的机场降落。

政治人物而言，不战而降代表着胆怯后的最大羞辱，未来的政治风险比遭到国外军事打击更加恐怖。所以，当美国获得联合国动武授权时，意味着外交解决海湾危机已无可能。

自立国以来，美国从未深入至欧亚大陆腹地进行大规模战争；朝鲜战争停火之后，美国从未再领导"联合国军"作战；越南战争结束后，美国也从未派出规模庞大的联合部队赴亚洲作战。美军奔赴海湾地区是其战史上的里程碑事件，决定着军威士气，更决定着美国的国运走向。因此，首战意义不言而喻。

从普遍的战争经验看，首战的战略效果取决于两个方面：一是能否振奋士气；二是能否获取战场主动权。作为远征之师的美军必须在最后期限过后尽快主动攻击，而不能让伊军以逸待劳先行开火。否则，美国在国际社会的威信和美军对多国部队的指挥权威容易遭到削弱，美国主导战争的政治与外交走势的努力将受到极大制约。因此，美军决定主动攻击的首战，如果要想获得战场主动权并进而提升多国部队士气，必须达成三个方面的战术效果：一是尽快削弱、摧毁伊军攻击性作战力量、指挥控制能力；二是令萨达姆和伊军感到一旦遭受攻击，难以还击而无法重新夺回主动权，甚至感到求胜无望；三是形成多国部队之间有利于美军主导的顺畅、良性的指挥关系。

因此，首战的重点打击目标是伊拉克军政领导指挥系统和伊军防空部队。打击军政领导指挥系统包括对萨达姆政权机构和电视台、伊军重要指挥机构与情报机构、重要雷达站、电子侦测系统等的精确打击。对军政领导指挥系统的打击务必达成两个目标：一是使萨达姆无法使用先进的指挥手段、通过指挥机构对政府、军队、情报机构实施有效指挥，从而削弱其抵抗意志；二是使伊军失去在电磁领域和对空中目标的感知与侦察能力，令其难以明确掌握美军攻击的武器手段、攻击发起的时机与强度，无法准确判断战场现状与发展。

　　打击防空力量包括对防空雷达、防空导弹陆地、高炮部队、机场和空中战机的精确打击。根据作战计划，美军首先要取得绝对制空权。美军先进战机想要最大限度地保证空中安全，最大限度地减少可能战损，就应先剥夺伊军防空和空战能力。其中，伊军防空力量是美军空袭的最大威胁，只要消除了这一威胁，美军将彻底获取战场主动权。

　　有人认为，沙漠风暴行动是空军取得战争胜利的明证。但是，空军大放异彩的背后却有着陆军默默无闻的支援。首战中，尽管陆军行动规模小，但对于空中进攻战役却具有不可或缺、决定性意义的战略影响。

　　靠近伊拉克与科威特边境地区的伊军雷达站和电子侦听站是能最早侦察到美军攻击信息的战场感知系统。因此，首战能否顺利达成目的，成功打击这个系统是关键。美军可选择的打击手段和方式有四种：一是利用先进的空军或者海军战机进行精确轰炸或者对地攻击。但它们航程远、飞行高度高，无法直观评估打击效果；二是利用海军舰艇上的远程打击手段（如"战斧式"巡航导弹）精确打击。这种打击方式也无法直观评估效果；三是利用精锐特种部队实施突袭，虽然可以直观进行作战评估，但将面临人员伤亡的风险。在无孔不入的现代媒体对战争全方位曝光的西方社会，首战便有军人伤亡，政府要经受巨大的政治与社会压力；四是利用武装直升机实施攻击。武装直升机不仅机动速度快，而且由于攻击距离近，可以通过搭载的人员实时观察攻击效果，即时就可决定是撤离还是进行后续行动。它的风险比使用特种部队小，可以弥补战机和导弹攻击的不足。所以，美军在1月17日首先使用"AH-64阿帕奇攻击直升机"[①]对伊拉克与科威特边境地区的雷达站实施突袭。陆军航空兵的使用表明了联合作战的本质，

---

① 它于1984年服役，主要用于打击坦克、装甲车和杀伤地面有生力量，共携带16枚激光制导的"海尔法"反坦克导弹或76枚70毫米火箭弹。

各个军种无法离开其他军种决定性的行动支援。海湾战争说明了空中作战直接影响陆权，而战术规模的地面作战对制空权可能产生重要影响。

早在1990年10月，美军对伊拉克全境内的雷达站和电子侦听站实施干扰和试探，迫使伊军大多数预警雷达为躲避侦察并未开机。1991年年初，美军达成突然性的条件比较成熟。1月17日清晨3点，美军四架从沙特阿拉伯军事基地起飞的"阿帕奇"攻击直升机，经过两小时贴地飞行，直接摧毁了伊拉克边境上的三座防空雷达站。

代号为沙漠风暴①的美军和盟军联合大规模空袭由此开始。随后，"F-15E战机和F-117A隐形轰炸机"②与从航空母舰起飞的A-6E攻击轰炸机在该区域上空如入无人之境，摧毁了巴格达附近的防空导弹阵地，B-52重型轰炸机从路易斯安那州的巴克斯代尔空军基地经12小时不间断飞行，在E-3空中预警机的支援和F-15战机的护航下，对位于伊科边境、伊沙边境、巴格达地区的防空导弹实施了"地毯式"轰炸。同时，美国海军EA-6B和空军EF-111电子战飞机对巴格达地区的防空雷达实施强烈的电磁干扰，F-4G"野鼬"战机发射反辐射导弹，摧毁伊军多处预警雷达。由于在首日突袭中，出现了许多位置不确定的防空火力点和防空导弹发射架，美军便在空袭次日利用平时作为靶机的无人机

---

① 沙漠风暴行动从1991年1月17日开始，共持续38天。美军1 800架战机和盟军435架战机组成的空袭机群，平均每日出动3 000余架次，对伊拉克政治、经济和军事目标进行了打击，有效地夺取了制空权。其中，在战争第一周便出动战机10 000多架次，轰炸伊拉克及科威特境内约600个目标。

② F-15E战机于1989年服役，海湾战争是其首次用于实战。它加装了前视红外／激光跟踪、低空夜间导航和红外目标瞄准吊舱系统，能在黑夜恶劣气候条件下实施攻击。F-117A隐形轰炸机也是首次被用于实战当中。它装配有红外搜索跟踪系统，当时并没有能够侦测到它的雷达，它能在夜间从50米低空飞行并完成轰炸任务。这两个轰炸机都装有近、中、远程空空导弹及各种集束炸弹、精确制导炸弹。其中，最出彩的是F-117A隐形轰炸机。1月17日凌晨，美军出动一架F-117A，投下一枚905公斤的精确制导炸弹，命中伊拉克政府的通信中心大楼。之后，又出动30架次，对总统府、空军司令部及"飞毛腿"导弹库等重要目标实施精确打击。

作为"诱饵"。由于这种无人机在雷达上显示与真实飞行器相差无几，它成功地引诱伊拉克防空部队开火，从而将位置暴露给正在上空巡航的战机。首战之时，美军便通过突然和猛烈的空袭，展示出充分的准备、良好的指挥协同能力和出人意料的理想的轰炸效果。

沙漠风暴行动持续38天，取得巨大成功，表面上是因为有利于发挥美军先进侦察与精确打击优势的沙漠战场、萨达姆和伊军落后的作战思想，但根源却是以下三个方面：

第一，美军具有先进作战思想的前线指挥员。美军中央司令部最高司令官施瓦茨科普夫虽然出身于陆军，但指挥素养却并非囿于地面作战。海湾危机爆发当日，美国并没有一个专门针对伊拉克萨达姆政权及其军队的详尽的全盘计划。但是施瓦茨科普夫向国防部长和参谋长联席会议主席汇报时认为，无论以何种方式来应对伊拉克制造的危机，都首先应尽快向美军部署于沙特阿拉伯和其他可能遭受侵略的中东国家表明美国的立场与决心。他认为，美军应当尽可能利用技术装备、情报优势，以空军为先锋，在海湾地区形成海、陆、空的立体部署态势。当布什总统指示国防部立即组织美军部队大规模进驻海湾地区后，他立即责成中央司令部的空军司令霍纳中将组建一个包括空军作战参谋、情报和后勤人员在内的计划班子，专门制订空军向海湾地区部署与作战的全面计划。在开战前确定作战编组时，"施瓦茨科普夫打破陆海空三军军种樊篱，命令海军战机部队与空军合并而成空中作战集团，统一由霍纳指挥"①。

越南战争中的美军有一个极为重要的教训是，各个军种控制自己的战机，以至于空中作战自成一体，难以形成集中轰炸的效

---

① 施瓦茨科普夫在制订空中作战计划时，对参战的陆军、海军、空军和海军陆战队的高级指挥官们说："我们只需要一个空军司令，那就是霍纳……作为联合部队总司令，根据美国有关法令，他有权做出这样的决定。"

果。施瓦茨科普夫这一打破军种建制界限的作战编组，在第二次世界大战结束之后尚属首次，反映了联合作战在未来的重要趋势之一，即联合作战只有战场和作战功能区分，没有军种区分。后来的事实证明，作战思想先进、头脑迅捷、对意外情况反应有力的施瓦茨科普夫，超越了自身军种的知识与技能局限，充分利用空中优势，对于赢得战争极为关键。

第二，空中作战阶段有序衔接。空中作战的战略价值主要有三个方面：一是摧毁敌方防空作战力量和空中作战力量，获得制空权；二是打击敌方军政领导指挥系统、经济设施，降低和削弱甚至完全打垮敌方战争能力与敌方决策层的战争意志；三是对地和对海攻击支援其他军种作战。沙漠风暴行动成为体现空中作战战略价值首创性的典范。

沙漠风暴行动被划分为三个阶段，第一阶段是首战行动，重点打击伊拉克军政领导指挥系统、伊拉克军队防空部队、机场、飞毛腿导弹阵地等防空和空中作战力量以及可能构成严重威胁的核、生、化设施。这一阶段的主要目的是削弱萨达姆及其军队的作战意志和还击能力，尤其是打击和摧毁伊军防空力量和飞毛腿导弹等，消除它对美军及其基地、盟国安全的威胁。第二阶段是持续作战行动，重点打击伊拉克地面部队、军工企业和其他军事设施以及紧密相关的经济潜力目标，使伊拉克失去战争直接能力和战争潜力。第三阶段是支援地面决战行动，全面夺取制空权后，直接打击部署于伊拉克与沙特阿拉伯边境、伊拉克与科威特边境的伊军地面精锐部队，为地面作战奠定基础。其中，打击的重心目标是伊军中最精锐的共和国卫队，不仅打击它的防御阵地、坦克、火炮、直升机等重要目标，还打击增援补给线、交通枢纽等，确保在地面作战前使之孤立无援、后继无力。沙漠风暴行动三个阶段并没有僵化地按照时间顺序进行，而是对各个作战阶段的打击重心进行合理转移，从而使战略空袭向战术性火力支援顺利转换。空中作战阶段有序衔接，使各种战机作战任务分配合理、明确，使美军空中优势得以充分释放，"开战仅仅两周，制空权便已经被美军绝对掌握"[1]。

合理的作战计划总会为灵活应对留有"弹性空间"，利于部队应对预料之外的变化。霍纳中将制订空中作战计划之前，原定的"内窥90计划"明确的空袭目标只有100个，"随后根据各种侦察，最终将战略性目标而非有生力量作为重点打击目标时，空袭目标增加至300个。空袭开始之后，不断发现新的突袭目标"[2]。值得注意的是，美军在实施沙漠风暴行动的全程中，都在不间断地侦察和寻找对地面作战构成最大威胁的飞毛腿导弹及发射阵地，使伊军最为倚重的武器几乎失去了实质作战价值。

美军的政治目标是解放科威特，决定了美军的作战目的是歼灭或者赶走入侵科威特的伊军部队。沙漠风暴不是直接达成政治目标的军事行动，而是达成政治目标的一系列行动中的重要部分。沙漠风暴使美军地面作战在获得绝对制空权的基础上发起，从而最大限度地减小伤亡。因此，仅依赖于空中力量进行的沙漠风暴行动，没有也不可能迫使萨达姆接受联合国的条件。但是，如果没有沙漠风暴行动，美军地面作战难以在100小时内以"微小得几乎可以忽略不计的战损率"[3]获得超出意料的战果。

第三，西方国家与阿拉伯国家的外交联盟稳固。美国即便单

---

[1] 1月30日，空中作战司令官霍纳中将在记者招待会上宣布，多国部队已经掌握绝对的、不可动摇的空中优势。

[2] 美军和中情局分析了大量卫星照片，在接触曾到过巴格达的科学家和曾在伊拉克承担过建筑项目的承包商，了解伊拉克经济和军事设施的技术人员之后，才划定空袭范围和确定空袭目标。随后，在空袭过程中，还专门寻找萨达姆行踪，将其本人作为重要打击目标。

[3] 战前，美国国防部后勤局准备了15 000个装尸袋、46000张抢救床位。中央司令部预测估计伤亡将达5 000人，最乐观的是参谋长联席会议主席科林·鲍威尔，认为阵亡将不超过3 000人。但是，持续42天的作战行动，美军阵亡总数只有146人，其中35人系友军误炸所伤，超低的伤亡率前所未有。

干，军事实力也将占据压倒性优势。然而，在矛盾错综复杂的中东，如果没有得到中东大部分阿拉伯国家的支持，美国与西方盟国便难以在海湾地区顺利展开军事行动。因此，美军展开作战行动最大的障碍，不是伊军，而是威胁阿拉伯国家与以色列的深重矛盾。美国面临的最大军事挑战不在战场，而在外交。如果萨达姆激化阿以矛盾，阿拉伯国家将很难支持美国的军事行动，联盟将可能瓦解。美国不仅会失去领导国际联盟赢得一次战争的良机，更重要的是，在苏联衰落之际，美国巩固全球战略地位的良机也可能转瞬即逝。

伊拉克攻击以色列引起以色列还击，是激化阿以矛盾的最佳策略。萨达姆能够攻击以色列的武器有两种：一是空军飞机；二是远程导弹，即飞毛腿导弹。"美军绝对的空中优势令伊军飞机即使没有被摧毁也很难起飞作战。"[①]因此，伊军发射飞毛腿导弹攻击以色列，是唯一可行选择。飞毛腿导弹无法对美军构成实质性威胁，但却是一种政治武器和心理武器。美国成功劝说以色列不要反击并承诺保护以色列安全，美军"爱国者"导弹多次成功拦截飞毛腿导弹，伊拉克激化阿以矛盾的希望落空。

上述三个原因使美军新型技术装备和空地一体作战思想的双重优势得以完全发挥。

"左勾拳"地面作战

虽然美军在短短两周内掌握了绝对制空权，但是还没有任何迹象表明萨达姆将接受执行联合国决议。为避免萨达姆所希望的

---

① 美军在空袭时担心伊军战机携带核、生、化炸弹实施自杀性攻击，将大量弹药用于轰炸伊军机场，其中有一种被称为"地下杀手"的重磅弹药，每枚重达2 000磅，具有自动延期引爆功能，在炸弹钻入地下10余米后才被引爆。这种弹药使伊军许多躲藏于掩体中的战机被炸毁。

战争长期化，尽快迫使他接受条件而结束战争，完成"最后一击"的地面作战必须付诸实施。即使是布什总统需要树立一个坚定、强硬、"说话算数"的统帅形象，装备精良、兵力达50万的陆军部队也必须卓越地显示战场价值和对战争结局的决定性作用。否则，美国政府与军方，尤其是陆军将失去一个自我表现的契机，甚至难以向美国民众交代。

越南战争的痛苦回忆尚未退却，国内媒体和民众对战争伤亡极为敏感，美国政府与军方必须极力避免美军伤亡。战争常理显示，地面作战比起空战与海战（海湾战争基本没有出现海战）更容易出现大量人员伤亡。因此，美国政府和美军高层在决定是否发动地面作战时，必须考虑两个因素：一是能否在最有利的条件下发动地面作战，最大限度地减少遇到的抵抗和作战难度；二是地面作战能否尽快达成政治目的，而不是仅追求战术性胜利。

空袭的军事效果显著但萨达姆并未就范，令两个条件互为矛盾。首先，美国希望尽快实施地面作战来达成政治目的，必须尽快将空袭重心由单独实施的战略性、战役性行动，转换成支援地面作战行动的联合性战术行动，突袭目标将是伊军地面部队以及支撑其作战的后勤体系。然而，突袭重点打击伊拉克军政领导指挥系统、经济目标等目标时，打击效果相对容易判别，但重点打击伊军地面部队及交通线、弹药库等目标时，打击效果却难以准确判别。美军地面作战将可能遇到成建制、依托有利阵地和坚固设施、后勤补给充足的伊军的抵抗。其次，临近春天，沙漠中特有的沙尘风暴使地面作战面临恶劣天气，不利于美军地面部队发挥情报与机动优势。当然，美国最高当局的一项重要决定有利于尽快结束战争，那就是战争的目的受到政治约束。布什决定美国军事行动的限度仅是解放科威特，之后不再对伊拉克予以军事打击。如果超出这一政治目标，美军空袭和地面作战均可能长期化。

两个互为矛盾的政治考虑和政治目标约束，决定了拥有前线最高指挥权力的施瓦茨科普夫必须进行以下考虑：一是制空权已经牢牢在握，将空袭重点由打击战略性目标转变成打击伊军位于科威特境内和伊沙边境附近的部队、重要武器系统、交通枢纽、后勤补给等的条件已经成熟；二是加强对伊军心理战、电子干扰以震慑伊军，弱化其作战意志、扰乱其部署与机动；三是强化对伊军侦察并评估其在空袭、心理战、电子战中的损失与真实作战能力；四是力争在春天沙尘天气到来之前，歼灭或者赶走科威特境内的伊军部队，结束地面作战。

施瓦茨科普夫在综合权衡了有限的政治目标、空袭效果、恶劣的沙漠气象条件等诸多矛盾因素后，为利用可靠的空袭效果、避免恶劣天气影响，迎合国际国内政治氛围，决定在2月24日发起地面作战。

确定发起地面作战的时机之后，如何设计战术便成为施瓦茨科普夫要考虑的中心问题。从各种条件看，战术设计的基本准则应当是速决、限定战场。速决，即力争在最短时间内使伊军丧失抵抗能力；限定战场，即力争将战场范围限制在科威特境内，尽量不深入伊拉克境内。这两条准则是合理的，既符合战争的政治约束，又有利于避免长期作战而增大伤亡。这两条准则是建立在准确评估伊军作战能力的基础之上提出的。部署于伊沙边境和科威特境内的伊军，无法得到有力的空中支援和来自伊拉克境内纵深的远程打击力量的火力支援，更处于后勤无继的疲惫虚弱之状。这样的态势预示着伊军无法提前撤退或者进行机动防御，美军只要切断其退路，便可将其全歼。另外，一马平川的沙漠地形和伊军落后、暴露无遗的线性防御部署，美军仅凭卫星、侦察机便可对伊军部署、机动、后勤甚至官兵状态了如指掌。

伊军在科威特境内共有42个师，形成以科威特首都科威特城为中心的集团式防御部署。科威特东部沿海地区及浅近纵深部署

9个师；南部科沙边境附近部署11个师，构筑有多层战壕与工事障碍（名为"萨达姆防线"）；西部科伊边境附近部署5个师；北部伊拉克南部重镇巴士拉附近部署最为精锐的共和国卫队7个师。在平坦沙漠地带的梯队形兵力部署已经非常明显地暴露了伊拉克决策层的战略意图和伊军作战企图。

首先，伊军中最为精锐的共和国卫队部署于伊拉克境内靠近科威特的重镇附近。这样的纵深部署足以说明，伊拉克决策层根本就没有考虑过主动发起进攻，也没有打算充分利用精锐的共和国卫队实施有利条件下的机动作战，只是希望利用防御作战令美军无法进攻得手，再择机实施总反击。伊军昧于美军先进兵器与战法现实，落后保守的防御作战思想、一厢情愿的作战构想，使美军无须考虑伊军反击威胁便可从容决定、选择发起地面作战的时机、方向、路线、方式等。

其次，伊军围绕科威特城的数个方向几乎平均分配兵力，表明伊军无法准确判断美军主要进攻方向而四处分兵把守，既要在海岸一线防止美军登陆，又要在陆地边境方向上防止美军侧翼迂回机动突击，还要防止美军在沙科边境正面突击。四处分兵把守的防御体系，无法灵活进行机动增援，处处防范导致处处薄弱，只要一处防线遭到突破，整条战线皆溃。

造成伊军如此部署的直接原因有三个。其一，伊军缺乏对美军作战能力的深入研究。从作战能力而言，美军是典型的攻强守弱之师。如果伊拉克军队无法发起攻势或者无力发动攻势，被动挨打就意味着输掉这场战争。主动发起攻势，尽管最终无法挽回败局，但至少可以给美军造成令其极其苦恼的伤亡而不至于颜面扫地。其二，伊军没有从空袭与反空袭作战中发现美军的作战规律。美军在持续的大规模、高强度的空袭中，对伊拉克政治、经济和军事目标等多个目标同步打击，令战场前方后方之分消失。作为伊军精锐的共和国卫队，即便部署于伊拉克境内，也无法保证能够安全无虞地准备与待机。其三，伊军精锐的共和国卫队部署于境内作为反击之用，却将其他部队部署于最靠近美军之地。这显然反映了萨达姆治军之道的政治褊狭，将最"出彩"、最安全的任务赋予亲信的共和国卫队，却将最艰危的任务交与其他部队。治军方面的政治褊狭严重削弱了其他部队的作战意志。美军只要击溃其他部队，即能孤立共和国卫队；或者只要击溃或者歼灭共和国卫队，萨达姆便毫无"本钱"，只能接受全部条件。

作战部署暴露作战企图。萨达姆希望美军掉入他设下的阵地战陷阱，使用非亲信部队迟滞、消耗、疲惫美军，再使用共和国卫队完成"最后一击"，即使无法取胜，也可以在胶着战况中掌握政治谈判主动权。这样的如意算盘，却使美军看到了其致命弱点。伊军庞大的地面部队仅靠两条公路与伊拉克境内连接来运输补给和实施增援，即沿底格里斯河的7号公路和沿幼发拉底河的6号公路。两条公路之间是无法通行的哈马尔湖和大片沼泽。7号公路与底格里斯河多处交叉，多处主要桥梁在空袭中被炸断，已无通行能力。所以，美军只要切断6号公路，无须在战壕、工事、堡垒地带苦战，便可置伊军于孤立而又无法依托阵地的绝境。

美军地面作战的核心是迂回至伊拉克地面作战力量后方，切断退路再实施歼灭。这一后来被形象地称为左勾拳行动的关键性作战主要有两个方面：一是机动性强且规模能力足够的部队完成决胜性的迂回侧击，从而控制6号公路；二是其他方向的有力牵制，配合迂回侧击。

施瓦茨科普夫亲任地面作战最高指挥官，指定陆军第7军、陆军第24机步师、第101空中突击师担任迂回侧击任务。其中，机动能力最强的第101空中突击师和善于沙漠作战的陆军第24机步师，在直升机支援下进行低空机动，绕过伊科边境地区的伊军地面部队防御正面，穿过伊沙边境后以迅猛的动作直插幼发拉底河谷的6号公路。陆军第7军作为主要攻击力量绕过伊科边境后直指巴士拉和科威特城之间的共和国卫队。

第101空中突击师和陆军第24机步师在2月10日突然西调，秘密由沙特阿拉伯与科威特边境地区向西快速机动300公里后抵达达腊夫哈地区，第7军同时向西快速机动200公里，与第101空中突击师、陆军第24机步师形成钳形攻击部署。此次秘密调动前，施瓦茨科普夫拒绝后勤部队提前行动以确保大批战时物资快速前送的建议，理由是避免过早暴露意图。施瓦茨科普夫要求各部队在秘密调动的开进过程中压缩无线电通信，到达各自位置后只能通过有线通信进行联络。

为了支撑这一庞大而秘密的战役机动，美军第101空中突击师和陆军第24机步师频繁地实施低空机动，大量使用直升机进行兵力与物资投送，采取"蛙跳"方式跃进，平均每隔60—100公里就建立一个前进基地。大胆、严谨的秘密调动充分发挥了美军快速机动与远程打击的优势，使美军能够在伊军杀伤性兵器打击范围之外利用伊军防御部署的薄弱处实施突破，直插6号公路与攻击伊拉克精锐主力同步实施。第101空中突击师与第24机步师发起攻击后两天内，就比计划提前36小时切断6号公路，战斗全程中歼敌三个师又一个旅。第24机步师还创造了美陆军师机动攻击速度的最高纪录。"出其不意的突然性对萨达姆和伊拉克前线部队造成极大的心理震慑。"[1]

"左勾拳"的成功离不开有效的欺骗和掩护。迂回侧击之前，美军将大部队集中在战线东段，与科威特境内伊军形成正面对峙，制造了将从正面发起攻击的假象。其中，美第1骑兵师在哈费尔巴廷以北地区沿巴丁干河谷进行机动，做出将从科伊沙三国

---

[1] 军事行动给人的震慑效应来自短时间内的伤亡和补给。由于通信指挥系统遭到破坏，萨达姆无法得知伊拉克军事力量的每日伤亡，但后勤补给的损失却是可知的：在6号公路被美军控制当日，科威特境内的伊拉克地面作战力量所能获得的补给只有不足1500吨。正常情况下，对那些地面作战部队的每日补给应达到2万吨。

边境交会地区发起攻击的假象；美军海军陆战队第1师、第2师在美海军第5舰队的支援下，展开了号称第二次世界大战以来最大规模的两栖登陆演习，甚至有部分海军特种部队抵达科威特滩头进行侦察袭扰，成功制造了美军将实施大规模登陆作战的假象。另外，还有阿拉伯国家联军部队在沙特阿拉伯与伊拉克边境上进行配合性进攻。

萨达姆在地面作战之初便上当受骗，当得知6号公路失守、精锐的共和国卫队遭到围攻时，恍然大悟已晚，只好慌忙下达全军撤退的命令，致使本已士气低落和后援无望的几十万地面作战部队兵败如山倒，只能无条件地接受执行联合国决议。

地面作战迫使萨达姆接受执行联合国决议的原因有两个：一是美军地面作战不拘泥于战术胜利，而是立足于政治目标达成战略效果。比如地面作战开始前一天，萨达姆突然命令伊军弃守科威特城。然而，施瓦茨科普夫并没有被这一唾手可得的战果诱惑，而是命令担负攻占科威特城任务的部队无视这一变化，仍然按照原定计划准备。他认为，美军一旦占领科威特城，便容易向国际社会传递"萨达姆愿意接受联合国决议条件、战争已经结束"的信号，不利于美军按计划展开分割围歼，将会容易导致许多伊军主力逃脱，使萨达姆减少军事损失。

二是左勾拳行动的成功，是对科学地设计整体作战行动、精确高效实施作战控制的褒奖，即处理控制作战速度与作战节奏的成功。美军每支进攻部队都直指伊军重兵集团，但不急于直接交战，而是先快速直插各个战役、战术要点地区，形成分割合围之势，再主动攻击歼灭。美军如果直接进攻伊军重兵集团，不仅迫使伊军负隅顽抗，还难以控制进程与减少人员伤亡。更重要的是，直接与伊军重兵集团交战降低了左勾拳行动达成突然性后的震慑效果。当伊军被分割包围且作战意志崩溃后，美军可相对容易地对伊军部队聚而歼之。

　　左勾拳行动尽管由陆军来直接达成战争政治目的，但本质上却是建立在"巨大的空袭效果"①基础上的空地一体作战。地面作战与空袭是两个连续并存却又复杂交叉的不同作战阶段。空中作战由空袭转为对地面作战的火力支援，对于孤立、分割伊军地面部队至关重要。美军地面作战严重依赖可靠和及时的空中支援。但是空中作战无法直接达成战争的政治目标，必须由地面作战来确定战局。海湾战争说明了陆战已经变为以陆军决胜为主、多个军种联合进行的一体化作战，而非单纯的地面作战行动，各种作战力量相辅相成，而非互相替代。它们的一体化作战效能，大大超过各种作战力量的简单相加之和。

超越军事领域来驾驭战争

　　指挥问题关系战争胜负，这是一条战争通则。高效作战必须依赖高效指挥。海湾战争中的各个国家有着不同的政治和经济等利益诉求，各个国家的军队也有各自不同的作战思想、力量结构、作战传统与习惯。多国部队的指挥问题已经远远超越军事领域，需要复杂的政治和外交运作。越南战争之后，美军从未将如此多样、规模庞大的军种部队和武器系统投入亚洲。海湾战争成为首次落实和检验《戈德华特–尼科尔斯法》、空地一体战等新型指挥体制与作战思想的实践。

　　空中作战和地面作战的有序衔接、阿拉伯联军与以美军为首的联军之间的顺畅协同、涵盖美国最高当局和中央司令部的战略

---

①　根据中央司令部统计，经过五周左右的空袭，部署于科威特境内和伊科边境附近的伊拉克地面作战部队遭到严重削弱。42个师中，第一线14个师的实力已不足50%；第二线有11个师的实力仅仅50%—75%。并且，空袭摧毁了4 280辆坦克中的38%、2 280辆装甲车中的32%、3 100门火炮中的47%。由于战场的复杂性和伊拉克方面难以进行准确显示的原因，这些数字的准确性存在疑问。但空袭对伊拉克地面作战力量的严重削弱是确定无疑的。

指挥体系和涵盖多国部队的战役指挥体系，都功不可没。危机阶段进行军事反应的政治与外交努力和战争过程中灵活控制战局的实践说明，这两套指挥体系运转得非常成功。

在应对危机的军事反应中，直接经受最大考验的不是单个武器系统或者某支参加军事反应的部队，而是国家最高指挥当局与拥有最高前线指挥权力的战区指挥机构之间构成的两套指挥体系。如果这两套指挥体系运转低效而又混乱，政治、外交、军事等将难以高效协调，部队调动与保障也将会无序和低效。美国最高指挥当局主要负责进行军事行动中的政治、外交等事务的决策与协调。中央司令部作为拥有海湾地区最高作战指挥权力的战区指挥体系，既要按照美军计划负责调动部队，也要协调美军与西方盟国军队之间的兵力集结，还要与阿拉伯联军进行协调。两套指挥体系在无孔不入的现代媒体的"摄像机"下运转，稍有差池，沙漠盾牌行动就将深陷被动与危险。

海湾危机爆发当天，美国最高指挥当局便根据《戈德华特–尼科尔斯法》，宣布将军事行动的指挥权全部赋予美军中央司令部，但对政治、外交等重大军事问题进行集中决策与控制。

首先，美国最高指挥当局确定开战时机。当多国部队，特别是美军所有参战部队于1990年12月中旬完成部署与准备时，天气情况非常适合发起攻击。因此，许多军方人士向布什总统建议，只要作战准备充分、天气条件允许，应当积极考虑在联合国安理会规定的伊拉克撤军最后期限之前发起军事行动，以达成突然性。但是布什总统不为所动，坚持必须只能在联合国安理会规定的最后期限之后开战，并向美军参谋长联席会议和中央司令部强调，主要地面战场范围应当尽量控制在科威特境内，在伊拉克境内的军事行动只侧重于打击政治、军事目标，尽量避免打击经济与民生目标。布什总统不希望国际社会认为美国主导联合国军事行动的真实用意并非解放科威特体现国际公义，而是通过控制伊拉克强化自己的地缘政治影响力。

其次，美国最高指挥当局严格限定军事行动，使之完全服从于政治目标。布什总统认为战争的直接目标仅限于解放科威特。当战争进程异常顺利，尤其是当地面作战进展超出预期时，美军总司令施瓦茨科普夫上将甚至有过乘胜直捣巴格达捉拿萨达姆的想法。但布什总统却宣布停火，避免国际社会认为美国凌驾于联合国之上。尽管宣布停火令美军许多将领大失所望，但布什仍然决心用政治目标来控制战争规模。

最后，美国最高当局努力进行政治与外交运作，使美军获得军事行动主导权。美国出动兵力规模最大、武器装备最先进，理应由美军将领来统一指挥整体军事行动。但是，出于尊重阿拉伯国家在海湾地区的政治威信，美国推动成立了两个平行的军事指挥系统：一个是由美军主导的，包括西方盟国和其他国家的多国部队指挥系统，美中央司令部司令施瓦茨科普夫是拥有前线最高指挥权力的总指挥；另一个是由多个阿拉伯国家军队组成的阿拉伯联军指挥系统，最高司令官为沙特阿拉伯王子哈立德将军。另外，由于不同国家有不同的政治立场，美国最高指挥当局同意多国部队内部具有不同的指挥关系，比如美军中央司令部对英国参战部队和法国参战部队具有不同的指挥关系。

照顾阿拉伯国家在中东地区政治威信而成立的两个平行的指挥系统，有利于在多国部队中灵活设置指挥体系和理顺指挥关系，表明了美国最高指挥当局的务实与成熟。如果强调美军是不可争辩的主要指挥者，有权统一划分指挥关系和使用指挥权力，容易使美国在国际社会中被贴上"唯我独尊者"的标签，而不是共同进行军事努力的领导者。正是这种务实与成熟，使美国在战争中和美军在作战中的主导地位均得以凸显，当美军决定发起地面作战后，原本处于平等地位的阿拉伯联军，主动将作战指挥权交由施瓦茨科普夫实际控制。施瓦茨科普夫也充分尊重阿拉伯国家的自尊心，效仿艾森豪威尔让法国军队先进入被解放的巴黎的做法，要求所有美军部队务必让科威特军队最先进入科威特城。另外，由于"法国在让渡陆军部队作战指挥权上出现变化"①，施瓦茨科普夫便让法国陆军担负侧翼警戒任务，将美第82空降师一个旅置于其控制之下。由于"英国完全让渡出地面作战指挥权"②，施瓦茨科普夫将英国皇家陆军编入美国陆军，执行主要攻击任务。

空中与海上作战，政治性意味不如地面作战浓厚，美军当仁不让地行使最高指挥权力。各国军队和美军各军种的空中力量（不含攻击直升机）完全接受中央司令部空军司令霍纳中将的统一指挥。在海上，由于伊拉克无法产生威胁，施瓦茨科普夫只是划分各国海军任务区域，并未实施统一指挥。

美国最高军事当局的政治努力，使施瓦茨科普夫能理顺各种错综复杂的指挥关系，从而集中指挥权力，使来自30个国家、总兵力规模达70余万的多国部队协调一致地行动。尽管美国最高当局进行统一领导，但并没有僵化地集中权力，而是通过在政治、外交、军事等问题上成熟运作，"释放了军事指挥系统的能量，充分发挥了前线指挥员的卓越才干"③。施瓦茨科普夫不仅拥有制订作战计划和督促部队实施的最高权威，还有根据战场实际变化调整应变的临机决断权。从而可以看出，美国军事指挥体系在海湾战争中的优点：

一是尊重前线指挥员评估战况。按照美国最高当局已经批准的作战计划，空中作战两周左右便实施地面作战。突袭两周后，美军也的确获得了绝对制空权。但是，中央司令部发现，实际需要攻击的目标数量远远多于战前计划所确定的攻击目标数量。另

---

① 法军虽曾一度表示仅听令于法国最高当局，但最终也按本国政府指示归属美军中央司令部指挥。
② 开战前夕，英国政府即宣布，海湾地区的英军将完全配属给美军。
③ 美国总统布什曾公开宣称："一旦战争爆发，绝不会束缚将军们的手脚。"

外，浓雾、沙尘和伊军躲藏、隐蔽、欺骗等，令空袭效果在初始阶段并不如战前预期。如果美军坚持按照原计划发起地面作战，很可能遭遇强度意想不到的抵抗。然而，如果美军不实施原定计划，便可能使战争长期化，容易导致国际联盟瓦解。当"施瓦茨科普夫向美国最高指挥当局请求，推迟原定地面作战计划并延长空中作战阶段时"①，总统、国防部长、参谋长联席会议主席等美国国家最高当局的主要成员，几乎一致认为应当根据施瓦茨科普夫的判断来领导战争。他们采纳了施瓦茨科普夫推迟发起地面作战的建议，将原定的1—2周空袭最后延长至5周，使地面作战能够充分利用空袭效果，成功地规避了可能出现大规模伤亡的风险。

二是支持前线指挥官的合理冒险。1990年秋季，施瓦茨科普夫便提出了被他称为"万福马利亚"行动的机动作战构想，即在地面作战发起前10天左右，将地面作战主力突然而隐蔽地向西调动至远离科威特的地区隐蔽待机，当地面作战打响后，再直指6号公路、伊军精锐共和国卫队等重要目标，最后完成对伊拉克南部及科威特的大包围。针对这一冒险性极强的作战设想，美国国防部和中央情报局起初认为不宜采纳，理由是地形平坦无法隐蔽，一旦暴露便容易遭到伊拉克军队设伏，后勤和通信跟随保障的难度较大。针对这些风险、担心和警告，施瓦茨科普夫不为所动，并直接向布什总统和参谋长联席会议主席鲍威尔汇报这一冒险之举，最终获得了批准，左勾拳行动得以取得巨大成功。

三是鼓励前线指挥官创新战法。从20世纪70年代开始，美国陆军奉行空地一体作战理论。空地一体作战的基本方式是，陆军在低空作战力量和空中作战力量的全程支援与掩护下，在战场全纵深内实施主动、灵敏、协调的攻击。因此，特别重视对部署于

---

① 施瓦茨科普夫坚持认为，必须等到空袭对伊军造成40%—50%的损失后，才考虑发起地面作战。

己方纵深地带的机动力量的使用，将其作为最后一击制胜的力量。空地一体作战一般将后勤基地开设在较为安全的后方。然而，施瓦茨科普夫并没有拘泥于空地一体战的教条原则，将全部地面作战力量一次性投入。他在调整地面作战计划时，将所有师级单位都编入作战序列，不留任何预备队，补给基地伴随机动作战而建立，甚至就建立在战场前沿地带，跟进式后勤保障使美军快速大胆的机动作战有了可靠的持续性。施瓦茨科普夫不拘泥于作战理论定律的作战设计，得到了美国最高当局的大力支持。

高超的指挥技术、顺畅的指挥关系、科学的指挥权力分配有赖于先进的指挥工具，才能释放出最大的指挥效能。海湾战争是第二次世界大战结束以来参战力量最为多元、行动样式最为复杂的战争。以地面作战为例，攻击行动的主要样式有：空中火力支援与远程火炮的火力支援、电子战、精确制导弹药的精确打击、特种作战、低空突击、空降作战、装甲机械化部队地面机动作战。其间，还有战场感知、谋略、空中遮断、指挥控制战、心理战等。攻击目标既有正面之敌，又有机动增援之敌，还有敌方的后勤保障系统。面对这些复杂的任务，中央司令部需要在情报、火力、机动、战场空间协调、工程、欺骗等方面做出大量卓有成效的指挥协调工作。这些复杂巨量的指挥协调业务不仅需要参谋人员艰苦细致的作业，还需要先进的指挥工具提供支撑。

美军在海湾战争中的指挥工具并不是某个单件指挥手段，而是被称为C3I的先进指挥系统。它由"先进的成像卫星"[①] "先进的

① 美军在海湾战争期间共有多颗卫星。海湾危机爆发前，有四颗成像情报卫星在轨道上工作：三颗"凯南"KH-11光学成像卫星和一颗"长曲棍球"雷达成像卫星，这些卫星全都具备昼夜24小时工作能力，其中的KH-11卫星是借助某种影像增强系统来实现夜间成像的。1990年9月初，正是因为这些成像卫星，美国较为准确和客观地做出估计：伊军在科威特战区的存在包括26.5万部队和2 200辆坦克；9月中旬，伊军已增长到36万人和2 800辆坦克。到1991年1月空袭行动开始前，据估计，伊军兵力达到约54万人。这些估计使海湾危机阶段中的美军可以有的放矢地制订作战计划。

空中预警机"①、地面雷达、计算机、显示控制设备、大量保密和抗干扰的通信设备及其软件和数据库构成。美军动用的C3I分布在陆、海、空各军的不同平台上。中央司令部通过先进的指挥系统实施可靠、高效的指挥协调，使由28个国家军队组成的70多万兵力、3 000多架飞机、4 000多辆坦克装甲车协调一致地行动。

　　C3I系统使美军能够实时感知战场。实时感知战场的最大作用是能够先敌反应，比对方更加快速地掌握战场信息。美军最需要的战场信息主要有两类：一类是以飞毛腿导弹发射阵地为主的目标信息，另一类是机动作战部队当中的目标信息。美军人为侦察力量在沙漠风暴阶段尚未大规模进入伊拉克和科威特境内，太空侦察系统只能延时提供滞后的目标信息，无法满足实时的目标信息需求。美军主要依赖侦察与预警系统构成严密的空中侦察与警戒网，不间断地监视战场，满足实时感知战场、实时打击的需要。

　　空中侦察与警戒网的骨干力量是空中预警机。它们从开战前便开始监视和侦测伊军各种信息。开战后，空中预警机又成为跟踪重要目标、指挥协调各种战机打击重要目标与评估作战效果的关键平台。空中预警机在海湾战争中最关键的作用是监视与跟踪飞毛腿导弹发射阵地，通过第一时间探测发射信息以尽量延长预警时间。空中预警机对飞毛腿导弹发射的监视和侦测是有效的，使之基本处于无用之地。另外，美军分布在沙特阿拉伯、阿联酋、土耳其等军事基地中和部署于航空母舰上的F–16"战隼"、F–117A、A–6"入侵者"等先进战机，均装配有先进的机载雷达系

①　多国部队动用了34架预警指挥机，包括15架E–3（美国7架、北约3架、沙特阿拉伯5架）和19架E–2C，美军在沙特等空军基地部署有3架E–3A预警机，在位于红海的航空母舰上部署有4架E–2C预警机。它们在开战前便对伊拉克和科威特实施昼夜全方位监视，掌握了许多重要的目标信息，如伊拉克空军机场位置、地面防空武器和地对空导弹部署情况。而伊拉克军队只装备有4架由苏制伊尔–76运输机改装的预警机，安装的雷达是由法国汤姆逊–CSF公司的"虎"式雷达修改而成，4架预警机均未在战争中使用。

统。它们可以对任务空域内的地面与空中进行战场监视与侦察，侦察半径达100—150公里。EC-130H、EF-111A和EA-6B等电子战飞机不间断地干扰伊军的雷达和通信联络，使伊军指挥体系瘫痪和行动混乱。

在空中侦察预警系统的支援下，美军高效地感知战场，从而实现高效的作战控制。美国对种类繁多、性能各异和来自不同军种的战机，合理地分配任务。当发现目标时，侦察预警系统使指挥员迅速找到最便于实施打击的飞机，从而实现实时打击。当精确制导武器进行规模性使用时，美军空袭的效果被放大到极致。这也说明，精确打击并不是单项技术的结果，而是将制导技术、武器系统、信息流程等各个方面优势进行综合的结果。

承前启后的地缘政治影响

海湾战争前有柏林墙倒塌，后有苏联解体。它们像"多米诺骨牌"中的最后三块，相继倒下，结束了冷战。柏林墙倒塌意味着苏联地缘政治地位的衰落；海湾战争意味着美国在全球秩序重构中占得先机；苏联解体意味着冷战结束。欧亚大陆地缘政治"生态系统的循环"又出现了新的起点，前景重新处于未知当中。

海湾战争结束时，美国尽管全胜，但并没有明显的迹象表明，冷战必定会以苏联解体为终点。海湾战争使国际社会，甚至包括戈尔巴乔夫治下的苏联，从内心中感到美国已经赢得冷战胜利。这个不争的事实意味着，海湾战争的战场虽然局限于中东，影响却是全球性的。

从拿破仑战争之后的英国与俄罗斯在中东和中亚进行地缘政治争夺，直到第一次世界大战结束，英国既无心也无力经营中东和中亚。当俄罗斯变成苏联之后，它在将中亚揽入领土的同时，成为中亚的主宰者和中东事务的重要参与者。第二次世界大战刚刚结束，冷战便立即开始，美国接过英国衰落后留下的全球战略地位，与苏联在中东展开争夺。海湾战争则终结了这一争夺。海湾战争成为海权大国在欧亚大陆上又一次压倒陆权大国的新的历史标志。这一次比起英国压倒法国、俄罗斯、德国等所产生的对全球秩序的冲击力，是颠覆了海陆对抗的旧循环，而非陷入下一次新的海陆对抗的旧循环。英国近代全球海权，通过维持和保护脆弱均势取得，因而每一次胜利都恢复到比之前更加脆弱的均势，又为自己培养了一个更加强大的潜在对手。海湾战争的胜利则预示着，美国即使主观上不愿意成为欧亚大陆秩序的主导者，但欧亚大陆均势格局已经无法死灰复燃。否则，美国失去的不仅是冷战胜利，还有历史信誉。

海湾战争的胜利使美国面临新的考验：如何利用即将到来的冷战胜利构建新国际秩序。美国不希望苏联衰落后走向极端民族主义，继续威胁美国安全与动摇美国全球地位，而是希望苏联成为美国主导的新秩序下的重要成员。因为如果再次世界大战和冷战爆发，就会说明美国无法独立构建和维持新秩序。

美国在海湾战争中的胜利反衬着本已沉疴累身的苏联的暗淡未来。海湾战争结束之后，苏联领导人戈尔巴乔夫只有唯一选择——如何在强势的美国面前，争取尽可能多的缓和条件。无论是物质力量，还是内心意志，美苏之间本来就不平衡的冷战态势彻底颠覆，苏联最黑暗的前景加速到来。

影响地缘政治秩序的诸多因素本来就难以从数学角度分析。当苏联衰落的前景变得日益清晰时，欧亚大陆地缘政治秩序的未来却日益模糊。经典地缘政治理论如马汉的"海权论"、麦金德的"陆权论"、斯派克曼的"边缘地带论"、格雷厄姆的"高边疆理论"等，已经无法解释、推理、描绘未来新秩序的前景。尤其是苏联出人意料地解体后，美国成为唯一一个超级大国，在欧亚大陆众多重要地缘政治力量中一枝独秀。这种格局在欧亚大陆前所未有，即一个海权大国再没有任何一个大国与之抗衡，试图主导未来欧亚大陆新秩序。美国作为两百年来的后来者和新来者，预示着欧亚大陆地缘政治秩序即将发生新的深刻变化。

苏联解体令欧亚大陆处于重构秩序前夜的复杂状态中，虽无序但也未失控。在欧亚大陆西部的欧洲，西欧出现胜利后的迷茫，东欧陷入混乱之后一心坚定地向西转向，欧洲一体化进程出现新的更大动力。在欧亚大陆腹地的中东和中亚，孤立和衰落的伊拉克失去了地区影响力，伊朗增加了危机感，坚定了成为有核打击能力国家的决心。两伊位势的倒转使以色列地位上升，美国以更强的敌意对待伊朗。中亚出现众多新国家，初建待兴，被掩盖的历史矛盾喷薄而出，成为恐怖主义和极端宗教主义等新兴动乱因素的策源地。在欧亚大陆的东部，中国于1992年全面转向市场经济，开始经济腾飞，成为一个不可忽视的大市场，也成为美国难以忽略的潜在对手。日本凭借雄厚的经济实力，在海湾战争结束后看到实现成为政治大国雄心的"机遇"。东南亚诸多小国成立东盟，塑造了自身历史上从未有过的新安全与发展道路。然而，中国、日本、东南亚部分国家之间存在着海洋海岛的主权争议，台海危机的根源尚未消除。东亚和西太平洋是否会成为新"巴尔干"的疑问，开始在国际社会萌生。

这些矛盾挑战产生的根源是冷战。充斥着难以消解的军事对峙和意识形态生死较量的冷战，使欧亚大陆边缘和中间地带的地缘政治价值，在美苏对抗背景下变得极为扭曲，众多历史积怨被美苏对抗强力掩盖的同时，却以不被注意的方式悄然无声地进行新的快速积聚与发酵，要么只待一次机会彻底激化，要么在重构新秩序中被新的智慧与技巧消解。但是，历史上既定秩序遭到颠覆必定产生权力真空地带的定律，已经无法再次发挥作用。

冷战结束令美国有足够的底气在面对任何一个大国时，直言不讳地发出明确的信号："如果要成为影响欧亚大陆秩序的一个举足轻重的力量，就必须与我国密切协调。"但是，有一个变化不可否认。西欧、中国、日本在冷战中要么成为美国的盟友，要么成为美苏之间的重要平稳砝码来体现地缘政治价值，从而成为重要的欧亚大陆的力量中心。但是，冷战结束后，西欧、中国、日本无法利用美苏对抗来发挥自己的地缘政治价值，又应当怎样创造和利用什么样的条件，强化自己在后冷战时期的地缘政治价值呢？这三支重要力量又将如何影响印度和潜力犹存的俄罗斯呢？面对这些未知变化，美国不可能不陷入一个胜利者的迷思当中。西欧、中国、日本、印度和俄罗斯同样也容易因此而陷入迷思当中。冷战后欧亚秩序重构中的不确定性因素正根源于此。

继承苏联的俄罗斯，国界线退回至彼得大帝时代。独联体成员的组成说明了俄罗斯地缘政治影响仅限于具有类似民族文化的白俄罗斯、乌克兰、格鲁吉亚等有限周边地区，对东欧、东南欧和波罗的海地区暂时无力左右。

西欧面对的安全威胁骤减，但是东南欧（如波黑）爆发的民族冲突、东欧政治动荡导致的经济低迷与社会动荡，令它难以独力消弭矛盾。西欧希望东欧和东南欧成为友善而又能与之互惠的邻居。

中国经济实力快速增强，但面临诸多挑战。出于发展经济和繁荣市场的考虑，中国坚定、克制、理性地对待海洋和海岛争端、台湾问题。苏联解体使中国西部开始受到中亚地区动荡的影响。显然，专心于经济发展的中国，必须尽量防范中亚地区动荡带来的风险。

印度是苏联的传统友好国家，自然希望利用俄印关系增强影响力。冷战结束后，与大西洋共同环绕欧亚大陆腹地的印度洋，在全球地缘政治格局中的地位上升。印度凭借在印度洋的天然位势、南亚次大陆对中东和中亚地区的地缘辐射效应，成为一支跃跃欲试的力量。但是，印度与周边两个最大邻国均有难以解决的争端，深深受制于周边两个大国的印度，尤其希望得到美国、欧洲、日本的支持。

日本在冷战中实现经济腾飞，但经济实力增强并没有改变亦步亦趋追随美国的政治逻辑。苏联解体令最大安全威胁消失之际，作为经济实力世界第二的日本，自然无法克制由经济大国变成政治大国、军事大国的决心。但是，对历史问题的态度和与周边国家的海洋、海岛争端始终成为日本无法摆脱的束缚。

冷战之后的欧亚大陆并没有像人们希望的那样趋向稳定，相反开始成为酝酿地区动荡与大国战争的"火药桶"。如果欧亚大陆陷入近代欧洲式的复杂大国博弈年代，不仅意味着美国影响力的衰落，更意味着美国将被挤出欧亚大陆，深陷来自太平洋、大西洋、北冰洋的包围。避免这种风险需要付出无法预见的努力，这也是美国成为冷战胜利者必须要付出的代价。美国需要重新定位与欧亚大陆上各支地缘政治力量的关系，还要主导平息欧亚大陆上各个不确定何时、以何种方式激化的矛盾。这就是冷战后美国在构建新秩序时需要面临的挑战。

美国在冷战时期将全球战略重点置于欧洲。这一全球性战略在冷战结束后，仍然具有巨大的历史惯性。然而，美国不可能再利用和团结西欧对抗苏联和东欧，而是力争使欧洲作为美国主导全球更加牢固和稳定的基石。美国需要鼓励西欧发挥更大的作用，并与西欧加强协调，还需要构建新美俄欧秩序。当欧洲一体化进程在冷战结束初期不可逆转地开始加速启动时，美国立即主动推动北约东扩，抢在欧洲一体化进程之前将东欧国家吸纳进入美国主导的北约安全体系，从而以安全与市场两手影响欧洲一体化进程。当东南欧地区的民族矛盾急剧激化时，美国又成为波黑战争的主导者。这无疑是在告诉包括法国、德国在内的欧洲，没有美国，新时代的欧洲仍然无法走向和平与繁荣。

美国重新主导欧洲将不可避免地调整美俄关系。历史上有一个规律，失败者总是急于改变，而胜利者却难以做出及时改变，因为失败者面对失败的痛苦，使之比胜利者更加容易痛定思痛地摆脱历史惯性。俄罗斯在冷战结束之初，急切地显示出亲西方的新姿态。但是，美国却没有显示出对等的亲密善意。美国仅承诺不吸收独联体国家成为北约新成员国，却对波兰、匈牙利等东欧国家加入北约的申请，进行高调的积极回应。无疑，这深深地伤害了俄罗斯的民族自尊心。俄罗斯认为北约东扩是美国和西方对自己势力范围的"巧取豪夺"。从此，美俄关系成为冷战历史惯性最鲜明的见证。虚弱的俄罗斯"被迫"走向"双头鹰"战略，即仍然以欧洲为重点，提高对亚洲的重视。

中国是俄罗斯直接接触边界最长、领土最大、经济发展最迅速、人口最多的亚洲邻国。因为中国与美国之间在台湾问题、意识形态等方面存在不可调和的矛盾，中俄关系快速开启了继20世纪50年代前期中苏同盟之后的新一段蜜月期。但是，中俄关系与中苏关系本质上存在天壤之别。当中俄1996年签署《中俄睦邻友好合作条约》时，预示着欧亚大陆陆权秩序正式进入冷战结束之后的重构时期。因为中俄并非军事同盟，更非寻求共同对抗美国，而是显示了一股潮流，曾经敌友易辨、敌友易变的大国之间，开始了新的对手与伙伴交织的关系模式。

中俄关系迅速升温不仅基于美国这个共同的因素，还有着急需稳定长达7 000多公里边界线和发展经贸关系的共同诉求。旨在发展市场经济的中国不可能希望缺少美国这个独一无二强大的消费市场，以扩大出口来赚取外汇，也希望引进美国先进的科技与成熟的资本运作经验，优化经济结构和繁荣本国市场。当然，中国在台独势力日益兴起之时，需要从俄罗斯引进先进的军工技术和武器装备来增强军事实力，以应对可能的台独事变。缺乏轻工业产品的俄罗斯也是中国扩大国际贸易的对象。中国与欧洲之间的贸易也在快速增长。

经济已近乎崩溃的俄罗斯希望从扩大中俄贸易中受益，也需要中国持续购买自己的军工产品，更希望中国成为制衡美国的帮手，而非俄罗斯的安全威胁。俄罗斯并不希望中国强大到能以一己之力解决自身的安全威胁。

美国对俄罗斯和中国的心理均充满着矛盾。美国需要与俄罗斯和中国合作，共同应对不断恶化的大规模杀伤性武器扩散的公共威胁。苏联解体增加了世界上有核国家的数量，还增加了非国家组织成为有核组织的可能性。苏联许多地区的政治动荡和经济萧条，造成了大批专业工程技术人员失业甚至流离失所，大量核武器生产原料的管理失之于严格。当美国担心大规模杀伤性武器扩散至恐怖分子或者其他极端分子手上时，美国对待俄罗斯和中国的态度必须以不触发敌意为底线，同时又需要利用一些矛盾来遏制俄罗斯与中国。

除吸收东欧国家加入北约之外，美国遏制俄罗斯的手段还包括了削减常规兵力与控制核武器谈判。美国遏制中国的切入点主要是可以利用的矛盾，包括中国东部的海洋和海岛主权争端、台独势力，还可以利用中国对能源进口的日益依赖来制造"马六甲困局"。

中国处于地缘枢纽位置，与日本、印度、东盟等诸多日益重要的力量直接连接。因此，中国经济实力快速增强和综合国力显著提升产生了复杂的效应。一方面，拥有12亿人口的巨大市场急剧形成，以所有人都意想不到的速度与力度，推动西太平洋地区市场与经贸一体化，使各个国家在全球化加速背景下快速交融利益。另一方面，日本和印度对中国的防范之心日益强烈。

任何大国实力地位的变化必将导致安全战略的变化，从而使周边安全态势发生变化。冷战结束后，日本由近海为主的专守防御战略，开始转变为走向远洋的积极防御战略。即使在整个20世纪90年代，日本陷入经济低速发展泥潭，但凭借先进的科技、雄厚的经济实力，它仍然成为发展用于海外行动的军事实力速度最快的国家。美国为强化在西太平洋上的主导地位，不断提升美日同盟，日本也不断借此走向远洋。至此，欧亚大陆陆权秩序与西太平洋海权秩序开始以新的力度和深度互相影响。

印度仍然拥有传统俄印友谊，但无法得到如苏联时代般的强力支持。面对亚太巨大经济发展成就向全球辐射、中国日益强大和领土争端的掣肘等多重矛盾的机遇与挑战，印度无法不增强在印度洋上的话语权，希望提升自己在新的战略格局中的影响力。当然，最重要的是，印度需要将影响力伸向马六甲海峡这个咽喉要道，对美国、中国等大国增强战略筹码。同时，作为南亚次大陆人口最多、军事实力最强的国家，印度还不断拓展对南亚的影响力，加速发展核武器，并在1998年"冒天下之大不韪"地进行核试验。

美国强化主导欧洲新秩序，使俄罗斯转向"双头鹰"战略，国力迅速增强的中国与俄罗斯出现共同取向。中国的变化影响到西太平洋和印度洋，进而又影响到了美国对亚太地区的关注。美国如何应对这一系列链锁型变化，将决定欧亚大陆地缘政治格局，也就是陆权秩序的走向。

美国面对的大国战略格局正发生前所未有的剧烈变化。欧洲、俄罗斯、中国、印度、日本各个重要的地缘政治支点性力量，没有一个可以独自对其他国家形成绝对强势，更无法摆脱对方而独自发展获利，但又存在矛盾激化为大国战争的可能。已经出现利益日益一体与矛盾丛生两个并行不悖的错综复杂的趋势，既非近代欧陆均势格局的扩大翻版，也非近代欧陆均势遭到破坏前夜时大国冒险与实力外交导致的力量失衡格局。

没有任何一个大国可以在综合国力和国际影响力上与美国相提并论，但这不代表美国能够完全消除危险。不确定性因素不断增多，意味着美国必须认识到，面对错综复杂的格局，美国的危险源自何处？显然，美国的危险根源于欧亚大陆上大国或者政治集团的军事、经济双重挑战。

　　一体化进程加快后的欧洲，尽管作为核心大国的法国始终与美国保持着相对独立性，但是，欧洲比冷战时期更需要美国来解决欧洲地区的动荡与危机。剧变之后的东欧，在重塑政治制度、发展市场经济之时，全力争取美国的政治与经济支持。对中东石油严重依赖的欧洲需要美国主导中东，以避免中东出现动荡。**欧洲仍然是美国安全的屏障与扩展战略的助手，而非平起平坐的竞争者。**

　　美日同盟是日本在冷战时期国家安全的保护伞。冷战结束后，美日同盟的防卫范围从日本周边近海逐步扩展至整个西太平洋。美国将美日同盟当作维护和增强西太平洋战略地位的基石。日本海上自卫队、空中自卫队和陆上自卫队装备的先进武器均从美国进口，其中主要雷达和其他情报侦察系统，只能在驻日美军首肯下才能装备使用。日本将中东-印度洋-台湾海峡看作生命线。日本比欧洲更加需要中东在美国主导下的稳定。

　　印度作为大力快速发展海上实力和核打击能力的国家，没有独立和完整的国防工业体系。但是，大量的人口和英语的优势，使印度成为美国的潜在伙伴及防止中东南部陷入动荡的重要支点。

　　俄罗斯拥有规模与美国旗鼓相当的核武库，国内自然资源丰富，不需要依赖中东进口，况且中东如果能够离心美国的主导而处于动荡中，美国便无法集中足够的力量推动北约东扩。地跨欧亚两大洲的俄罗斯，不仅影响着欧洲的安危治乱，还在朝鲜半岛、西北太平洋、北冰洋等地缘政治板块中拥有重要的影响力。

　　所以，冷战结束后的相当长时期内，对美国构成最大威胁的是俄罗斯，其余各个地缘政治力量，充其量只是潜在对手，而且有一个趋势越来越明显：欧亚大陆地缘政治格局中的各个支点性力量，必须与美国密切协调才能确保自身的利益与安全。

　　因此，欧亚大陆陆权秩序是以美俄互动为基础，并以此影响到美俄中三角、美俄欧三角、美中日三角、美印中巴四角等多个力量支点的复杂互动。

美俄互动是欧亚大陆陆权秩序的基础。俄罗斯周边成为权力博弈的焦点，东欧正在极力摆脱俄罗斯的约束；俄罗斯在中东的传统盟友如伊朗、叙利亚继续保持着与美国的对立；俄罗斯与日本之间仍然存在北方四岛争端；俄罗斯与中国关系日益稳定，中国不可能再像冷战时期与美国联盟共同遏制苏联那样遏制俄罗斯。美国极力推动北约东扩并没有遇到俄罗斯的实质性抵抗；美国继续孤立伊朗和叙利亚；美国开始向俄罗斯的软腹部中亚渗透。

第七节　冷战后美国对全球霸权秩序的重塑

第二次世界大战尚未结束时，后来被称为美国地缘政治大师的斯派克曼便提出："美国的安全总与西欧和东亚的均势相伴，尤其在一个由现实政治权力主导的世界中，美国需要在西欧和东亚维持均势来确保战略利益。"①第二次世界大战结束后，美国在西欧和太平洋上保持强势存在，以维护欧洲和东亚的冷战对抗之势。当然，也在影响着全球秩序。

第二次世界大战结束时的美国以海权为跳板向陆权进发。朝鲜战争使美国在朝鲜半岛存在力量；越南战争的失败，使美国退回至菲律宾；推动建立北约使美国牢牢控制住了西欧。美国在欧亚大陆的驻足只存在于边缘地带的局部区域是因为冷战。冷战结束时，美国便有了向欧亚大陆腹地推进、强化太平洋战略地位的机遇。美国像拿破仑战争之后的英国一样，开始对全球霸权秩序进行重塑。只

---

① Nicholas J.Spykman. *The Geography of Peace*, New York: Harcourt Brace & Co., 1944, p.60.

是这次，美国没有像英国那样完全和彻底地"回归传统"。

向欧亚大陆腹地挺进的必然与瓶颈

苏联的消失使存在已久却遭到掩盖的民族矛盾与部落仇视开始成为影响世界治乱的新的挑战。从东欧开始，在欧亚大陆腹地里按照向东南延伸至中亚的巨大的"月"形地带出现了巨大的权力真空。这个巨大的权力真空内国家的政策走向直接关联到欧亚大陆上西欧、俄罗斯、中东和中国四大地缘政治力量，间接关联到印度、日本等欧亚大陆边缘重要国家。作为全球霸主的美国，如果不能主导其走向，可能被欧亚大陆的地缘政治力量挤出欧亚大陆。

欧亚大陆腹地就像一根扁担，一头挑着欧洲，另一头挑着亚太。对于美国而言，欧亚大陆腹地这个巨大的"月"形地带的权力真空意味着巨大的风险，也蕴含着巨大的机遇。欧亚大陆腹地走向何处，取决于美国及其盟国对它们的改造，也取决于欧亚大陆腹地本身的实际情况——美国及其盟国对欧亚大陆腹地的改造能否符合欧亚大陆腹地诸多国家的民族文化和政治、经济、社会现实，而欧亚大陆腹地诸多国家的民族文化和政治、经济、社会现实的改变又能否满足美国及其盟国的霸权需要。二者的互动构成了欧亚大陆腹地秩序。

欧亚大陆腹地对于美国及其盟国具有极大的霸权价值：政治上开启"民主化"进程，经济上开启"市场化"进程，安全上开启"一体化"进程，文化上开启"多元化"进程。由于各个侧面紧密相连，每一个侧面都不可能独立进行，只能是"四位一体"。不仅需要具备长期稳定的政策，而且需要具备高超的"弹钢琴"般的灵活技巧来实施。

美国的政治体制却使四位一体战略面临极大风险。四年一届的总统任期，只能连任一届，每位总统至多在位八年。党派竞选和"三权分立"使得不同的总统由于所获得支持的来源不同，对国家利益的各个侧面的权重也不同，以至于很难保持在某个特定领域内的政策的稳定性。而由于欧亚大陆腹地国家和民族众多，矛盾冲突复杂交织，对其改造需要长期稳定的政策。冷战结束以来，美国历届在任总统的个性和所获支持的来源均不同，这就决定了四位一体的实施进程异常曲折，甚至可能中途倒退。

北约东扩

苏联解体导致东欧出现权力真空，美国开始极力推动北约吸收东欧国家的进程，使欧洲一体化具有新的、更可观的前景。美国推动北约东扩是美国影响欧洲，尤其是东欧秩序的主要方式。如果没有美国的推动，东欧国家难以加入北约，欧洲作为整体政治力量也很难扩展。克林顿时期，东欧国家强烈地加入西方的意志得到美国积极回应，也客观上成为欧盟出现的助推器。因为苏联解体的重要后果之一就是东欧国家担心再度落入俄罗斯之手。避免俄罗斯再次西进并改变俄罗斯追求领土扩张的历史惯性，既是北约东扩与欧盟成立的重要因素，也是欧洲一体化发展的必然。

从地缘政治角度看，苏联解体的最大受益者应当是德国，苏联的继承者俄罗斯因为自身虚弱，对东欧的影响力急剧下降，德国进入东欧的巨大诱因由此出现。但是德国由于历史原因还不能填补东欧的权力真空。因此，美国仍然是东欧事务的主导者。苏联解体不仅使美国霸权地位因为实力对比而巩固，还因为解决各种复杂矛盾的不可或缺的作用而更加显著。东欧地区在冷战时被掩盖的矛盾凸显出来，比如捷克斯洛伐克分裂成两个国家，南斯拉夫分裂成六个国家，分裂后的国家之间因早已存在的民族和宗教矛盾经常爆发冲突。这考验着美国如何使用地区事务影响力。军事介入既是美国自认为弥平矛盾的需要，也是凸显美国对欧洲事务的影响力的重要途径。欧洲一体化程度虽然不断加深，但是西欧处理欧洲地区事务仍然有赖于美国主导下的北约。波黑战争①和科索沃战争的爆发是欧洲在冷战结束后民族矛盾激化至极限的反映，因为自从由美国主导的科索沃战争结束以来，欧洲再也没有发生过因为民族问题而造成国家分裂的战争。

纵观美国在欧洲获得霸权地位的历史之路：崛起于第一次世界大战，历经《凡尔赛条约》造成的坎坷，又在第二次世界大战后重回欧洲并遭遇苏联的挑战，而后又经历残酷的冷战。欧洲秩序也由制衡、同盟、均势和战争等传统，随着美国的霸权之路日益向一体化转变。第一次世界大战后，美国对欧洲的经济援助使欧洲一体化开始发芽，虽然很不成功，但是当世界性巨祸——第二次世界大战爆发时，反而使欧洲在战后深刻地体会到：欧洲只有团结才能安全，欧洲一体化道路开始由西欧成型。第二次世界大战后，美国实施《马歇尔计划》，促使西欧开启了一体化进程，美国没有反对法德世仇和解又为西欧一体化增加了动力。虽然冷战导致欧洲分裂，但却促使苏联不得不主导并推动东欧的一体化进程，尽管不是其主观初衷。欧共体的成立与发展和苏联日益增强对东欧的控制并行不悖，使美国利用西欧一体化成为对抗苏联、软化苏联、控制东欧的有力杠杆。当苏联解体后，欧洲秩序已经彻底抛弃制衡、同盟、均势、战争等传统，欧盟的成立与扩展最终为战后欧洲秩序进行了定格。

九一一事件后，美国将战略重心置于中东和中亚反恐，欧洲似乎出现不同的态度。美国发动阿富汗战争时，欧洲国家全部支持美国。但是，当美国决心攻打伊拉克时，欧洲却明显分持三种

① 1992年4月—1995年12月，围绕波黑前途和领土划分矛盾而在南斯拉夫地区和东南欧爆发的民族间战争，是第二次世界大战后在欧洲首次爆发的大规模局部战争。

姿态：英国基于美英特殊关系赞成美国攻打伊拉克，参与作战行动；法、德等传统西欧发达国家担心跟随美国错误地选择了攻打目标而"引火烧身"，俄罗斯的反对是因为冷战地缘政治斗争的延伸；原华约国家，有的新近加入北约，有的已经处于加入北约的进程中，它们希望通过支持美国，使北约为自身利益服务或者加快加入北约的进程。

伊拉克战争爆发后，欧洲各国并没有因为对战争的不同态度而分裂。这说明欧洲尚未出现能够挑战美国地位的国家，即使法国、德国和俄罗斯立场一致，也没有能力挑战美国的霸权地位。美国在九一一事件后的"全球反恐战争"标志着冷战的彻底结束。因为苏联解体后，从美国绕过联合国攻打伊拉克开始，欧亚大陆上没有任何一个国家具有挑战美国全球霸权地位的意志和能力。美国全球霸权地位对欧洲一体化进程是积极的，虽然在欧洲国家中制造了分歧，但正因为分歧，才促使欧洲国家在欧盟扩展和北约扩展的进程中解决问题，又强化了东欧国家以西欧为蓝本进行发展的观念。科索沃高度自治说明，随着欧洲民族国家增多，各个国家内部民族成分日益单一化，促进内部和谐的同时，又有利于民族间矛盾的解决。

欧洲稳定的关键仍然是俄罗斯。俄罗斯是唯一能够对北约扩展和欧盟扩展产生直接影响的非北约国家和非欧盟国家。欧洲国家决定吸收新北约成员国时，俄罗斯的态度会成为重要因素。北约规定，任何一个成员国受到攻击，即被视为对所有成员国的攻击。以2008年俄格冲突为例，如果北约吸收格鲁吉亚为正式成员，一旦再出现俄格冲突，北约将处于两难境地；如果成员国与非成员国发生武装冲突，北约其他国家必须支援。如果不支援，则使北约条款名存实亡；如果支援，面对仍然拥有强大军力的俄罗斯，欧洲能否会团结一致将成为疑问。受地缘政治环境的影响，可能有的国家愿意支援，有的国家则担心直接受到俄罗斯威胁而不愿意支援，北约就有分裂的危险。所以，北约扩展和欧盟扩展，最终仍然会取决于唯一令俄罗斯忌惮的美国。美国对俄罗斯的态度反映在如何对待愿意加入北约的俄罗斯邻国。如果美国顾忌，俄罗斯会成为北约扩展的主要障碍。如果美国不顾忌，将造成两种可能结果：俄罗斯接受其邻国加入北约，最终形成俄罗斯与北约的新型关系；俄罗斯不接受其邻国加入北约，考验美国的决心和能力的同时将促使俄罗斯每次有其邻国加入北约时都会受到考验。然而，2014年爆发的乌克兰危机告诉俄罗斯，如果继续反对欧洲一体化，将会陷入新的孤立。

不能简单地判断，美国希望欧洲国家之间矛盾分歧众多便有利于介入欧洲事务。基于相近的文化价值观和政治制度，现在的美国比在历史上任何时候都希望欧洲稳定。实际上，华约解散之初，便有华约成员国提出过加入北约。苏联解体使东欧国家的"枷锁"被打破。但是，伴随着政治动荡的独立自主必然会产生巨大的社会和经济问题，长期执政的政党退出执政地位后，也没有出现一个具有包容性和影响力足够的政府；经济因为错误的改革和政局动荡而急剧萧条；在失业、官员腐败的催化下，社会心态短视和急功近利；被苏联"一手遮天"掩盖起来的历史积怨重新爆发。此时的东欧就像一群孤儿，要么抱团取暖，要么"自扫门前雪"。东欧国家分为两个部分：一部分是前华约成员国，另一部分是新独立的苏联位于欧洲的加盟共和国。由于独联体的存在和历史积怨，华约成员国的选择只有两个：一是主动加入西方，二是在俄罗斯和西方之间维持平衡。显然，第二种选择不具备操作性。如果东欧国家在俄罗斯和西方之间走平衡路线，难以克服的政治、经济和社会问题必然会使东欧国家因为天然的地缘政治条件而依附于刚刚统一的德国，导致北约内部失去基本的战略力量平衡。美国、英国、法国均不愿意看到如此情况而必将极力阻止。因为两次世界大战、冷战中发生在欧洲的多次危机都与德国和俄罗斯密切相关，可以说，德俄关系是欧洲安全的闸门。关系过于密切或者过于矛盾都会导致欧洲局势紧张。

北约东扩不仅仅是霸权力量拓展的需要，也是维护霸权体系稳定性的需要。德国对东欧影响力的增强会导致俄罗斯和德国迅速接近。在冷战的历史惯性尚未消失时，俄罗斯忙于应对独联体国家的离心倾向和举步维艰的国内问题，不仅需要德国的经济援助，也需要德国发挥中欧地缘政治优势，利用德国影响力的增强来分化瓦解北约。

此时，希望加入西方的东欧，只能接受美国的主导，不可能依据地缘政治条件附和德国。然而，东欧国家加入北约的过程充斥着美国、西欧、俄罗斯的互动博弈。美国因为维护霸权地位和自身利益的需要而极力推动北约吸收东欧国家作为新成员；西欧国家因为希望获得在欧洲安全和经济发展问题上更大的自主权而希望北约吸收东欧国家；俄罗斯则因为战略纵深被压缩而不希望北约东扩，但却无力阻止东欧国家申请加入北约。所以，北约东扩成为苏联解体后美欧和俄罗斯之间关于欧洲地缘政治格局安排的妥协。

虽然俄罗斯无力阻止东欧国家加入北约，但可以使北约东扩付出超出预想的代价。基于此，美国和西欧只能既一面推动东欧国家加入北约，又一面安抚俄罗斯。于是，便出现"美欧与俄罗斯新型关系"[1]。在北约东扩进程中，美国和西欧的强势并不能掩盖另外一个事实：虚弱的俄罗斯仍然是不可忽视的关键力量，美国和西欧不能彻底摆脱俄罗斯的影响而我行我素。

北约东扩是美国安排欧洲秩序取得力量均衡的典范之作。北

---

[1]　1997年5月27日，俄罗斯和北约签署《北约与俄罗斯相互关系、合作与安全基础文件》，决定设立双方常任理事会，定期举行磋商会议。北约承诺不在新成员国领土上部署和储存核武器。文件标志着"19+1"机制形成。2002年，俄罗斯与北约关系进一步发展，20国机制取代"19+1"机制。俄罗斯在反恐、防止核扩散、战区导弹防御、军事改革与科技合作等领域，享有与北约其他19个成员国一样的磋商与决策权。

约东扩对欧洲秩序的安排，巧妙地平衡了法德关系、限制了德国和俄罗斯，并通过帮助东欧国家追求经济繁荣、社会稳定，缓解和最终解决了各种矛盾，从而消除了战争根源。一方面，北约吸收东欧国家作为成员国，防止了东欧国家必然依附德国及其在西欧造成的连锁反应。如果东欧国家依附于德国，德国就有重新成为欧洲大陆主导者的可能性，破坏北约内部的战略平衡，使英法等西欧国家感到不安的同时，弱化美国在北约中的主导地位。美国极力推动北约东扩，不仅有利于增强对东欧国家的影响力，通过主导吸收新成员来增强主导地位，还可以防止统一后更加强大的德国继续增强对欧洲的影响力，从而维持英法与德国之间的战略平衡，稳定北约内部格局。另一方面，美国推动北约东扩，在一定程度上提升了英、法、德等西欧国家对欧洲事务的影响力，既满足了它们提高自主权的愿望，也可以使它们为美国分担责任，以减轻美国的负担。北约东扩推动了欧洲一体化进程，而欧洲一体化是消除导致欧洲战争矛盾的大势所趋。基于相同意识形态，欧洲一体化使欧洲越来越安全和繁荣，而一个安全繁荣的欧洲对美国增强北约的力量、维护世界霸权是有利的。因为美国与欧洲在世界各地的矛盾主要是商业竞争，没有根本利益的冲突。另外，美国通过北约东扩试探了与俄罗斯发展关系的策略。通过与俄罗斯达成谅解与妥协，既安抚了俄罗斯，体现出美国在北约中的主导地位，又限制了俄罗斯在东欧的举动。

北约东扩使东欧可以获得来自西方的政治和经济支持，发展经济和文化，使之由一片动荡和落后之地变为和平和繁荣之地。对美国和西欧而言，扩大了市场，成功输出了价值观；对俄罗斯而言，享受经济发展的辐射效应。但是，东欧的发展与繁荣，在独联体中产生强大的示范效应。因此，北约东扩使俄罗斯对西方的战略选项越来越少，俄罗斯战略举措的确定性越来越强，使西方人对俄罗斯由心中无数变成心中有数。俄罗斯可以继续反对，但随着加入北约的国家越来越多，俄罗斯反对北约东扩的成果只会越来越少。近年的俄乌关系足以说明，俄罗斯面临的选择日益减少。

北约东扩说明美俄关系、美欧关系、欧俄关系共同成为构建欧洲集体安全机制所必需的土壤。北约成员国不断增加，则意味着美国能够影响的成员国不断增加，同时预示着东欧国家，甚至是独联体国家对欧洲事务具有更大的影响力，必将促使英、法、德、俄等传统欧洲大国做出改变，更加强调与东欧国家进行协调，也使美国在北约内部不仅需要平衡法德等传统欧洲大陆大国，也需要在英、法、德等传统西欧国家与东欧国家进行平衡，以维护欧洲一体化进程中的力量均衡。

北约东扩产生了巨大的地缘政治旋涡，独联体国家也随之产生日益强烈的加入愿望，但进展远不如东欧国家那样顺利。主要有三个原因：一是俄罗斯的阻止。苏联解体没有化解俄罗斯民族与苏联其他民族的历史积怨，甚至造成了新的民族裂痕。因此，俄罗斯极力阻止其加入北约。二是北约内部的分歧。有的国家担心，纳入独联体国家会引起与俄罗斯的地缘政治对抗，而且（担心）由于独联体国家与俄罗斯有着千丝万缕的联系，极有可能在加入北约的同时，在北约盟友和俄罗斯之间走平衡路线，从而弱化北约的集体行动能力；有的国家担心吸收独联体国家后，如果再发生类似于俄格冲突或者乌克兰危机等事件，根据北约集体防务义务，对一国攻击将被视为对所有成员国的攻击。北约将和俄罗斯发生战争。北约成员国之间的争议拖延了独联体国家加入北约的进程。三是独联体国家的内部分歧。俄罗斯对独联体国家有着强大的影响力，支持加入北约和亲俄两派的斗争不仅反映了北约与俄罗斯之间的互动，也反映了各个独联体国家内部的政治力量的互动。

如果独联体国家加入北约，俄罗斯将面临选择性困境：要么放弃战略纵深地与北约重构关系，导致更大的行动限制；要么针锋相对地与北约争夺中间地带和边缘地带，而此举如果导致北约分裂，欧洲秩序将面临崩盘危险。未来的欧洲一体化进程是否顺利取决于北约东扩能否使俄罗斯的行为越来越具有确定性。

进入中亚

苏联解体后，欧亚大陆中间地带出现了包括"中亚五国"①和"高加索三国"②在内的若干新独立国家。它们组成的地缘政治板块连接中东和南亚。如果美国进入中亚，可在北约东扩、强化太平洋地区同盟的基础上，又掌握一根撬动欧亚大陆的杠杆。何况，中亚曾经也是苏联的"大油库"，对于维持美国的经济首强地位具有非凡的意义。

"美国相距太远而无法成为主导力量，但美国又太强大而不能不参与这一地区事务。"③巩固地位和商业红利是任何一个霸权国家都难以拒绝的诱因，也是任何一个反对霸权的国家必须做出回应的外在激励。冷战刚刚结束之时，美国便开始对中亚进行经济援助，但没有取得预期的效果。因为美国始终将输出民主价值观不分对象地置于突出位置，背离了中亚国家当时的政治现实。中亚各国刚刚独立不久，经济和社会秩序的混乱导致了深重的民族和宗教矛盾。因此，中亚各国在刚刚开启民主进程时，需要将发展经济和稳定社会秩序置于首要位置。中亚各国既急需外部经济援助，也需要外部力量帮助协调各种政治力量、搁置矛盾。美国应当支持能够稳定中亚各国内部政治、经济、社会秩序的力

---

① 指乌兹别克斯坦、吉尔吉斯斯坦、塔吉克斯坦、土库曼斯坦和哈萨克斯坦五国。
② 指阿塞拜疆、亚美尼亚和格鲁吉亚三国。
③ ［美］兹比格纽·布热津斯基：《大棋局》，中国国际问题研究所，译，197页，上海，上海人民出版社，1998。

量，而不是鼓励各国内反对党加入"民主"体系。美国在推动中亚各国"民主"的进程中"拔苗助长"，使美国难以真正对中亚各国政府施加期望中的影响。比如，哈萨克斯坦总统纳扎尔巴耶夫在世界经济论坛的一次会议上表示不会再紧跟美国，虽然他们还要"勒紧裤腰带"。

尽管在中亚未得偿所愿，但美国避免了大国争夺中亚导致的分裂与混乱。显然，美国推动石油贸易和开采不影响中亚国家经济；推行民主制度来影响中亚国家的政治，美国双管齐下使俄罗斯担心自身地缘政治地位，最终威胁自己的安全。于是，中亚仍然没有摆脱大国地缘政治斗争的局面，成为大国关系的试金石。

当俄罗斯筋疲力尽地应对北约东扩时，美国于1992年和1997年分别出台《自由促进法案》和《丝绸之路战略法案》，将经济援助、推动民主、军事合作、扩大贸易形成一套"组合拳"。九一一事件之后，美国利用阿富汗战争全面进入中亚，与中亚各国加强军事和情报合作，加大军事援助、开展军事交流、建设军事基地。

但是，中亚不是东欧。东欧直接与西欧接壤，长期直接受到西方思想和价值观的影响。在冷战结束前，东欧就接触过西方的思想和价值观。中亚传统的伊斯兰文化和长期受苏联制度管辖，使之不容易接受美国的思想和价值观。美国在中亚遇到的挑战就是无法将推动欧洲一体化的经验运用于中亚。

因此，文化异质和中亚地区内的动荡不安、接连不断的民族矛盾和冲突、此起彼伏的边界和领土纠纷、日益猖獗的极端势力，既是美国进入并主导中亚的机遇，也成为对美国实力、意志和智慧的考验。美国对中亚各国提供的经济援助和经贸合作，尤其是能源合作超过预期，但总根据自己的标准对中亚各国区别对待，以至激化了中亚各国之间的矛盾。

专注于反恐的美国需要中亚周边大国的支持。所以，中亚不可能出现美国排挤地区大国的对抗式互动，客观上促使中亚国家采取多边平衡政策。不同的国家在实施多边平衡时，又具有不同的侧重点，从而培养较强的自主倾向，使任何一个大国都不具备决定性影响。美国进入中亚，有利于中亚各国通过美国的经济援助和军事合作，解决国内经济发展和国防安全等矛盾。但是，美国在中亚推行擅长的四位一体战略，在反恐和能源合作上取得不小的进展，影响力增大，却因为推行其价值观和民主制度的急于求成而处于一个非常尴尬的地位。中亚各国需要美国的经济援助和军事、安全合作，但对于美国在其国内推行政治的民主化进程普遍不满。

当美国感到反恐的实际需要与民主政治的理想之间存在操作中的矛盾时，现实主义会占据上风，默许和承认一个自己不太喜欢的政治制度和政治领导人的存在。这种灵活的现实主义使部分中亚国家改变了传统上依附于俄罗斯的政策。中亚成为欧亚大陆中一个日益在政治和外交上独立并趋于一致的地缘政治板块，既不会亲美，也不会亲俄，只会独立在大国中进行平衡，使大国争夺势力范围的地区模式彻底结束。大国间已经没有争夺势力范围的运作空间，代之以对中亚制度和价值观的影响力的竞争。

美国反恐在中亚受到的欢迎比反对多。因为美国经济援助和打击恐怖分子，也有利于中亚国内的社会稳定。进入中亚的美国与俄罗斯、中国的关系又扩大了内涵，既有合作的方面，也有竞争的方面。大国间竞争与合作构成中亚秩序的主要外部条件，使中亚可以根据自身的需要来选择与各个大国关系的内涵之侧重。

美国推动石油能源开采与输出，中国拉动中亚经贸，俄罗斯利用文化相近发展军工贸易，这些对中亚国家的发展都是有利的。以哈萨克斯坦为例，苏联解体后前十年，哈萨克斯坦经济发展逐年下滑。九一一事件后，美国推动中亚的石油能源开采和交易，凭借丰富的自然资源和石油能源，哈萨克斯坦经济发展异常强劲。

美国和其他大国在中亚的竞争与合作，对中亚融入国际社会起到了推动作用。因为美国进入中亚，接踵而至的便是北约、欧盟和日本等。中亚各国坐享经济发展红利的同时，也随着中亚地缘政治作用的显著提升而与其他地缘政治板块取得日益紧密的联系。

日本进入中亚并与中亚发展稳定的政治、外交和经济往来之时，中亚的走向又在潜移默化地影响中日关系。作为美国的追随者，日本对中亚的影响实际上是美国影响中亚的延续和补充。日本也有自己的考虑，即提升日本在国际社会中的影响力，争当政治大国。

欧洲和北约主动接近中亚。随着美国对中亚的影响日益加强，欧洲成为一个整体而与中亚的关系呈现出多层次、多领域内的合作模式，从侧面推动中亚各国之间的合作。比如，欧安会吸纳中亚国家加入，北约与欧盟分别和中亚国家成为和平伙伴关系和东方伙伴关系。

美国进入中亚遇到的最大问题是没有弥平中亚各国之间的矛盾。中亚国家之间的不平衡，既是外部霸权力量进入地区范围内的动因和机遇，也可能成为外部霸权力量塑造地区秩序失败的主因。

中亚各国一体化不仅受到中亚地区民族宗教矛盾和领土边界纠纷的消极影响，而且因为缺少一个地区内具有足够威信并得到美国和俄罗斯共同接受的大国的主导而难以走向一体化。哈萨克斯坦和乌兹别克斯坦是中亚最重要的两个大国。哈萨克斯坦希望成立中亚联盟，乌兹别克斯坦却不接受这项倡议，并且与诸多国家产生矛盾，例如在水资源问题上。这两个国家相反的政策取向及其与各自周边邻国的矛盾，是中亚走向一体化的最大障碍。

强化在中东的战略地位

自从因伊拉克入侵科威特而爆发的海湾战争开始，中东是欧亚大陆中最先告别美苏冷战对抗的地区。海湾战争标志着苏联已经没有能力和意志阻挡美国影响和主导中东秩序。

缺乏地区外大国坚定支持的地区性强国注定难以主导地区局势。萨达姆时期的伊拉克在海湾战争中的溃败和接下来多年联合国对其的制裁足以证明这一点。苏联在中东的患得患失和虚张声势反衬了美国对中东的主导地位。海湾战争后，反美国家，如叙利亚、伊朗等在确信它们不可能超越美国军事实力的同时，也看到了制造矛盾无疑是"自掘坟墓"。它们指望苏联"撑腰"的时代已经一去不复返了。

中东秩序的核心是阿以矛盾。决定阿以矛盾走向的唯一外部因素只有美国。美国面临两大挑战：平衡以色列和亲美国家之间的关系、在不激起反美国家中的民族主义和极端主义的基础上影响整个阿拉伯世界。这两大挑战，构成了美国单独主导中东的决定性因素。

海湾战争后，美国推动联合国制裁伊拉克，不仅保护了以色列，还震慑了反美国家。海湾战争后，巴以矛盾迅速缓解，足以说明中东是多么需要和平。以色列总理拉宾的遇刺，又说明解决巴以矛盾的和平进程是多么艰辛曲折。

美国需要这样的中东：一是以色列能够得到安全保障；二是石油能源供应体系能够稳定；三是在中东没有一个主导性国家，或者一个域外大国与美国在中东的主导地位分庭抗礼。因而美国务必要实现三点：一是美国的石油能源安全和以色列得到保护；二是保证亲美国家政局稳定、经济繁荣发展和温和的外交立场；三是对以色列施加影响，防止以色列的过激行为刺激阿拉伯世界普遍的反美主义。

冷战后，美国在中东三管齐下：不断缓和巴以矛盾，最大限度地减少巴以冲突；对伊拉克、伊朗、叙利亚等反美国家实施打压，缩小它们的影响力；鼓励亲美国家的温和立场。

冷战结束后的前十年间，欧洲前南斯拉夫地区矛盾冲突不断，爆发波黑战争，并引起北约发动科索沃战争，美国似乎被欧洲形势牵制，难以在中东推行旨在缓和巴以矛盾、打压反美立场、扩大亲美力量的政策。然而，九一一事件改变了美国推行中东政策的侧重点。尤其是发动伊拉克战争后，美国改变以前以安抚为主缓解巴以矛盾的做法，代之以更加偏向以色列，排挤阿拉法特领导的巴解组织，默认以色列强力打击巴解组织和哈马斯组织。推翻伊拉克萨达姆政权使美国也改变了针对反美国家的做法，一改只是经济制裁加外交孤立、军事威慑的"组合拳"，提出大中东计划，在中东地区推行美国式民主制度。

小布什政府的大中东计划是美国对中东战略的巨变式修订，也是美国首次将推动欧洲秩序经验运用于欧洲地区之外地缘政治板块的尝试。美国在此之前的中东政策重点是将保护以色列、维护中东战略平衡和打击激进中东国家三者维持在策略性水平，而不是战略性水平之上。美国实施大中东计划后，试图将民主制度和价值观移植到一个具有几千年伊斯兰传统的地区，将比就事论事地处理具体的巴以矛盾、反恐、打击反美力量面临更大的挑战和风险。

美国推行大中东计划是建立在首次用武力推翻中东国家政权后的基础上，对于阿拉伯民族的心理造成的冲击，比起美国用和平方式来推动中东某个国家走向民主所产生的影响要深远。美国推行大中东计划取决于两个方面：一是美国推动的民主化浪潮对各支力量立场的影响；二是中东地区外大国对美国推行大中东计划的影响。如果可以使亲美国家（尤其是民众）接受美国的价值观，美国无疑会取得成功。只要有亲美国家主动接受美国的民主制度，并且进行政治改革，无疑会对观望者和反美力量起示范作用。否则，美国推行大中东计划将"搬起石头砸自己的脚"。叙利亚、伊朗、俄罗斯使反美力量更加牢固。美国不得不面对重大挑战，甚至是现实威胁。然而，对于美国而言，幸运的是，伊拉克战争爆发后，并没有受到任何一个大国的实质性制约。这成为美国推动大中东计划最关键的外部条件。美国推行大中东计划最大的外部隐患是俄罗斯和伊朗。然而，俄罗斯和伊朗均利用伊拉克战争后被推高的油价赚取更多的外汇；伊拉克战争使美国的压力暂时转移。伊拉克战争使俄罗斯和伊朗获益，反而使它们很难对美国制衡，导致中东和中亚的反美力量难以聚合。美国可以集中精力推行大中东计划。

美国要处理的矛盾只有两个方面：对于亲美国家，能否接受美国的民主输出；对于反美国家，美国推行民主制度能否根除反美的"政治土壤"。在亲美国家中避免出现混乱，在反美国家中"制造混乱"。然而事与愿违，亲美国家的民主化进程一开始就不顺利。

发动伊拉克战争后，美国不到一年时间便抓获萨达姆。一年后，又推动以色列和巴解组织的历史性和解。更为关键的是，至少是以默认的姿态将阿拉法特边缘化。从事后伊朗和叙利亚的反应来看，美国的强力性措施确实起到震慑作用，但并没有使反美力量转变立场。

大中东计划的前提是消除反美力量的土壤。然而，虽然反美力量受到震慑，但由于民主化道路不顺，很多亲美国家的态度产生微妙变化。而且，民主化进程导致了民怨沸腾。美国庇护其长期执政并有严重贪腐问题的领导人，令自己处于"十字路口"。如果美国再深度介入，容易陷入中东民主化进程造成的乱局。因为亲美国家的新领导人并不一定坚定地支持美国，可能在美国和其他大国之间走平衡路线，甚至在国内出现极端反美力量时影响到政府政策倾向。

大中东计划使反美力量受到打压，但伊斯兰极端势力有所抬头，成为美国在中东政策的最大隐患。美国在中东面临的最大变数不是敌人威胁，而是敌友难分。中东各国民主化进程的差异，造成了地区性不平衡，使各国饱受曲折和艰辛。

但是，大中东计划的最大影响是，一旦在阿拉伯国家开启了民主化进程，便不可能再回到从前的某个强势人物长期执政的体制。无论这个进程中的波折有多大，也无论美国意志如何，中东长期四分五裂的局面会因为暂时的不平衡而保持，但亲美者不可能摆脱美国的安全保护，而反美者不可能借助政府或者国际力量来摆脱美国的压制。

美国推行大中东计划，并没有取得预想的结果。党派争吵、社会混乱使许多中东国家感到犹豫与彷徨，甚至是言论上大谈民主，而行为上难以为继。积累起来的民怨开始爆发。2011年年初，中东北非政治动荡便是明证。以埃及为例，穆斯林兄弟会上台后不久，开始违反民众使穆巴拉克下台的初衷而扩大总统权力，引起埃及政局再次动荡。

大中东计划符合美国的理想和价值观，也符合美国的现实利益诉求，却暴露了美国面临的尴尬境地，即支持美国的国家领导人都是长期执政，难免导致本国国内的社会矛盾积累，并且长期执政积累的弊病越来越难以缓解，使民众容易产生不满。如果美国不是在长期执政的领导人的晚年而是在其退出政治舞台后再强力推动大中东计划，也许会弱化产生动荡的各种因素的作用。

美国推动大中东计划，造成了中东格局的巨变。以前的格局是亲美和反美各自鲜明，推行大中东计划后，亲美国家出现未知性趋势，传统反美国家，由于民主化进程的压力和地缘政治格局的变化，开始希望与美国接触。中东由于民主化进程分裂为亲美和反美两大阵营的状态，没有变成美国希望的"民主政体"一统天下的格局，而是处于激变过程中，走向仍然不可预知。

大中东计划虽然使部分亲美国家出现混乱，也似乎使伊朗躲避了美国的"火力"，但是，伊朗必须面对的情况是：周边几乎全是被美国主导或者改造的国家。这种情况下，伊朗由以前的被敌对国家孤立，现在变成了被美国直接孤立而必须与美国展开直接对话，如果美国不愿意与伊朗缓和，伊朗便要以让步的方式来主动寻求与美国对话从而彻底陷入被动，否则只能孤注一掷。

太平洋秩序与美日同盟的变化

如果美国将来的地位衰落，而不是走向更加强势，一定是从太平洋地区开始的。因为美国在太平洋地区容易陷入当年英国在欧洲陷入的乱局。美国主导着太平洋秩序，却从未着手消除导致紧张和冲突的因素，反而不断使用平衡牵扯之术，掩盖矛盾和回避问题。更重要的是，太平洋地区，尤其是矛盾争端丛生的西太平洋地区内，没有美国一个真正的伙伴，没有从内心持亲美立场的大国——要么是处于美国的控制之下，有志难酬的大国，要么是暂时与美国对抗无益的大国，要么是时刻希望美国衰落的大国，要么是高度依赖美国保护的地区组织。美国全球霸权地位的命运取决于它在太平洋地区中的作为。

冷战结束后，太平洋上各支力量在各种复杂矛盾交织和经济共同快速发展的双重作用下，成为欧亚大陆具有最多走向可能的地区。矛盾冲突由潜在变为现实，各方都着眼最坏的结果进行准备，但一体化趋势又使各方都无力阻挡，只能顺势而为。

亚太是美国走向全球的起点。19世纪，美国利用美西战争获得了太平洋地区的"桥头堡"；与欧洲列强和日本在远东展开激烈的商业竞争和政治博弈，最终赢得残酷的太平洋战争。在太平洋战争中，美国对中国抗日战争的支援，不仅使之可以控制欧亚大陆以日本列岛为起点向南延伸到南海的诸多岛屿，还以中国为起点将影响力从欧亚大陆东端向西延伸至欧亚大陆腹地。但是，美国丢失中国大陆后，只能从欧亚大陆东端退出来，利用建立在强大工业基础上的海上优势控制西太平洋诸多岛屿。朝鲜战争使美国在欧亚大陆东端一隅取得立足之地。朝鲜战争奠定了冷战背景下的太平洋秩序。日本、韩国、中国台湾地区在美国的保护下，凭借着人民的勤劳与智慧，经济走向繁荣、社会走向稳定。在此过程中，由资本主义经济形态衍生而来的民主制度也根深蒂固，以至于在西太平洋上出现了海陆分离的秩序：海峡割裂了欧亚大陆东端的中国大陆、朝鲜、苏联、越南等社会主义国家与日本、韩国、中国台湾地区之间的往来，使之各自走着各自的道路。当中美关系正常化、中日邦交正常化、亚洲"四小龙"出现、中国大陆改革开放、冷战结束、东盟成立等一系列历史事件出现后，太平洋海陆分离的秩序开始遭到颠覆。

这种颠覆根源于全球秩序的变化。如果没有美国在第二次世界大战后对西欧、日本、中国台湾地区、部分东南亚国家的经济援助，很难想象它们的经济复苏会如此顺利。世界贸易和经济规模经历长达40年的高速增长，在冷战后不仅存在强大的惯性，还产生了巨大的辐射效应，推动了包括太平洋地区在内的全世界的经济贸易增长，使开放大门的国家和地区受益。太平洋地区形成多边共同发展的经济秩序。

太平洋经济的繁荣和一体化趋势起源于美国基于冷战需要和自身利益而产生的推力。但是，美国也会产生一种担心：曾经贫穷落后、依赖于美国的太平洋，尤其是西太平洋如果共同走向经济繁荣，出现一个世界上人力资源最庞大、发展速度最快的市场和贸易集团，凭借地理位置的接近，按照经济共同体标准实行通用的关税制度和成立金融体系，将对美国和欧洲提出巨大的挑战。太平洋一体化与欧洲一体化不同，美欧之间具有相近的文化价值观，而太平洋与美国之间的文化价值观具有较大的差异。因此，美国在太平洋一体化大势所趋的情况下，于2011年宣布将战略重心向亚太转移。这一全球战略重心的转移既是对太平洋秩序的因势利导，也是美国对太平洋秩序施加影响保持其主导地位的需要。美国最大的担心是孤立于太平洋之外，而不是置身于太平洋旋涡之中。

美国担心在太平洋遭到排斥或者一支力量独霸太平洋，希望各支力量之间实现均衡。换言之，如果太平洋地区出现一个垄断性国家或者集团，无疑将成为美国的噩梦。

实际上，美日同盟正在不自觉地防范这种危险。作为经济和科技强国的日本，如果与俄罗斯在北方四岛问题上达成谅解，经济与能源、海上强权和陆上强权的日俄两大力量组合后，有条件长袖善舞、待价而沽的将不是美国，而是日本和俄罗斯。

日本仍然是美国主导太平洋秩序的枢纽。如果美国在日本处于弱势之时，不支持或者保护日本，便难以获得对日本的控制能力；而如果美国在日本日益强势之时，不能控制和驾驭日本，则难以使自己在太平洋取得主导地位。随着日本经济和科技的强大，美日同盟不断调整正根源于此。

美国的困境在于：日本已经成为经济和科技强国，如果美国按照弱势时的日本僵化运作美日同盟，日本很可能努力挣脱美日同盟的枷锁；如果美国对日本约束不足，则会导致日本在亚太处处强势，美日同盟依然会名存实亡；如果日本与中国和俄罗斯解决了历史遗留问题，美国就会在太平洋上"靠边站"。

因此，未来美日关系不可能像美英关系那样特殊而又亲密。英国在美国和法德等国之间追求平衡，而日本无法在欧美、中国和俄罗斯之间追求平衡。英国可以有选择性地介入欧洲大陆事务，与欧洲大陆保持若即若离的状态，既保持对欧洲大陆事务的影响力，又以这种影响力提升对美国的影响力，反过来又通过美英特殊关系增强自身在欧洲大陆事务中的战略地位。日本却不可以成为连接东方和西方的桥梁，促使日本的利益最大化，既可以与欧美国家共同塑造世界秩序，维护高端的经济和政治地位，又可以利用"近水楼台先得月"的地理优势，享用中国庞大的市场和俄罗斯丰富的能源。

美日同盟决定了日本可以与欧美国家保持良性的高端关系，但必然陷入地缘政治斗争旋涡中。这样的日本对市场和能源只能舍近求远，对中东和东盟的依赖会日益增强，增加发展成本。因为对海上航线的敏感而几乎总是会与邻国麻烦不断，受制于人。日本不可能从开罪于邻国中受益。日本可能成为亚太的以色列。但是，日本无法像以色列那样游刃有余。因为以色列面对的是四分五裂的阿拉伯世界，而日本面对的是中国和俄罗斯两个大国。因此，当日本开始与中国、俄罗斯取得谅解，甚至深度合作时，美日同盟的基础会受到动摇。

第三章　超越历史的反思

　　第一次世界大战、十月革命、第二次世界大战、苏联解体等关键历史事件发生期间，不断有新兴大国崛起，也有古老民族变成新兴的现代国家。百年来，各国共同利益增大的同时，也在不知不觉中趋同。尽管其中充满曲折，但阻止共同利益扩大的因素要么弱化、要么消除。

　　冷战结束不是全球化大势的开始，而是全球化大势否定大国垄断权力的开始。从历史纵向看，如果从个体出发，谁符合全球化大势，谁按全球化大势制定和贯彻战略，谁就会主导国际体系。美英和美日在不同的地区，出现不同发展轨迹，产生不同作用，根源在于全球化大势中各个地区一体化程度的差异，而非仅仅利益的博弈。因此，美英与美日的未来，仍然要看权力体系的发展，而非历史的惯性。因为当回看美英和美日的历史轨迹后，不难发现，美英和美日之间交织与分叉，反映的是美国对英国霸权地位的超越以及霸权如何推动全球秩序演变。

　　如果说百年前的第一次世界大战前后是新的时代的门槛，今天则处于另外一个新的时代的门槛。未来新的百年将会比旧的百年更加复杂。此时，我们必须明白，没有哪种经验和理论可以"放之四海而皆准"。由此，现有科学仅能满足于解释过去，已经难以指导未来。

第一节　美英关系与美日关系演变的启示

美英和美日这两个双边关系像两条时而交叉时而分开的藤条，不断生长的同时，把欧亚大陆上一棵棵树苗"拧接"为一棵参天大树。美英日三个海权大国的联合力量真的能够把欧亚大陆紧紧箍住吗？百年来的英德争霸、英俄对抗、美苏冷战显示的海权斗垮陆权的历史，还会在未来重演吗？每次海权大国在胜利之后却麻烦缠身的历史规律还会重复发挥作用吗？美国在未来还有新的挑战者吗？美英式权力传承还会出现吗？当我们从更宽宏的角度看未来时，不应当只停留在回答这些问题上，而是要超越这些问题。

美国取代英国的本质

美国取代英国是世界海权秩序主导者的变化。因为世界海权秩序仍然为一家独大，不是群雄争霸。全球贸易体系仍然朝着全球市场发展，而不是改变方向。从这个角度看，美国取代英国的全球霸权地位，是世界海权秩序和贸易发展支配者的时代蜕变。

谁掌控连接各个大陆水域的海洋，谁就掌控世界命运。全球化进程中，当国家利益存在于国门之外时，没有海权便无法掌控自己的命运。海权争夺由此而出。发展海上力量和海外贸易的难度，决定了海权的争夺最终只有一个胜利者。这个胜利者就是霸权国家。所以，在唯有海上通道才能到达全球的年代，无敌海权意味着全球霸权。

如今，能够覆盖全球各个角落的交通体系与信息网络，使传统海权出现变化。掌握海权获取收益的时代远未结束，但垄断海权却越来越难使自己成为唯一受益者。美国如果塑造排他性世界海权，早晚将高度依赖于其他海上强国。无法排斥他人，却又追求排斥他人，正是英国世界海权衰落的症结。

世界金融中心由伦敦转移至纽约之时，正值世界经历混乱与浩劫。第一次世界大战后，英国欠下美国近40亿美元的巨额债务。第二次世界大战中，当英国面临破产危境，美国通过《租借法案》和军舰换基地等方式救援英国，但却没有救援英镑。美元代替英镑成为世界贸易的主要结算货币。战争尚未结束之时，美英军事同盟火热，金融竞赛却冰冷。美英分别按照各自私利设计战后国际金融和货币体系。经济学大师梅纳德·凯恩斯为英国提出"凯恩斯计划"①，美国则提出"怀特计划"②。在1944年的布雷顿森林会议上，纵然凯恩斯竭尽全力地维护英镑地位，也无济于事。最终，成员国货币与美元挂钩，美元与黄金挂钩。英国正式承认美国彻底取代自己的世界金融中心地位。冷战时期，美国总统尼克松宣布布雷顿森林体系结束，日元、马克、法郎、英镑获得相对独立地位，但仍然无法与美元抗衡。冷战结束后，欧元出现，美元仍然无法被取代。

美国行为的根源

历史表象误导人们判断未来的概率要远远高于从历史中得出真知灼见的概率。使自诩为战略家而实际上志大才疏的人头脑清醒的最佳方式，就是区分表象与根源。**要想知道对方的行为，必**

---

① 1944年在美国新罕布什尔州的布雷顿森林举行的联合国货币金融会议上，为维持和延续英镑的国际地位、削弱美元的影响力并与美国分享国际金融领导权，英国著名经济学家约翰·梅纳德·凯恩斯提出"国际清算同盟计划"。但是由于实力不济，该计划并没有使英国得偿所愿。

② 怀特计划与凯恩斯计划存在重大区别，确保了美元的世界货币地位和美国的世界金融领导地位。

先知道对方的利益；要想知道对方的利益，必先知道对方是什么样的人。所有国家行为都是基于自身历史经验、价值观、制度的产物。美国如何运行美英关系和美日关系，其背后体现的是美国的历史经验、价值观和制度。

仅从表象看，美国全球霸权地位得益于两个方面：一是处于绝对优势的经济实力、人口规模、科技水平以及由此而具有的巨大的军事潜力；二是欧亚大陆矛盾此起彼伏时，两洋屏护既可使美国坐收渔利，又可使美国在最佳时机介入。两次世界大战，欧洲列强正处于"鱼死网破"争斗之时，美国先与两边展开军火贸易而大发战争横财，而后再参战，成为牺牲最小、收益最大的战胜国。在太平洋地区，对日本先是经济制裁、再是石油禁运，使本来已经陷入中国战场的日本最终只能进行"自杀式"地孤注一掷。美国利用两洋，在欧亚大陆陷入斗争旋涡时，进可攻，退可守，再加上广阔的领土、丰富的资源、众多的人口，美国可谓得先天之利。

但是，从本质看，美国所有行为的根源在于两个方面：一是尊重多样和具体的个体利益；二是自我变革。个体追逐各自利益构建了多样化社会，令社会行为准则由商业和契约衡量，而非以空洞的社会伦理说教衡量。以商业为基础的社会，鼓励竞争行为和尊重契约精神，使美国在国际行为中，出现了两个明显的倾向：一是对个体利益的尊重，延伸为对各个不同民族的尊重。民族自决成为美国处理国际事务的基本准则；二是对竞争和契约的重视，将贸易竞争置于国际关系的中心。当这两个明显的倾向对比欧洲冷酷的实力政治时，内在地促使美国将自己的思想与制度当成人类社会的"灯塔"，将每个国家看成现实或者潜在的市场。美国人从骨子里认为自己是特殊的，自己的国家应当成为世界的灯塔，因而希望其他国家遵循它的发展轨迹和立国原则。这一设想又是建立在美国令其他国家接受它的价值观的基础之上。因此，当美国从大国争霸中走向世界舞台时，令世界为之震动。自从三十年战争以来，还没有任何一个国家在令其他国家感到震慑的同时，还感受到它的文化和价值观的强大力量。

当威尔逊带着美国式的理想主义出现在巴黎和会上时，便预示着美国要按照自己的价值观改造旧世界、构建新世界。但威尔逊在世界尤其是欧洲面前，过于理想化而显得伪善。的确，欧洲也有足够的理由认为威尔逊伪善。因此，凡尔赛体系印证了美国的失落。当世界重新陷入更大的混乱之际，罗斯福发表了"四大自由演讲"①。他继承了威尔逊的道德理想，但避免了威尔逊的僵化。美国从此可以为了自己的价值观，巧妙迂回地服务于现实。冷战爆发后，针对苏联的遏制战略，美国不断在理想主义和现实主义的两端之间进行平衡与调整。苏联解体后至今，美国又在单边主义与多边主义两端进行平衡与调整。

在这一历史过程中，外部竞争压力和内部对个体权益的尊重，使美国比欧亚大陆所有国家具有更强的变革能力。第二次世界大战结束以来，美国在航天技术、信息技术等诸多新型科学技术领域遥遥领先于世界。冷战结束后的反恐战争，促使美国以举国之力推动军事变革，使当今美军被大多数国家军队仿效。美国的巨型私人企业，尤其是新兴领域内的跨国企业，不仅富可敌国，还影响到他国的国内事务。更加值得注意的是，美国的企业运作模式被几乎全世界的巨型企业模仿。美国国内的政治生态，没有任何一个党派、总统、政府官员可以不受监督和制衡地做出决策与执行决策。政党竞争和制衡、公开的媒体、独立的学术力量（教育、科研、学者参政）等因素使决策错误很容易被公之于众，获得有益批判。任何一个错误的决策与政策在极端方向上不

---

① 1941年1月6日，罗斯福在国会大厦发表著名演讲，首倡"四大自由"，即言论和表达自由、宗教信仰自由、免于匮乏的自由和免于恐惧的自由。这四大自由被认为是文明社会的基础。

可能走远。美国之所以在越南战争后变被动为主动，国内"纠错功能"功不可没。虽然美国经常遭遇危机与困境，但仍然保持超强的国际地位与综合实力，根源来自美国强大的自我变革能力，能够快速化解外部形势变化与既定政策战略之间的矛盾。

美国对于自身历史经验的超越、利用价值观谋求现实利益、对自我纠错和不断更新具有最大化的包容能力的政治制度等，使美国在战争或者危机时，不可能出现歇斯底里般的"最后决战"心态；在和平时期，也不可能放弃传播价值观的努力。要预测美国未来行为，比起预测其他国家需要更加深刻的理性。

美国喜欢不同的意见，但不喜欢不同的人。美国可以不受意识形态约束地判断现实，但会受到自己价值观的支配，表现出自己的感情倾向。显然，只有相同的人才能影响美国的心态，不相同的人只可能改变美国的具体策略。可以判断，美国超强的军事力量、经济力量、制定规则的能力，使它可以接受除失败之外的任何现实，但不会对任何有悖于它认定的道德标准产生心理认同。这意味着，美国的全球主导地位、追求控制潜在市场、传播价值观，无法与地缘政治剥离，会根据地缘政治现实在不同的地区和对不同的对象使用不同的交往方式。但是，如果与美国仅仅只有物质利益交换，早晚会与美国走向对立。

美国从孤立走向世界

历史悠久和丰富多彩的表象使人容易忽视本质与大势。用归纳法将历史压缩，取其主线与根源，将历史连贯而深刻地呈现，应当成为所有研究战略思维和希望获取战略智慧的人的基本技能。总有人认为，美国的地缘政治优势是先天的。持这种观点的人，却不能解释为什么加拿大、阿根廷、墨西哥、巴西等同样远离欧洲的国家没有成为当今的美国。从表象上看，大西洋作为一个巨大的鸿沟和障碍，使美国远离欧洲的政治纷争和军事冲突，心无旁骛地专注于利用欧洲的混乱从中渔利。但是，立国之初时的美国并非如此。它与其他列强一样，在险恶的环境中诚惶诚恐地成长，而后才一步步地争取到有利的外部条件。美国不断在利益与理想之间交错，由孤立走向世界，由世界边缘走向世界中心。

独立战争期间，法国为对抗英国，成为美国的盟友。独立战争结束之后，美国并非因为独立而获得安全。大多数人认为，孤立主义是华盛顿等国父们的明智之举，但鲜有人深刻地看到，它是弱者为了生存的务实之举。首先，美国因国力弱小，必须避免与欧洲列强中的任何一个为敌。一旦美国卷入欧洲列强的争斗旋涡，要么将与英国为敌，要么将与欧洲大陆上的其他强国为敌。无论何种结果，美国均可能成为附庸，为他人"火中取栗"。其次，海权的弱势，令美国不得不在强大的英国皇家海军面前维持着脆弱的海外贸易。换言之，不能奢望得到任何外部援助的美国既不能得罪英国，使之感到任何敌意，也必须对其他欧洲列强尽可能忍让。

美国只能小心翼翼地处理与欧洲列强的关系，游离于欧洲列强纷争之外，避免介入其中。孤立主义自然成为美国国内的高度共识。《杰伊条约》①和"第二次英美战争"②证明，独善其身并不意味着安全。如果没有拿破仑战争，美国只能以尊严换取安全。欧洲陷入拿破仑战争之后，孤立主义为美国赢得了时间，促使地

①　1794年，美国总统乔治·华盛顿为避免与英国爆发战争，派遣约翰·杰伊赴伦敦与英国政府签订了一个不平等条约。美国承认了英国在北美大陆内河航行的自由和在西印度群岛贸易中的优势地位，丧失了领土主权和贸易利益。但是，此举却避免了美国在不利情况下再次爆发战争的危险，使美国得以暂时置身于因法国大革命而引发的欧洲战事之外，为独立之初的美国赢得了一个相对和平的国际环境。

②　1812—1815年，美英爆发战争。战争使美国摆脱了英国对其在政治上的控制和在经济上的渗透，成为一个完全独立的民族主权国家。

缘政治条件中蕴含的独特优势发挥出来。

拿破仑战争时期，特有的开拓精神使美国在贸易立国政策的刺激下，成为经济发展、国土扩张最迅速的国家。此时的美国，也许没有预料到有朝一日成为世界霸权，仅是一个中立、为维护本国利益希望周边国家稳定的国家。但是，随着国内经济发展，向海外市场拓展的诉求日益强烈，邻近的美洲各国自然成为首选。对冷酷的欧洲厌恶的美国，自然而然地反对欧洲列强继续在美洲大陆扩大殖民、占领美洲大陆市场和掠夺美洲大陆的原材料。利益与情感产生了门罗主义。

门罗主义遵循的是这样一个法则：安天下必先安近邻。门罗主义使美国地缘政治条件的优势显现出来。美洲大陆上没有任何一个国家能挑战美国。而欧洲大陆上每个时期都有对英国构成严峻挑战的强大对手。

经济诉求必然会得到政治支持。门罗主义的核心不仅是反对欧洲侵犯和介入美洲事务，还包括塑造美洲大陆秩序。比如，它在处理委内瑞拉与哥伦比亚领土纠纷时，不偏不倚地树立了公正的形象。门罗主义使美洲越来越有利于美国利用矛盾丛生的欧洲列强各自为战和目光短浅的殖民行为，不断走向强大和开放。

19世纪中期，当欧洲列强忙于争夺中国时，美国海军舰队打开了日本的国门。19世纪末期，当日本加入欧洲争夺中国的行列时，美国于1898年和衰落的老牌帝国西班牙爆发了美西战争。美西战争是美国第一次在西半球之外使用军队。由于西南太平洋并非国际斗争的焦点，美国胜利不够引人注目，恰好避免了其他列强对美国的担忧与警惕。美西战争是一个新兴崛起的强国和一个已经衰老的旧式强国之间的碰撞，与之前的普法战争、后来的日俄战争，共同掀起了全球秩序变革的序幕。美国并不满足于获得进入太平洋的桥头堡。美国需要亚洲，尤其是中国的庞大市场。

所以，美国于1899年向列强提出"门户开放、利益均沾"①，即确保清朝领土完整和主权独立、要求清政府开放更多的城市。其实质是利用日渐强势的经贸力量和帮助弱小者的道德牌，参与争夺亚洲市场。丧权辱国的晚清政府，将美国看成一个比欧洲列强和日本亲善得多的朋友。获得晚清政府好感的美国，成为在亚洲权益扩大最快速的国家。无论在欧洲，还是在亚洲，至少出于经贸利益，美国也需要和平。

1900年，美国成为世界经济总量和工业总量最大的国家。当时世界上充斥的敌对性同盟、零和博弈、秘密外交、军备竞赛，显然已经成为美国实现利益的障碍。1904年，同为美国竞争对手的俄罗斯和日本爆发战争。美国开始在政治上介入国际事务。对美国而言，日俄战争的最佳结果是日本与俄罗斯互相削弱。如果日俄战争长期持续，可能摧毁晚清经济体系，导致美国投资难以赢利；如果日俄战争中有一方因彻底战败而退出中国东北，另一方则成为美国的强劲对手。因此，美国在日本胜局已定时，立即成为战争的主要调停者，避免俄罗斯彻底退出中国东北，从而形成日俄互相制衡的局面。美国的国际地位和影响力已经显而易见，不可能对国际事务熟视无睹。

此时的美国，虽然军事力量不足以和其他列强抗衡，但已经成为一支重要力量：西半球的唯一主导者、亚洲的重要参与者、欧洲列强不可或缺的重要贸易伙伴。利益遍及全球时，孤立主义已经必然性地退出世界舞台，国际主义应时而生。

孤立主义从来没有阻挡国际主义的孕育，因为孤立主义注重

---

① 美国政府分别于1899年9月、1900年7月两次向英、德、俄、日、意、法各国发出外交照会，提出对中国实行"门户开放"政策，即承认各国在中国的租借地和既得利益，各国所属口岸和铁路对一切船只货物通用现行中国约定关税率，并按同一标准收取路费。并主张保持中国领土和行政的完整，维护各国在中国各地平等公正贸易的原则。它避免激化了列强在华的利益冲突，甚至在一定程度上促进了列强的相互合作。

避免被卷入欧洲和远东的政治军事纠纷，而不是封闭于外部世界。孤立主义反而避免了经贸领域受到政治因素干扰而不断扩大美国与世界的联系。随着经贸联系的深化和扩展，美国又必须传播价值观而强化政治影响力，打破经贸发展可能遇到的障碍。

欧洲是世界的中心，世界的秩序取决于欧洲的秩序。美国的战略重点必须置于欧洲。随着英德矛盾激化，同盟国和协约国两大敌对性集团成立，欧洲大战一触即发。美国需要欧洲列强互相削弱，但不希望战争导致欧洲破败得令自己无利可图。两个矛盾反映在美国身上，就是孤立主义与国际主义交错主导着美国的态度。固守孤立主义将使美国坐看欧洲成为一片废墟，执行国际主义将使欧洲列强持续成为美国的强大对手和威胁。

所以，当第一次世界大战爆发时，美国实际上处于两难之中。欧洲列强的战争，使美国坐看双方遭到互相削弱而两边渔利。但是，当美国军火商和借贷公司乐此不疲地大发战争横财时，巨大的战争消耗却使欧洲列强政府大幅削减公共开支，民众消费能力急速弱化，欧洲商品市场急速萎缩。因此，美国必须作为一个和平的斡旋者，成为一个诚实的调停者、和平的维护者，为了自己的利益解决欧洲的麻烦。威尔逊主义在这种背景下出现。

据威尔逊本人说，美国加入战争的目标是消灭战争，制造和平，而不是参加任何一方的同盟。秘密外交、殖民地经济掠夺、敌对性同盟才是美国的敌人。但是，独特的地缘政治条件、经贸关系、力量对比、感情取向等因素，促使美国越来越倾向英法俄而远离德国。

强大的国力令美国成为战胜国，曲高和寡的理想驱使威尔逊满怀希望地来到欧洲，却忧心忡忡地离开欧洲。对《凡尔赛条约》的极度不满，使美国国内的孤立主义重新兴起。但是，此时的孤立主义与立国之初的孤立主义截然不同。它代表着美国介入欧洲事务的一种方式，更加实用和灵活地影响欧洲、服务自己。

　　欧洲经济恢复的速度对美国赖于兴国的贸易与投资，具有无法比拟的重要影响。美国希望经过战争消耗的欧洲尽快恢复经济。欧洲经济能否复苏，人口最多、市场最庞大、地理位置处于欧洲中心的德国是关键。德国经济恢复成为欧洲经济恢复的发动机。"道威斯计划"和"杨格计划"的焦点均在德国。它们表明，14点计划功败垂成之后，美国已经实质上主导欧洲。因为它们突破了《凡尔赛条约》的界限，并且英法只能支持。

　　与在欧洲仅使用经济的柔性手段相比，美国在亚洲算是主动强势作为。先是利用华盛顿会议，埋葬了英日同盟并获得了与英国在海上平起平坐的地位。针对日本在远东扩张，美国步步紧逼。尽管中间存在绥靖主义，但对日本进行的外交孤立、经济制裁、石油禁运，足以显示美国的实力。

　　1929年的经济危机，使欧洲重新陷入混乱，加上日本在远东扩张，凡尔赛—华盛顿体系彻底崩塌。凡尔赛—华盛顿体系的弱点是对德国的处理过于苛刻，造成日本孤立最终冒险，但根源在于战胜国之间无法协调。每个战胜国都希望按照私利构建战后秩序。《凡尔赛条约》的核心是处理战败国，而战胜国之间如何协调，则是继《凡尔赛条约》之后的突出问题。当《凡尔赛条约》得以签订后，苏联和德国同时受到束缚，对其不满，美国置之不理。日本遭到美国和英国孤立，对华盛顿体系不满。凡尔赛—华盛顿体系简直就是新的战争诱因。这又从另外一个侧面表明，世界需要一个新的秩序。从而预示着，如果欧洲失去了作为世界中心的意志、能力和机遇，美国必将取而代之。并进一步预示着，如果欧洲混乱而衰落，而美国又不能塑造欧洲秩序，也就意味着全球秩序失控。幸运的是，罗斯福不是第二个威尔逊。从这个角度看，美国谋划新的全球秩序，起始于威尔逊，兴起于罗斯福。当欧洲受限于地缘政治时，美国已经超越了地缘政治。

　　第二次世界大战结束后，美国取代英国成为唯一的全球力量，不仅在于实力地位，更在于内在经济需求。美国一旦离开了全球市场，离开了中东等其他重要能源来源地，其经济便无法持续发展和繁荣，最终将毁于一旦。美国安全与繁荣建立在全球市场和能源供给的稳定基础之上。因此，如果对美国极为重要的地区陷入贫穷、混乱，甚至为他人（尤其是敌对者）控制，美国天然的不安全感便会产生。冷战中，美国遏制苏联的根源正在于此。

　　冷战时期的美国，显然吸取了第一次世界大战结束时的教训：如果美国任由欧洲形势发展而失控，自己早晚要受伤害。但是，冷战刚刚开始时，美国却矫枉过正。第一次世界大战后，美国撒手不管；第二次世界大战后，美国又管得太多，从希腊和土耳其危机、柏林危机到朝鲜战争、越南战争，美国在欧洲和亚洲的战线拉得太长，以至于冷战前期的20多年里，美国在欧亚大陆上疲于奔波。

　　与美国的疲于奔波相对应的是，西欧和日本的经济开始强势崛起、中国的地缘政治价值凸显。从尼克松提出五大力量中心说开始，直到里根重振国威和老布什提出超越遏制，苏联内在弊端显现爆发，最终导致冷战结束。接下来，美国开始积极推动北约扩充，将东欧纳入安全体系，当九一一事件爆发后，美国发动阿富汗战争和伊拉克战争，进入欧亚大陆腹地。2011年又宣布重返亚太。直至今日，见证美国实力地位的是，它超越了任何一支欧亚大陆的力量影响欧洲大陆。

　　在人类历史上，还没有任何一个国家像美国一样，在短短200年不到的时间里，由初生弱者成为世界最强者。伟大的成就意味着美国不可能放弃独特的理想主义，也不可能放弃那些必需的、微妙的、有时令人难以惊奇的变化。浓厚的商业意识以及由此产生的契约精神，使美国对利益的认知建立在威望与实力结合的基础上。

对英国的思考

特殊代表现实利益的切合，亲密代表心理认同的自觉。在所有对美英特殊关系的阐述中，里根的评论最为经典和全面。他说："我们的特殊关系源于相同的民主价值观，共同的盎格鲁–撒克逊祖先和共同的语言以及在两次世界大战中并肩战斗而形成的深厚和成熟的友谊。"[①]

美国是一个年轻的国家，缺乏处理复杂国际事务的经验，容易"意气用事"。英国的经验、精明和对美英关系的主动塑造，使美英可以成为战后最坚定的盟友。美英同盟也是人类社会有同盟的历史以来，最为成功的同盟。这一特殊关系延续到了冷战结束之后。冷战结束后，"两国关系仍富有内容，并未随着旧时代的终结而消失"[②]。这不得不说是人类历史进程中的某种鲜明的标杆。美英关系显示未来国际关系发展趋势的价值正在于此。"美国国家政策的传统目标是：个人自由、和平与繁荣。三者是人类享受自由和追求幸福的权利的先决条件，这种权利是造物主所赐予的，亦是不可剥夺的。"[③]在所有国家里面，英国的传统是最贴近美国的。英国对世界的设想是"促进建立一个有利于我们的民主、经济、贸易和社会价值观的国际秩序"[④]。几乎如出一辙的目标，使美国更加容易对英国产生认同感。冷战胜利后的美国难道需要新的盟友远胜于对传统盟友的依赖吗？

冷战结束对美英的影响并不是对等的。苏联解体使美国产生唯我独尊的心态，对包括英国在内的盟国和其他国家的重视程度

---

① ［美］罗纳德·里根：《里根回忆录》，萨本望、李庆功、龚卫国，译，348页，北京，中国工人出版社，1991。

② Raymond Seitz. *Britain and America: Towards Strategic Coincidence*, World Today, Vol.49, No.5, May, 1993, p.85—87.

③ Samuel P.Hayes. *Point Four in United States Foreign Policy*, Annals of the American Academy of Political and Social Science: Aiding Underdeveloped Areas Abroad, 1950, p.268.

④ *Statement on the Defense Estimates 1995*, London: HMSO, May, 1995, p.9.

容易降低。对英国而言，苏联解体使英国面临的最大现实威胁消失，美国相对更加强势。英国同样夹在一个自信、自负的美国与独立倾向明显并走向混乱的欧洲之间。

美英特殊关系可能因苏联解体而面临被低估的危险。然而，冷战结束没有减弱美英特殊关系，反而使之增强。这主要是因为经过冷战时期的锤炼，美英在文化相似的基础上，现实利益、地缘政治斗争和意识形态等各个方面开始出现趋同。从海湾战争直到冷战后爆发的波黑战争、科索沃战争，欧洲其他国家的媒体对美国有赞同认可，也有质疑甚至反对，而英国主流媒体几乎和美国主流媒体"统一了口径"①。尤其是科索沃战争前后，美英两国媒体是北约国家中立场最为接近的。这反映出，冷战结束使美英由现实利益认同深化为心理认同。

心理认同对国际事务的影响力日益增强。阿富汗和伊拉克战争中，英国成为美国最坚定的支持者，导致美英关系超越了朝鲜战争和越南战争，甚至超越了马岛战争时期。当然，美英关系由特殊变得亲密，不代表英国的僵化。英国在美国与西欧之间比以前更加游刃有余。其中，最重要的莫过于开始英法防务合作。英法防务合作是第二次世界大战结束后，具有历史性意义的大国合作。自从冷战开始后，英法虽然同为西方集团，但地位却截然不同。英国具有美英特殊关系这一财富，而法国出于自身地位的需要，经常与美国保持距离甚至有意制造距离。法国对英国的影响始终不大。尤其是戴高乐退出北约军事体系后，西方集团内部事务每遇问题时，法国对英国几乎本能地反对。然而，当法国于2009年有条件重新加入北约时，英法开始进行防务合作，英法两军战机共用航空母舰起降、军舰可以为对方护航、英国核弹头送

①　冷战时期，美英两国主流媒体的立场经常相佐。比如，苏伊士运河危机期间，英国媒体大肆报道美国落井下石。1983年美国入侵格林纳达期间，英国外交官私下发表的反对意见被美国有线电视新闻网引用。

到法国进行维修保养、组建联合特遣部队等举措，已经超越了北约合作程度。这便于法国通过法德关系推动欧洲防务一体化，又通过英法防务合作提升对美国的影响力。同样，英国也可以通过英法防务合作，在提升对法国影响力的同时，也使美国看到英国的独立性。英法防务合作令英国可以追求更好的平衡，以增加主动权和灵活性。

英国是一个变革能力非常强大的国家，也是对历史掌握得非常深刻的民族。它的弱点是基于现实和可见的未来进行事后反应，而不是超前预置措施。这一点，英国不如美国那样具备宽宏的视野。但是英国比美国对风险更加敏感。这也是美国倚重英国的根本原因。根据英国人的性格和在美英特殊关系中所展现出来的务实精神与妥协技巧，完全可以判断：英国在美国处于危机中抛弃美国的可能性，大于美国在英国处于危机中抛弃英国的可能性。但是，只要美国足够强大，英国便不会出现错误判断。

对日本的思考

日本最深刻的教训不是战败，而是孤立。明治维新后，日本所处时代的主题是欧美列强用武力瓜分世界。日本无法使用和平方式参与到与欧美的竞争中，导致了与欧美列强决裂。当英法等传统列强衰落而美国成为世界首强后，日本利用美日同盟，以独特的勤奋与智慧，成为经济和科技强国，成为西方不可或缺的重要伙伴。当今的日本，与西方不存在需要使用武力才能解决的矛盾，与西方已经到了不能决裂的地步。从这一角度看，美日同盟使日本获得了明治维新后最大的战略机遇。

日本经济和科技高度发达，但政治上仍然不能算成功。追本溯源，"脱亚入欧"是病根。明治维新时期，日本"脱亚入欧"而全盘西化，成绩斐然。但导致了新的战略困境。日本难以摆脱西方制约，又与邻为壑。从甲午战争到第二次世界大战，日本每次胜利后都必须以更大规模的扩张才能巩固所谓的胜利果实，而更大规模的扩张又导致困境进一步加深。第二次世界大战的失败也是其困境变成绝境的终点。冷战爆发后，日本对抗苏联的地缘政治价值令其在美日同盟中几乎毫无安全压力地发展，实现了经济、科技腾飞，造就了战后辉煌。然而，当历史发展到今天，日本似乎又重蹈覆辙地陷入新的困境中。之前的困境是因过度扩张导致铤而走险，而如今是再次可能的孤立。从根本上说，使日本过度扩张的两个固有的深层次原因仍然在发挥作用：一是地缘政治环境，二是民族文化。

日本国土面积狭小，任何一个地区距离海岸不超过120公里，可耕种土地匮乏；自然资源稀缺；频繁地遭受地震、海啸、火山、台风等自然灾害的侵害。"一个民族总是离开坏的地方去寻找较好的地方，而不是离开好的地方去寻找较坏的地方。"①恶劣的生存环境，使日本的经济繁荣必须寄托在国土之外的生产原料与市场。作为岛国，日本的安全又取决于对海洋的利用。这样的地缘政治环境，使日本对海外的自然资源、市场以及极为重要的海上航线、海岛极为依赖。谁控制了海外自然资源、市场以及海上航线、海岛等经济要素和地缘政治要素，谁就控制了日本的命脉。因此，无论哪个时期的日本，在海洋、海岛问题上都缺乏"发言权"，一旦失去海外资源和市场的支撑，日本经济便会崩溃，日本便会成为孤岛和死岛。

日本对海外资源和市场的高度依赖，决定了它既必须保证在海洋上的行动自由和自主，也必须保证海外原料供应的稳定和海外市场的安全。要获得这两个保证，就涉及两个方式：一是暴力掠夺，二是和平合作。前者是通过武力获取制海权、海外原料产

---

① ［法］孟德斯鸠：《论法的精神》上册，许明龙，译，281页，北京，商务印书馆，1981。

地和海外市场，后者是通过合作共同使用海洋、维护海洋和平，与海外原料产地和市场所在国家及地区保持互利互惠。

第二次世界大战前是列强依靠武力瓜分世界的时代，对于包括日本在内的任何国家而言，使用和平手段开发资源、使用资源，都不是第一选项。美国、德国、日本崛起后，它们与英法俄等老牌强国的矛盾，一开始就注定无法用和平手段解决。在欧洲，德国统一使实力政策大行其道。俾斯麦去职后，德国开始扩充海军，希望争取"阳光下的地盘"；作为全球秩序的维护者，英国先受到俄国挑战，后又受到德国挑战。在亚洲，日本的崛起和英日同盟的建立将日本与欧洲列强的博弈紧密联系起来后，日俄矛盾、日美矛盾复杂交织，成为西太平洋国际秩序的主流。这就造成了一个事实：在列强阵营壁垒分明的时代，任何一个大国扩充势力范围，都不可避免地会遭到抵制。这种战略格局促使所有大国只能选择通过武力和均势维护安全与发展。甲午战争后，日本与俄罗斯在远东产生矛盾。日俄战争后，日本又与美国产生矛盾。当日本对海外原料和市场日益依赖之时，它在东亚市场的主导地位逐渐被美国取代。尤其是石油等战略物资又遭到美国禁运，危机感促使日本必须加快扩张。

冷战时期，日本利用美国实施"搭便车"战略，走和平发展道路，获取海外原料和市场。以石油为例，日本利用美国在中东的主导地位，发展与中东国家的友好关系。海湾战争期间，日本为维护能源安全和发展与海湾国家的友好关系，成为美国出兵重要的财政支柱之一。日本还利用与欧美的盟国关系，大力发展高科技产品，占领了欧美市场。日本利用中日邦交正常化，发展对华贸易，将对华贸易模式向东南亚推广。日本利用美日同盟，维护了自身海外能源输送线、贸易生命线的安全与稳定。

冷战结束后，日本由美国对抗苏联的前沿阵地变成全球战略的助手，需要在东亚地区保持重要的影响，为美国的全球战略服务。然而，随着中国日益富强、东盟成立、亚太成为最具活力地区，日本经济发展却走向低谷。它在诸多历史遗留问题（中日之间、日俄之间、日韩之间存在的海洋岛屿争端）上的态度、原则、立场等都不可能脱离美国的全球战略框架。

日本崛起、战败衰落、再崛起、再陷入孤立的原因是先天性的地缘政治环境缺陷。日本处于美国、俄罗斯、中国三个世界上最重要的大国之间，难以将先进的科技资源和庞大的经济力量转化为文化优势和政治威望。在它与俄罗斯、中国的历史遗留问题没有解决之前，日本都将高度依赖美国。近年来，日本不断强化和扩展美日同盟，既是缓解地缘政治压力的现实需要，也是谋求突破"大国包围圈"的合理逻辑。而且，日本与俄罗斯、中国的历史积怨越深，对美国的依赖程度将越高。由于美国与俄罗斯、中国存在竞争与冲突风险，使日本更难消解历史积怨。在全球化进程不可逆转的今天，大国间的利益越来越紧密相连，消除利益矛盾和历史积怨的最佳方式是合作，而不是对抗。从先天不足的地缘政治环境看，日本的最佳战略是与俄罗斯、中国消解历史积怨，成为美国、俄罗斯、中国三大国之间的和平推手，而不是麻烦制造者。如果日本的先进技术、俄罗斯的丰富能源、中国的庞大市场三者能够结合，对包括日本在内的所有国家都将是造福之举。

民族文化来自生存环境和历史经验的长期积累。日本诸岛处于互相孤立之态，并与大陆长期隔绝，其民族文化只有借助别国文化在岛内独创。日本的民族文化是在借鉴中华文明的同时，根据自身历史经验创造而成。因此，日本总是希望寻求到某个富有影响的庇护者的指导、帮助和支持。由于日本在历史上长期处于岛内内战和向中国进贡地位，一旦在短期内取得强势地位，封闭的民族便很容易产生骄纵的心态，这也可以解释日本为什么在千年来处于向中华进贡地位后，一旦战胜中国便出现历史上所有侵略者都少有的贪婪与残暴。当时的中国对于日本而言地大物博，但却积贫积弱。日本自从甲午战争胜利后，对遭受自己侵略的中国和东南亚国家非常轻蔑，这种心态延续到了第二次世界大战结束后。而对战胜自己的美国，却非常恭顺，宣布无条件投降后，甚至极力迎合美国对日本的改造。在冷战时期，小心翼翼地跟随美国的步调。冷战结束后，虽然先进的科学技术可以制造先进的武器装备，但日本国民的思想思潮却是甘愿受制于美国。

自从明治维新以来，日本实行脱亚入欧、全盘西化的国策，反映的是它对当时世界先进文明的重视和向往。然而，先进的人文思想并未进入日本人的精神世界。当日本与欧美列强在远东的争夺处于下风时，便悍然发动侵略战争，企图用武力解决问题。当时日本主要的政治家和战略家几乎偏执狂般地将武力作为解决所有矛盾的首选。日本军人对待被侵略地区的平民和战俘的残暴程度在历史上也是罕见的。

第二次世界大战时，日本与纳粹德国心怀异志。德国国力最强，日本次之。如果日本从更加宽宏的战略思维出发，配合德国夹击苏联，美国将可能由于国内孤立主义思潮和反共观念推迟参战。但日本在纳粹德国兵败莫斯科后短短数日偷袭珍珠港，致使德国陷入了彻底被动。这些足以显示日本战略思维中的狭隘和短视。

日本虽然没有全面的战略，但却有先进的战役战术。以海军为例，在偷袭珍珠港中，日本海军开创了航空母舰搭载飞机实施攻击的先进战术。在整个太平洋战争中，日本海军表现出来的训练素质和作战意志首屈一指，原因是日本对战术的精心研究和对作战行动的精心计划与演练。

日本与晚清几乎同时开始向西方学习。晚清只是"中学为体，西学为用"，注重从军事技术装备、具体战术、部队编制等表象上进行模仿和引进，对西方先进的军事制度、军事文化缺乏科学借鉴。日本则学习得更加彻底。陆军以普鲁士陆军为师，海军则以英国皇家海军为师。同时，日本还对先进的军事制度和文化进行改造，使其和日本的民族文化融会贯通。甲午战争的胜利，从另一个侧面表明了日本对于先进文明、先进制度、先进技术的学习能力。但这种学习能力并不是"原创"的先进，而是一种模仿和根据自身情况的改造。**日本的民族文化中仍然存在两个极端：对成功经验的僵化固守和对失败教训的简单摒弃，二者程度相当**。佩里舰队带给日本的耻辱和晚清遭受的耻辱，使日本决心摒弃原有的生存方式。但日本取得部分成功后，又对成功经验极端固守。例如，日本发动太平洋战争前，作战设想是利用日俄战争时期经验，再打一次对马海战式的海上伏击战。日本偷袭珍珠港的目的就是消灭太平洋舰队，诱使美国海军其他舰队赴西太平洋出战，日本海军则在有利位置上以逸待劳，一举歼之。日本海军使用应对俄罗斯的办法对付美国海军，对成功经验的极端固守是日本走向战败的重要原因。

从明治维新开始到第二次世界大战结束的近100年时间里，日本民族文化是生存危机感、狭隘民族观、武力至上论的结合体。虽然经过美国冷战中的改造和冷战后20多年的和平发展和民主政体，但民族文化没有跃升。日本的战略思维特点仍然是：专注于局部和眼前而忽略全局和长远；勤奋、善于学习他人，但偏执、囿于自身经验；尊重强者、重视文明却轻蔑弱者、崇尚武力。

日本辉煌的科学技术成就中鲜有原创性重大发明，如集成电路、计算机、航天工具、网络等引导人类文明方向的革命性技术工具等。日本的强项是在欧美原创性发明基础上，对技术进行精益求精的模仿和完善。日本尊重西方民主，也自诩为西方民主在亚洲的成功嫁接者。但是军国主义幽灵仍然在日本社会土壤中滋生。歪曲历史、否认侵略、美化战犯的右倾思想随着经济实力的增长而日益猖狂。日本在海洋权益争端、岛屿主权争端和经济、社会等问题上肆无忌惮地寻衅滋事。然而，令人惊奇的是，哪怕是极右翼政客，一旦面对打败自己的美国，便出奇地俯首帖耳。

日本在政治和外交上，信奉极端实用主义。以非洲为例，当日本处于经济快速发展时期时，紧紧依靠美国的保护，积极发展与中东、中亚等产油国的良好关系，对非洲置之不理。当需要非洲多个国家投票满足其当选联合国常任理事国的政治幻想之时，又对非洲国家大搞经济援助。这是典型的现实主义。哪里有现实需要，就在哪里交朋友，而不顾长远利益。如果日本能够在经济发展腾飞之时，不仅和产油国保持良好关系，也对非洲国家予以更大的关心，其国际地位也不至于总是经济巨人和政治侏儒。

地缘政治环境和民族文化的短板，使日本小战尚可以利用列强矛盾进行投机钻营，大战却因为资源奇缺，既陷于中国泥潭，又与欧美为敌，落得非正常国家地位。日本的成功经验是改革立国，而失败的教训是改革脱离了基本的战略实际。日本既无法脱离亚洲，也不可能完全融入欧美。所以，当日本提出"脱亚入欧"时，既与邻为壑，又难融于远强，导致远交近攻不行，近交远攻也不行。日本的挑战仍然在于跳出历史怪圈。

心理认同的作用

19世纪的大部分时间，文化相近的美英从未视彼此为可靠朋友。以南北战争时期为例，英国企图通过支持南方、限制北方分裂美国，其中包括：向图谋独立的南方低价出售军火；准备只承认林肯作为北方各州总统。美国的回应是，如果英国图谋分裂美国，美国将进攻加拿大。20世纪之后的美英特殊关系，并非起源于文化相近，而是共同的敌人（先是德国后是苏联）以及二者间的竞争与合作。追求实利和普世价值的美国，没有像德国那样对待英国。与德国皇帝威廉二世和希特勒的狂热和激进相比，美国有足够的耐心和灵活性，利用英国麻烦缠身时的困境，对英国威逼利诱，使之将"霸权资本"低价"变卖"。美国谋求全球霸权地位的战略具有极高的"性价比"。如果美国像德国那样咄咄逼人，即使没有与德国结盟，美英之间也定无互信可言，特殊关系更无从谈起。这说明，在一个现实主义大行其道的时代里，文化相近的作用充其量只能是弱者谋求强者承认或者向强者求助时的手段。

美英心理认同的起点是《大西洋宪章》。相对于英国在巴黎和会上把威尔逊主义"改造"得面目全非，在大西洋会议上，丘吉尔渴望美国参战而不得不认同美国的道德理想。尽管《大西洋宪章》在战火纷飞的岁月中似乎显得不切实际，但至少反映了英国对美国实力地位和道德标准的肯定。大西洋会议也许并不代表英国真心认同美国，但实情却是，英国必须、也应当至少在道德标准上认同美国对战后秩序的构想。

《大西洋宪章》证明，当欧洲还深陷地缘政治泥潭时，美国已经超越了地缘政治。战争尚未结束、美国尚未参战，便提出避免阻塞德国和日本等战争发源地战败后的正常发展道路。从这个角度看，美英共识反映了人类社会前进的普遍性：联合国、旨在建设福利国家和全球市场的世界银行和布雷顿森林体系，甚至包括《世界人权宣言》等国际社会和平建设的纲领性文件的出台，都根植于《大西洋宪章》。超越现实和历史经验差异，美英心理认同在一定程度上促进了国际社会的和谐。

美日关系是两种不同文化和不同先天条件的两个国家之间的关系。它经历了不对称的战争和不对称的盟友关系，至今都处于变化当中。日本直到第二次世界大战之后，才开始认识到，大起大落的命运的背后教训是，心态上阻隔其他民族只能使自己受害。战败的日本只有依靠在屈从中受益的方针来定位美日关系。历史上还没有出现屈从后再出现心理高度认同的先例，美日之间是否会开此先例，到目前为止，似乎可见端倪。但是无论如何变化，美日同盟使二者再也无法单独垄断某一地区的控制权。从这个角度看，美日关系代表着文化差异明显的民族国家之间关系的发展趋势。从斗争走向合作，从对某一地区控制的争夺转向促进某一地区走向开放，再最终走向心理认同，美日这两个国家用了一百年的时间，仍未走完这个历史进程，而其他大国与美国、日本以及其他大国之间的这个历史进程也许会更加漫长。这是世人必须从中领悟到的。两个不同文化的伟大民族，需要长期磨合。

美国取代英国、美日同盟的出现对世界的最重要影响，正是世界性的国际体系革命。国际体系不再建立在受弱肉强食的丛林法则支配下的国家行为的基础上，而是建立在各个国家共同认知和利益融合的基础上。换言之，任何国家不可能具有孤立和排他的利益。

从历史经验看，意识形态与民族文化间的鸿沟，最终造成部分区域的自我封闭。心理认同最大的障碍是历史积怨与现实矛盾的双重阻挡。全球贸易和市场体系冲破了国界，共同走向经济繁荣并没有推动历史问题与现实矛盾的谅解，生硬的权力博弈还大有市场。无疑，美英和美日度过了这一阶段。但是其他双边关系还没有度过。

可以看出，心理认同不是塑造共同命运、共同担当风险、弥合利益矛盾的"灵丹妙药"。20世纪80年代，美日贸易争端中，双方声嘶力竭地希望对方让步；2008年金融危机时，英国政府漠视美国陷入次贷危机。许多事实均可以证明。

历史的价值不是将历史经验神化于现实，而是以历史的逻辑为跳板，超越历史。未来的世界发展，要求人们不能按照旧历史的经验与逻辑预判未来。因为世界变了，人类的观念、逻辑、标准，甚至是道德规范，都需要，也必将发生改变。未来的世界里，以地理和自然资源为基础的地缘政治规律仍然发挥作用，人类个体思想和社会文化对国际事务的作用变得不可忽略。因为科技发展，地理限制逐步减小，各个地区民众之间的心理距离，被共享信息与快捷通信拉近；毁灭性武器能够越来越容易地从一块大陆被投向另外一块大陆，各个地区民众的内心安全需求与大洋另外一端的地区民众的内心安全需求产生越来越多的共鸣。

　　心理认同在国际体系中发挥作用必须符合四个条件：一是制度趋同有利于消解历史积怨，二是各国追求利益的举措日益趋同，三是民族文化交流形成自觉，四是政府领导人（决策者）建立坦诚的私人关系。未来，这四个条件取决于意识形态有差异与否。意识形态对立的结果不再是城下之盟和割地赔款，而是国家内部权力体系结构的改变，随之带来的是思想观念的变化。因此，国际体系变化的根源是人心改变。

美国与欧亚大陆

　　百年前，美国开始争夺全球霸权地位。当代，已经站在世界之巅的美国，只需要在现有秩序下进行调整，而不是重塑，更谈不上颠覆。未来，美国能否维持全球霸权地位，取决于欧亚大陆的秩序。如果欧亚大陆被一个实力强大的国家或集团所掌握，或者欧亚大陆实现超越历史与民族形态的和解，美国将处于被包围的状态。美国最大的胜利是理想获得全球认同，而最大的失败是被排斥于欧亚大陆及其周边海域之外，成为世界上最为孤立的国家。前者可能导致树敌过多，后者只需要一个明显的敌人或者对手。这决定了，美国总是在寻找与其他重要的地缘政治力量共同利益的同时，也会利用诸多地缘政治力量进行制衡。为巩固对既定秩序的掌控能力，美国自然会寻找、制造现实和潜在的挑战者。这是造成大国互信缺失的新的根源。

　　当前，美国也许没有全盘和连续的欧亚大陆战略，但从战略举措看，的确试图在欧亚大陆上构建复杂的秩序：主导欧洲和日本以确保全球性海权；平衡中国与印度以稳住边缘，其中，中国关系到西太平洋的稳定，印度关系到印度洋的稳定，遏制俄罗斯以控制欧亚大陆腹地和北冰洋。然而，当诸多大国共同利益越来越大时，美国必须用同一标准的利益需求看待世界。因此，它面临无可调和的矛盾：反对均势和制衡却又需要均势和制衡。欧亚大陆一体化或者欧亚大陆各支力量均势，均是美国希望，也是美国反对的。

历史上，欧亚大陆上从来都缺乏具有扩张性的强权。东方的匈奴帝国、秦帝国、蒙古帝国和西方的罗马、奥斯曼等，都曾经因为各种原因而停止了扩大版图的努力。当英国和美国分别崛起后，欧亚大陆距离"大一统"的秩序越来越遥远。当今的欧亚大陆，主要地缘政治力量有三支：一体化欧洲、俄罗斯、中国，重要的地缘政治力量有：印度、中东、中亚、东盟，还有边缘的英国和日本。如果欧亚大陆内的共同利益要大于各支力量与美国的共同利益，美国全球霸权地位就有动摇的危险。

从现状来看，欧洲大陆上还没有可能出现一个这样的力量：能掌控欧亚大陆，并促使两个最重要的地缘政治力量——英国和日本同时脱离美国。然而，历史总是由一些出人意料的事件组成的。比如，珍珠港事件爆发时，美国或者日本也不可能想到，在之后五年不到的时间里，二者又突然变成盟友。因此，当我们远眺未来时，焦点不应当是美国，而是欧亚大陆"大一统"秩序是否将真实存在。当然，大一统不是再现蒙古帝国，而是利益交汇、文明交融的一体化状态。但是，仅从英国脱欧便可以看出，欧亚大陆"用一个声音说话"依然遥遥无期。

西欧和日本在战后重新崛起，根源在于构建出了现代文明社会。因为现代文明社会孕育出尊重个体首创精神与维持整体秩序的心理自觉。未来，欧亚大陆上是否会出现一个比西欧、日本更加文明、高效和严谨，甚至还有强烈的创新文化的力量？我们可以看到，在欧亚大陆上，美国的"信徒"越来越多：部分中东反美的富豪们乐于使后代接受美式教育；东亚、中亚等传统上集体主义高于个人主义的民族国家，都希望与美国保持融洽；美国曾经最危险的敌人——苏联，解体后的继承者俄罗斯的体制几乎是美国体制的翻版，至少在联邦政府这一层面上如此；东欧已经加入北约；非洲接受的民间支助中，美国几乎是主流支助者。然而，令美国感到为难的是，美国帮助它们，它们并不完全热衷于帮助美国塑造美国希望出现的秩序，而是要么冷眼旁观，要么莫衷一是，要么一味跟随。倒是美国的母国——西欧，尤其是英国，处处在与美国表现出独立倾向时，每逢重大问题，必和美国坚定地站在一边。但是，如果美国出现欧洲在两次世界大战时那样的衰落，欧洲是否会向美国提供欧洲版的《马歇尔计划》？这两个问题的回答，决定着美国在未来百年的兴衰。

在可预见的未来，任何国家尚无百年前美国"挖英国霸权墙脚"时的实力与外部条件来"挖美国的霸权墙脚"。百年前的美国，不仅具备强势的经贸、金融实力，还塑造了整个西半球秩序，后院稳固，加之两洋使美国进可攻、退可守。当今欧亚大陆，以经济总量衡量国家实力的时代已经过去，科技创新、金融创新、文化普世能力等成为衡量综合国力的指标。随着美国与欧亚大陆各支力量共同利益的扩大，任何欧亚大陆的国家抑或集团，无论是公开挑战抑或隐形挑战美国地位，均有遭到孤立的危险，何谈趁机渔利。美国不可能像英国那样陷入屡遭挑战的窘境。

世界文明进步没有弱化贸易投资对扩大共同利益的作用。但是，基于政治制度和历史文化交往方式所产生的心理认同，在国际社会的地位提高。撇开政治制度、历史文化交往的单纯贸易投资变成可见的经济和军事实力、科技与文化影响力后，反而使互相依赖的不平衡性更加固化，导致认为或者希望美国衰落并希望尽快超过美国的雄心壮志会挫伤自身的战略智慧。

欧亚大陆上的各个国家的角色越来越稳定，权力体系造成的战略格局也越来越稳定。未来如果再发生美英式权力传承，只能说明时代在倒退，而不是进步。当然，欧亚大陆需要避免主观设定敌友关系的前提，就事论事地共同制定有实际意义、有明确操作规范和标准的关系框架。

第二节　超越传统的战略思维

现实主义被推崇到极致时，许多国家很容易陷入各自为政的实力博弈陷阱，从而导致世界走向混乱而引发大战。在这个历史过程中，只有最强者最终才会"心怀天下"，其他只是"各扫门前雪"。纵然有所谓的合纵连横，本质上都是权宜之策。因为没有为大家共同接受的战略法则，使不同利益主体产生相同认知，从而导致行动付出与收益不相适应。这样的结果就是各利益主体之间各怀异志。当然，极端悲观的认知反而容易催生极端乐观的认知，与现实主义相对立的是另外一个憧憬：大家的安危就是自己的安危，即所有利益主体对即便与自己无直接联系的间接危险，也要形成一致的风险认知。所有相关方在对法则的已知和未知的程度与深度、广度上均需达成一致。这在历史上尚未出现过。未来亦不确定能否出现。但思维的系统观所蕴含的战略利益和行为指向，却是越来越清晰地朝着这个方向发展。未来的战略思维是立足于个体权益而又超越个体权益的思维。因为国际体系的革命和心理认同作用的增强，意味着使用经济和军事硬实力手段争夺利益的时代即将远去。

地缘政治原理的思考

地缘政治的原理不是蕴含于政治中，而是蕴含于地理中。因为"一国权力所依赖的最稳定的因素显然是地理"①。地缘政治是谋求国家权力的基础。国家权力的内涵因为时代而变化，所以地缘政治的原理正在改变着地缘政治的现实与未来。

　　不同的战略决策者，可以从不同角度来分析与考察地缘政治原理，但地缘政治原理对不同的战略决策者产生的地缘政治价值却是相对公平的。传统的地缘政治价值有三种类型：一是经济型。能源、人口和地理位置三个自然性因素的天然安排所产生的经济利益。二是安全型。地理边界和民族文化两种因素导致的安全性影响。三是桥梁型。将经济型与安全型的地缘政治价值进行连接的交通线。这三种类型从来不是互相独立的，而是互相融合的。相同的国家在不同的时期之所以出现不同的国家战略，那是因为上述三种地缘政治价值在决策时处于不同的权重地位，而不是取舍。而不同的国家之所以出现不同的战略传统，则是根源于不同的先天地缘政治条件对三种类型地缘政治价值的不同赋予。

　　地缘政治原理的改变源自科技发展。地缘政治形势的变迁不是地缘政治原理的改变，而是地缘政治原理对国家的影响的改变。工业革命以来，地缘政治形势变化的动力"是科技而不是地理"②。科技发展既可以突破地理限制，也可以使地理限制更加具有约束力。工业化时代早期，交通和通信科技的发展，使跨越海洋比跨越戈壁沙漠、雪域高原更加便捷。然而，麦金德却比马汉更早、更敏感地认识到科技对于地缘政治的根本触动。"每一个巨变、每一次灾难、每一种反常，即便遥远，现在也能被感受，并且很快随之形成共振。"③类似于这种判断没有出现在海权论者的思想体系中。陆权论者的远见和海权论者的局限相比可见一斑。

---

① ［美］汉斯·摩根索：《国家间政治——权力斗争与和平》，徐昕、郝望、李保平，译，152页，北京，北京大学出版社，1990。
② Harold Sprout. *Geopolitical Hypotheses in Technological Perspective,* World Politics, Vol.115, No.2, 1963, p.194.
③ Halford J.Mackinder. *Democratic Ideals and Reality,* New York: Norton, 1962, p.40.

海权论者之所以强调海权带来霸权，那是因为"其一，当条件同时对两种发展同等有利时，一国的最佳选择是海洋而不是陆地；其二，拥有海上优势的国家比拥有陆上优势的国家对世界事务能够产生更大的影响力"[1]。这说明，科技使海权论者看到的是贸易和霸权，却反衬了陆权论者的深刻，他们看到了秩序——这是地缘政治演变的真谛。

麦金德认为，工业革命的发展更加有利于幅员优势更大的大陆国家。虽然这个判断并没有成为现实，但是，美国取代英国显然是因为科技进步对具有明显幅员优势的美国更加有利。欧亚大陆腹地国家并没有因为工业革命而成为世界的主宰者，相反一次又一次地成为企图颠覆秩序并最终成为众矢之的的挑战者，根本原因是它们没有开发和掌握能够使之得到其他地区认可的科技与文明。然而，随着它们成为先进科技与文明本身的受影响者，最终会成为受益者。

"尽管主权国家被视为全球拼图中的主要组成部分，但它们远不像一幅拼图那样拼板大小相对统一。"[2]多样化的国家构成了世界性色彩斑斓的历史图像。

时代越前进，世界便会越色彩斑斓。要避免被它们迷住双眼而做出错误判断，便需要抓住支配世界走向的一切根本性因素。我们可以看到，所有大国的战略几乎都是以地理因素来体现其连贯性，即使存在某个人物忽视地理因素的主观战略选择，天然的地缘政治所产生的力量早晚也会扭转其主观意志。

不同的战略来自不同的天然地理条件。国家战略差异的根本之处在于地理。理解地理决定的历史进程，才能支配未来的国家命运。即使某个时期的战略脱离了基本的地理条件，它早晚也会

① Paul M.Kennedy. *The Rise and Fall of British Naval Mastery,* London: Macmillan, 1983, p.7.
② ［英］杰弗里·帕克：《地缘政治学：过去、现在和未来》，刘从德，译，84页，北京，新华出版社，2003。

不以战略决策者的主观意志为转移地施加影响。

地理决定国家命运是通过两个因素决定其战略反映出来：一是地理位置是否便于向外扩展影响力，包括投送军事力量和主动拓展境外贸易、输出文化价值观。英国和美国是所有大国中最便于向外扩展影响力的。它们崛起时，主要的对手们都在互相争斗。英国和美国都是作为决胜性力量，从而成为争斗结束时的最大受益者的。二是自然资源影响对外战略取向，包括自然资源稀缺导致生存危机感而趋于对外掠夺、自然资源丰富从而使自然资源作为战略手段等。日本地小人少，高度的危机感使它在近代总是希望通过掠夺邻国使自己变得富有。俄罗斯（包括苏联）在世界舞台上独树一帜，利用丰厚的自然资源作为经济发展和影响其他国家的有力杠杆。法国和德国既难以方便地向外拓展影响力，又缺乏足够的自给自足的自然资源。当然，它们也没有日本那样容易导致在扩张中走向极端的危机感。所以，它们总是处于海陆双重压力的矛盾当中。

自从海陆对抗时代以来，欧亚大陆腹地秩序取决于两个因素：陆权大国在海陆对抗中的反应和腹地内部不同的宗教和文化传统。这两个因素使欧亚大陆的秩序从未稳定。当北约东扩和美国在九一一事件后发动两场战争之后，欧亚大陆腹地的秩序似乎更容易受到海权大国的影响，至少在政治制度上开始向海权大国趋同。这反映出一条历史轨迹：冷战开始代表着单纯的海权大国消失，冷战结束代表着单纯的海权大国彻底消失。因为海权大国正在谋求陆权。

然而，传统地缘政治博弈仍然存在。欧亚大陆腹地并没有因为政治制度趋同走向稳定，反而走向了更大的动荡。欧亚大陆各个地缘政治板块仍然在外部压力下动荡不定。进退失据的欧亚大陆也反映了海陆之间博弈的复杂。

正如狭小的海岛难以满足发展而迫使人们积极向外拓展一

样，残酷的陆地环境也逼迫人们向更加舒适之地进发。如果说航海时代开始了全球化，陆权扩张对于全球化的意义则是复杂的。草原帝国之后最强悍的陆权民族莫过于俄罗斯。俄罗斯沿着欧亚大陆北端，以莫斯科为中心分别向四周扩张，尤其是由西向东扩张所产生的地缘政治影响并不比英法征服东方小。因为直到今天，欧亚大陆秩序仍然与俄罗斯息息相关，而英国对殖民地的影响早已进入历史博物馆。

未来太平洋、大西洋、印度洋、北冰洋四大洋的海权格局如何发展，取决于自然资源和人力资源更为丰富的欧亚大陆的一体化进程。除非非洲、美洲大陆连成一片并孤立欧亚大陆，否则欧亚大陆一体化，将使海权越来越依赖于欧亚大陆。海权的挑战不在于海洋而在于陆地。

新的地缘政治原理反映的是世界一体化进程的不可逆转之势，更反映了全球化进程的速度与方向仍然取决于海权与陆权的互动。

全球化进程始自大航海时代的海上扩张，从西班牙、葡萄牙、英国、法国等西欧国家崛起以来，每次人类社会里程碑式的开端及终结都是海权战胜陆权，从英法百年战争、英俄和英德争霸开始，直到冷战结束，无一不是如此。战功卓著的陆军将领蒙哥马利认为："历史给人们的一个重大教训就是，单纯的陆权战略注定会失败。第二次世界大战的本质是争夺海上航线控制权。"[1]鉴于他辉煌的军事成就，这样的表述应当是发自内心的。阿拉曼战役中，英国利用强大的海军取得了地中海的控制权，使蒙哥马利指挥英国陆军第八军团可以获得"巨大的物资补充"[2]，而他的对手——隆美尔的非洲军团却无法获得任何补给。在霸王行动中，由于德国已经几乎失去了全部潜艇，面对盟军强大的海上力

---

[1] Montgomery speech in the House of Lords, July 11,1962.
[2] 1942年8月，仅一周时间，英军总共获得50万吨补给品。同一时期，德国将领隆美尔指挥的非洲军团却几乎处于弹尽粮绝的境地。

量和空中力量，只能依靠在法国西北部海岸上分布不均的水泥工事、稀疏的地雷组成的薄弱防线。依照当时的实力对比，即使诺曼底登陆计划被德国提前知晓，最终也难逃败局。

然而，任何伟大的见识都摆脱不了经验的局限。如果没有美国本土强大的战争工业实力、英国遍布全球的殖民地、苏联丰富的石油和钢铁矿藏、中国巨大的人口基数，盟军又怎么可能取得海上优势，把时间争取到自己这一边来呢？况且从大战爆发一开始，纳粹德国既无足够强大的海权征服英国，也无足够强大的陆权扼杀苏联。日本亦是如此，既没有压垮中国全力对抗美国的实力，又无法迫使美国退出太平洋。

"历史上，海军通常因基地被地面部队攻克而屈服。"[1]海权的依托在于陆地。当波斯的蒂尔海军基地被亚历山大指挥的骑兵摧毁时，波斯几代人控制海洋的努力反而成为输掉战争的根源。西班牙、葡萄牙和英国等海上强权的衰落，正是因为它们海权强盛而偏废了陆权，既受到更加强大海权的压力，又受到陆权秩序颠覆的挑战。它们的霸权来自海权产生的财富和安全，而霸权的旁落又因为受到陆权大国的挑战而无法"照顾"海上劲敌。

斯派克曼在第二次世界大战中预测美苏关系时说："根本的冲突是俄国和拥有海上霸权的国家之间为控制边缘地带领土的斗争。"[2]富于洞见的预测的确准确地见证了冷战，但并没有反映争夺边缘地带的本质。美苏海权和陆权均处于失衡状态，才会导致朝鲜战争、古巴导弹危机、越南战争、阿富汗战争。

人类是生存于陆地上的物种，没有对陆地的控制，不可能走向海洋。丧失了海洋上的行动能力，人类不可能获取必需的更大的陆地资源。海权最终是为了陆权服务的，只控制了海洋的力量

---

① ［英］马丁·怀特：《权力政治》，宋爱群，译，39页，北京，世界知识出版社，2004。
② ［英］P.奥沙利文：《地理政治论——国际间的竞争与合作》，李亦鸣，译，43页，北京，国际文化公司出版社，1991。

不能算作真正的全球力量。

考虑未来的海权与陆权如何平衡，容易出现两个误区：一是僵化地认为海权重要于陆权，或者陆权重要于海权；二是片面强调海权才能带来财富、安全、地位，而陆权总是受到海权的包围。二者都是因为受到历史表象的误导。

如果深刻地分析历史的话，我们会发现，第二次世界大战的结局反映的是这样一个规律：无论发展海权还是发展陆权，小国寡民的先天性规模劣势早晚会暴露无遗。冷战的结束反映的是这样一个规律：立足于先天自然条件和后天战略选择的双重作用，最终胜利者属于海权与陆权更加平衡的一方。海权与陆权之于大国，正如翱翔于天空中的鲲鹏的双翅，根据飞行过程中遇到的气流的变化而不断调整用力以保持平衡，从而顺利地飞往目的地。

马汉的海权论和麦金德的陆权论之所以被奉为圭臬，皆因切合了信奉武力至上的弱肉强食时代。传统的海权与陆权争夺时代之所以奉行实力政策，主要原因有三个：一是缺乏统一的国际道德标准和利益认同、法理认同，导致对能源和市场的争夺总是出现以损害他人发展机遇和安全为代价的自我发展；二是权力制衡使总有对既定国际秩序感到不满的大国出现；三是诸多历史积怨在民族主义思潮的催化中，不断以现实矛盾为宣泄，使得矛盾争端此起彼伏。国家之间的心理壁垒、贸易壁垒、文化壁垒的出现正是这三个原因的必然结果。这三个原因互相影响，也互相催生。

把海权行为与陆权行为割裂是因为围绕欧亚大陆为中心的海洋贸易的繁荣与欧亚大陆诸多大国之间频繁的对抗形成鲜明的反差，利用繁荣的海洋经济的大国依靠财富优势迫使欧亚大陆的最强国在"包围"中要么战败、要么自行走向衰弱，从而使人们容易相信海权的成功便意味着陆权的失败。

传统的陆权主义者认为，欧亚大陆中心地带是统治世界的钥匙，甚至断言："谁统治东欧，谁就能主宰心脏地带；谁统治心脏地带，谁就能主宰世界岛；谁统治世界岛，谁就能主宰全世界。"①然而，控制东欧和中亚的苏联，并没有因为中苏同盟获得在欧亚大陆东端的超强影响力。苏联不仅没有统治世界，相反却成为历史上唯一不战自败的大国。

单纯的海权或者陆权是不存在的。陆权的争夺远比海权的争夺更加频繁与残酷。争夺陆权的大国比争夺海权的大国数量更多。所以，当陆权大国与海权大国对抗时，海权大国总是可以组建针对陆权大国的包围圈，使其不能在同一时期内保证陆海中的重点。从这个角度看，不仅单纯的海权或者陆权不存在，单纯的海权大国或者单纯的陆权大国都不存在。

因此，濒海大国最容易陷入的危险是与陆海两大强权同时对抗。拿破仑和希特勒分别陷入英国和俄罗斯（苏联），而苏联又陷入美国、西欧和中国的包围。对于濒海大国而言，与海上力量对抗便会使自己的陆上压力增大，而与陆上力量对抗又会使自己的海上压力增大；一旦与海上力量关系稳定缓和，陆上压力会相应减少；与陆上力量关系稳定缓和，海上压力也会相应减少。

濒海大国困境不在于如何平衡与缓冲海陆压力，即如何使一方的压力缓解的同时也会使另外一方压力缓解，而在于如何推动海上力量与陆上力量避免对抗。

海上力量与陆上力量对抗的直接后果就是濒海大国难以平衡自己的海陆发展。有历史表明，当海上力量与陆上力量合作时，濒海国家可能会成为各自划分的势力范围。这种情况可能出现在陆上大国之间或者海上大国之间，不会出现在海上大国和陆上大国之间。因为如果海上大国与陆上大国在濒海地区划分势力范围，必将会使海上大国认为此举有利于距离更近的陆上大国，而陆上大国则容易认为海上大国有遏制自己或者从海向陆入侵的可

---

① J.Mackinder. *Democratic Ideals and Reality*, New York: Henry Holtab Company, 1942, p.162.

能。海上大国和陆上大国合力在濒海地区划分势力范围，最终不仅破坏双方本已稀少的互信，还会打破促使合作产生的力量均衡。

濒海国家如果没有陆地边界的威胁或者能与其他陆上大国和谐相处，将比单纯的海岛国家具有更大的便利发展海权。然而，历史上的濒海大国并没有优良的先天条件。濒海大国面临的困难有两个：要么面临着陆上争斗急务，如法国、德国、俄罗斯均是濒海大国，但它们之间的纷争使它们中没有任何一个可以专心于海权；要么即使没有陆地威胁和来自陆地上的挑战者，也醉心于自己是天下中心而缺乏开拓海外之心，比如古代中国。

民族文化的本质是针对地理环境和战略格局的双重反应的历史积累。农业和手工业为主体的国家从来不会产生本土资源匮乏的危机感，因为它从来不需要本土之外的资源，更谈不上境外市场。濒海大国逐步由农业、手工业的经济形态向大规模工业生产转型时，才有可能开始出现海权文化；濒海大国受到海上威胁后，认识到必须立足于海上退敌时，才有可能开始出现海权文化；濒海国家受到其他陆上大国威胁，并开始从海洋方向上寻求安全盟友时，才有可能开始出现海权文化。

美国、英国、日本通常将濒海大国作为直接威胁，在海洋上对濒海大国的遏制也是它们海权行为的立足点。因此，在海洋上受到遏制也成为濒海大国发展海权的基本动力，又反过来促使海上大国加强对濒海国家的遏制。海权竞争使濒海国家要么加快发展海权使竞争加剧，要么在海上大国和陆上大国的双重压力下最终屈服，甚至消失于历史舞台上。路易十四和拿破仑法国、威廉二世和纳粹德国、苏联均是如此。如果没有英国和美国遏制，它们至少可以几乎毫无顾忌地发展陆权。

有志于发展海权的濒海大国面临三个明显劣势：一是海洋并不是通向四面八方的开阔地带，而是根据海岸线分布与走向确立的有限的交通线。一旦海上交通线失控，海权则会尽失；二是陆地争斗使濒海国家难以在必要时集中力量发展海上力量，甚至在受尽干扰的情况下难以制定和贯彻正确的海权战略；三是发展海权的顶峰也就是受到的海陆双重压力最大之时，濒海国家的海上力量发展最快之时，往往既会引起海上大国的反弹，还极有可能促使其他陆上大国给予最大程度的掣肘。

影响全球地缘政治的新因素

影响全球地缘政治形势的新因素层出不穷，但人们总是按照旧的逻辑判断新因素如何发挥作用。随着全球化进程加快，经济和科技、社会文明等因素对国际形势的影响日益增加，但是，如果基于不同的经济增长率或科技进步的差异分析未来地缘政治形势的变化，容易得出与事实相悖的片面结论。迄今为止涌现的四次科技浪潮造成的最大误区，就是认为科技浪潮导致的经济发展和科技进步，使地缘政治形势仍然在原有轨道上惯性运行或者加速运行。实际上，每次经济发展和科技进步，都包含诸多风险性因素和突变性因素。例如，美国在九一一事件后的欧亚大陆腹地发动两场战争开始直至"伊斯兰国"的出现，足以说明经济增长和科技进步对地缘政治形势的影响不是取决于单纯的社会变革，因为它们可以跨越地理障碍，制造民族间的心理隔阂。

全球化进程预示着这样的变化：当经济增长惠及全球时或者经济衰退祸及全球时，经济增长因素对于权力关系的影响将会远远弱于之前的时代。随着全球化市场的形成，尤其是科技引领者对于科技在全球使用的愿望更加强烈，科技进步并不能使自己在未来的权力体系中完全把握主动，甚至使自己更加被动。

用经济增长率和科技进步的差异作为衡量指标分析地缘政治形势，只会得出现实的地缘政治形势日益固化的结论，或者未来地缘政治形势走向的错误判断。

决定地缘政治形势变化的根本是不平衡状态的变化。如果不平衡的格局稳定，地缘政治形势便无可改变。全球化趋势下，经济发展和科技进步导致国际社会"一荣俱荣、一损俱损"，以前的不平衡之态仍然因为经济发展和科技进步的共享性与风险共担而固化。

因此，分析未来地缘政治形势走向的要义，在于抓住导致旧的不平衡被打破而引起新的不平衡的因素。经济发展和科技进步只能使现有的不平衡的状态更加趋于稳定，而不是被打破。显然，它们作为分析未来地缘政治变化的因素的地位弱化了。

未来地缘政治形势走向的决定性因素逐步由以经济、科技等为基础的实力变化，变成以秩序和格局为基础的体系变化。当然，单个实力地位的变迁仍然会影响未来地缘政治形势，但影响的方式和程度日益受到来自体系越来越大的制约。

从三十年战争以来，决定体系演变的大国数量越来越少。第二次世界大战之前为多极体系，第二次世界大战之后成为两极体系，而当冷战结束之后，只有美国一个超级大国时，其他大国均以美国的举动为依据决定自己的行动。九一一事件爆发后，决定国际体系的因素更加多样。

地缘政治由地缘经济、地缘科技和地缘安全决定的时代已经一去不复返，代之而来的是超越边界和海洋阻隔的地缘文化借助地缘经济、地缘科技和地缘安全决定地缘政治的时代。文化不仅包含了宗教、政治制度等意识形态，还涵盖了民族传统历史经验、民族性格的演变。

地缘文化价值的提高在具体的国际事务中的表现为：心理认同对国际体系演变的作用越来越大已经成为不争的事实。1989年，德国统一并没有使欧洲重回近代冷酷的实力政治年代。有人认为，美国对西欧的领导抑制了德国统一的地缘政治效应；也有人认为，法德世仇和解使欧洲不可能再重回历史；还有人认为，苏联的存在使德国难以成为欧洲的中心；而本人认为，其根本原因是两德之间、美英法德之间的心理认同。因为冷战，包括德国在内的整个欧洲对苏联没有心理认同，导致德国在西方阵营中的地位提高但角色没有变化。

从历史经验看，"相同或者相近的宗教和价值观可以成为弥合敌对双方分歧的有力武器"①，地缘文化的力量取决于人们如何使用它。"文化有两种价值：一是相同的文化信仰即使不能推动团结也可以助长潜在的团结并限制分裂的可能性；二是不同的文化信仰可以成为制造历史积怨和内心差异的诱因。"②

欧洲在第二次世界大战之前的动荡与体系变迁，均是单纯因为少数国家实力地位变化导致对外战略突变所致。冷战结束不仅是少数国家实力地位突然变化，还是因为意识形态和政治制度发生颠覆性巨变而致。当东欧和乌克兰等地出现传统的大国地缘政治博弈时，如果有人认为会回到冷战时代，便是低估了当今国际体系对国家，尤其是对大国越来越大的约束作用。

国际体系越来越大的约束作用，不仅来自日益扩大的共同利益，更来自大国间不断趋同的政治制度和民族文化。所以，当今和未来爆发出来的矛盾争端，出于经济利益原因会越来越少，而出于心理认同涉及的文化原因会越来越多。

全球化形态的变化

和平时期经济财富地位的变化特别容易被感知，所以经济财富地位的变化容易掩盖其他领域地位的变化，或者形成一种错

---

① Douglas M.Johnston. *Religion, Terror and Error, U.S. Foreign Policy and the Challenge of Spiritual Engagement, Santa Barbara,* California: Praeger Security International, 2011, p.15.

② Madeleine Albright. *The Mighty & Almighty Reflection on America God and World Affairs,* New York: Harper Perennial, 2007, p.66.

觉：经济财富地位的变化必将促进其他领域地位的相应变化。然而，事实并非如此。越来越多的国家走向经济财富快速增长的繁荣时期，也越来越伴随着诸多假象。冷战的两个阵营使各自的经济财富系统互不影响和干扰。冷战结束后，各股力量开始重新组合，并开始扩展为比之前任何一个阵营内部都要紧密的大阵营。这就是全球化的新形态。

全球化形态由层级性结构向网络性结构转变。冷战时期，西欧、日本、拉美部分国家（墨西哥、巴西）、远东部分国家和地区（新加坡、韩国、中国台湾），还有中东部分产油国（科威特、沙特阿拉伯）快速增长的经济财富表明：一个崭新的并不断走向繁荣的世界就此出现。此时，全球化形态呈现"金字塔形"的层级性结构：美国、苏联、日本、西欧处于顶端，它们的发展牵引着世界的发展，当然，它们的发展也代表着世界的发展；中国、韩国、印度、巴西、墨西哥等国处于中间层，它们依托顶层国家制定的贸易体系和贸易规则进行发展；其他国家处于最底层，它们主要提供生产原材料，实现低速和低效的发展。冷战结束推动全球化进程加快，中国、东南亚等经济快速发展，说明地区市场一体化和众多新兴经济体的出现，使全球化形态进入网络性结构，各个国家或者集团之间的层级隔阂逐步淡化。网络性结构呈现"橄榄球形"：中间的腹部是美国、欧洲、日本、中国、俄罗斯、巴西、印度、澳大利亚等大型经济体，它们不仅具有庞大的市场，还有着巨大的能源消耗量。两端分别是中东、俄罗斯、非洲、拉丁美洲等提供天然能源的国家和地区。"橄榄球"的形状随着腹部和两端的变化而变化。腹部国家和两端国家的界限越来越模糊。然而，腹部国家与两端国家共同影响着全球经济。但是无论哪种全球化形态，当新技术以加速度发展时，以新技术推动经济财富增长的引领者，自然也是最大受益者。

新型大国竞争将是同一体系内的异质竞争

第一次世界大战结束后，德国战败和奥匈帝国瓦解使中欧和东欧出现许多小国；中国和印度等以前作为地区中心角色的大国，开始努力摆脱受奴役地位；美国和日本崛起。众多因素交织使世界走向混乱。英法传统大国维持霸权地位的历史惯性和美日新兴大国不守规矩的行为结合在一起，导致大国争霸决定国际体系。当纳粹德国崛起、苏联成为欧洲强国后，加之美日争夺太平洋，决定国际体系的便不再只有传统的地缘政治斗争，还有民族主义和意识形态之争。第二次世界大战结束，冷战开启和众多殖民地变成新兴国家，许多执民族主义立场的小国和走上新式发展道路的弱国，试图巧妙地利用冷战格局谋求安全和利益。此时，大国地缘政治博弈和意识形态只限于美苏两大阵营，其他国家纷纷利用美苏矛盾维护和发展自身利益，对美苏的影响也日益增大。美苏争夺欧洲和东亚的实质是在全球范围内争夺边缘地带。冷战结束后，美国推动北约东扩和巩固美日同盟，由边缘地带走向欧亚大陆腹地。战争爆发的根源也由欧洲、远东等边缘地带向欧亚大陆腹地转移。

海湾战争时，美国尚以联合国名义出兵。而之后的科索沃战争、阿富汗战争、伊拉克战争，美国已经不愿意受联合国约束。然而，从战争动机而言，美国的"被迫性"色彩却越来越浓厚。美国只能越来越倾向于用战争解决问题，说明它解决问题的可供选项越来越少。或者说，对于新问题，美国越来越倚重于依靠老办法解决。从这个角度看，美国的角色是复杂的，综合国力超群本应更加容易平衡与其他大国之间的矛盾，但实际上，美国越来越不愿意寻求尽量多的盟国支持。

从这一历史进程看，百年前决定时代变化的因素是单纯的，大国争霸的地缘政治博弈决定时代变化。而今，决定时代变化的因素是复杂的，地缘政治博弈、意识形态、民族文化、公共问题等众多因素"一哄而上"地决定时代变化。很难一一列举并进行科学评判，在这么多的因素中，何为主？何为次？世界已经进入了混沌年代。庞杂的数据很难准确地验证每个国家的实力地位，从而使人们难以准确地描述国际体系。

当前，关注国际体系变化的基本方法应当是，关注决定国际体系的传统因素在多大程度上和以多快的速度遭到破坏。九一一事件爆发后，恐怖组织和极端势力成为国际公害，大国地缘政治斗争似乎要退出历史舞台了。但是，格鲁吉亚、伊朗、叙利亚、乌克兰的局势，说明美俄又将大国争霸中的地缘政治博弈的因素重新激活。当然，今天的美俄不可能回到历史上英法、英俄、英德和美苏式的海陆权力博弈中。欧洲作为第三方的力量赞同并与美国共同制裁俄罗斯，预示着大国关系的根系要么分裂，要么一致。这种情况下，此前百年间经常导致大国间妥协的绥靖主义已经没有任何土壤。没有哪个国家能够承担绥靖主义的代价，公理与价值观作用会日益突出，最终超过零和博弈式的地缘政治效应。价值观不同导致不同相关方对"解决问题"的理解不同。有的将最后问题的解决当作"最后"，有的却将其当作"暂时"。因此，所谓的"解决问题"并不一定意味着走向稳定和有序。因此，大国争霸的结束和国际新型竞争的萌芽使这个世界看起来混乱，而混乱是因为当今和未来的世界与人们习惯于看到的历史不同。新型竞争的时代已经到来。

未来的国家间竞争是同一体系内的竞争，而不是两种体系之间的竞争。同一体系的竞争，竞争的不是同质，而是异质。同一体系内，削减对方财富或者使对方财富无谓消耗的竞争方式将造成两败俱伤。**异质竞争的核心是同一体系内的影响力，即自己比别人具有更多的大家都没有的东西。**当多方互相依赖时，传统上的独立发展和个体安全便成为历史。个体安全难以实现而集体安全又不成熟之时，争吵比以前更加容易出现，显得大国间的竞争仍然是传统对抗。那些认为未来大国关系仍将陷入英德怪圈或者美英权力转移的类似轨迹的人，正是不知道此理的结果。

以前的大国均是某一地区的中心力量，它们的经济和文化对于地区内具有统御性作用。然而，随着各个地区走向一体化，国家主权界限模糊，地区樊篱也在瓦解，原有主导性的经济和文化联系便受到冲击。在这个过程中，外来之物与原地之物对抗属于必然，从而导致大国之间妥协而忽略民族矛盾。这就是冷战结束后至当今世界，东欧和中东先后出现民族矛盾的原因。互相信赖的矛盾对国家竞争的影响就是民族性影响力。在民族主义思想和民主主义潮流之间寻求平衡，对于所有国家而言都是巨大的考验。比如，如何控制领土边界、海洋海岛争端、能源争夺等传统，将它们置于自己融入和影响国际体系的大战略中。谁能够在这个方面处理得更好，谁将占据主动和优势。

海湾战争式的国际社会集体行动已经淡出历史舞台，代之而起的是从安全领域向政治和经济、文化领域延伸的大国直接协调。科索沃战争、阿富汗战争、伊拉克战争、利比亚战争，均是绕过联合国爆发的。大国集体行动的重要性得到凸显时，也就意味着没有任何一个大国可以依靠独自的力量解决国际社会的公共问题。大国协调绕过联合国，或者大国主导的同盟绕过联合国和其他国际组织，在政治、经济、文化领域内进行协调，已经超出联合国对集体行动的定义和框架。当然，这并不一定表明诸多国际组织已经失去影响力，而是说明大国直接协调的时效得以增强。新的国际规则便应时而出。

从而可知，异质的本质是国际形象的差异。异质竞争是各国国际形象的竞争。然而，还有另外一种含义，各国对国际规则的认知与影响的趋同，推动事实判断和价值判断的标准趋同。未来国家之间爆发战争或者贸易争端时，各方奉行的国际规则和对国际规则的尊重程度是日趋一致的。这也是大国间矛盾争端总会得到控制的心理自觉产生的"土壤"。

今天的世界，传统大国爆发战争的根源减少，虽然没有减至为零，但新的规则，即"城门失火，殃及池鱼"的担心变成了内心的自觉，无形当中给各国增加了内心约束。国际体系演变的过程，从某种程度看，是趋同的国际规则的权威性不断增加的过程。在这一过程中，美国凭借超强的综合实力构建单极世界和新兴力量崛起导致权力转移的这两种观点，出现偏执狂式的"非此即彼"的对立，其原因就是没有看到国际规则的权威性的自觉形成及其对各国的约束。

当然，国际规则不可能令世界自动走向"大同"。它的作用是使民族国家更加牢固地存在。因为各国对国际规则的理解是基于自身的历史经验、领导人、国民愿望，甚至是当时的偶然性事件的。其间，差异性因素影响国际规则发挥作用的势头在减弱。但是，如果认为国际规则可以忽略具体的条件和环境以及具体的执行者，无疑是迂腐的。大国对国际规则的尊重是令地区走向一体化的原动力，各个大国对国际规则的尊重也是令地区间打破樊篱的原动力。也就是说，国际规则的作用也是先地区后全球的。

所以，异质竞争的对象仍然是大国。因为大国受到国际规则的约束更大，而且大国要求小国尊重国际规则的意志会强于小国自觉遵守国际规则的心理。

关于"极"的思考

"极"作为现实政治概念，萌发于多个对某个地区具有决定性影响的大国出现，确定于最终因冷战中两大超级强权对抗而"约定俗成"。按照历史经验，力量中心即为"极"。百年来，国际社会由英法俄美日德群雄争霸的多极体系走向美苏对抗的两极。冷战结束后，两极格局消失，使世界对"极"的理解因单极和多极设想的同步出现而复杂。

第一次世界大战前后的英法俄和美德日，实力地位似乎有着清晰的区分。但是敌友变幻混乱格局，令所有大国只能遵从丛林法则，从而导致国际体系出现剧烈动荡。从而可知，"极"的作用是印证色彩鲜明的物竞天择的世界。各支力量为了胜利与生存，将现实主义运用到极致。在现实压力下，所有大国在短期利益与长远利益之间做出痛苦衡量，导致短视操作永远压倒长远之谋，大战就此爆发。"极"的根源是必将导致各支力量此消彼长、频繁失衡的均势。当均势消失时，"极"也必将消失于世界中。

欧洲大陆均势体系主要有两个阶段：第一阶段是拿破仑战争后，欧洲大国围绕制衡法国形成的欧洲协调体系；第二阶段是德国统一后，防止破坏欧洲均势体系的大陆体系。这期间又分为前后两个历史时期：前一历史时期是俾斯麦时代的德国，执行自我约束的大陆政策，孤立法国、亲近俄罗斯，确保欧洲中心地位；后一历史时期是威廉二世时代的德国，执行世界政策，促使英法俄联合，从而使欧洲分裂成两大敌对同盟。

英国维护欧洲大陆均势体系的手法就是"谁犯事，就束缚谁"。对均势大加赞赏的基辛格有着独特的看法："均势虽不能避免危机或战争，但如能作妥善安排，其作用则在于使一国控制他国的能力及发生冲突的规模受到限制。"[1]然而，德国崛起于欧洲，美国和日本崛起于欧洲之外，英国便难以束缚这些"不老实的人"。**基辛格观点的本质也随之暴露，仅是权宜之计的包装而已。**

冷战的本质是，英国主导下的欧洲均势体系扩大为美国主导下的世界均势体系：美国利用西欧、日本、中国遏制苏联，使呈现出苏联（东欧）、西欧、中国、日本四支力量的均势。冷战主要有三个阶段：第一阶段是第二次世界大战结束至20世纪60年代，

---

[1] ［美］亨利·基辛格：《大外交》，顾淑馨、林添贵，译，13页，海口，海南出版社，2001。

美国主动苏联被动。第二阶段是20世纪60年代至苏联出兵阿富汗，美苏互有攻守，先是美国陷入越南战争泥潭后进行战略收缩，后是苏联开始全球扩张，入侵阿富汗成为苏联扩张高潮；第三阶段是20世纪80年代至苏联解体，里根上台后，美国又重新占据主动优势，苏联固有弊端在强大外部压力下彻底暴露，最终走向解体。

"极"的出现也代表了另外一个含义：势力范围。历史上的大国，妥协抑或对抗甚至爆发战争，均因势力范围。追求更大的势力范围或者打破现有势力范围分配的大国，都成为麻烦制造者。冷战结束为欧洲结束分裂创造了条件。东欧与西欧融合表现为东欧加入西欧或者西欧在美国的帮助下吸纳了东欧。欧洲一体化进程使以前大国划分势力范围而出现的矛盾日益消融。这预示着，如果未来大国仍然醉心于势力范围，必将在地区之间自设鸿沟，阻隔自己的利益拓展。大国划分势力范围，必将导致对资源、市场的垄断性竞争，而不是创造性竞争。大国划分势力范围既没有条件，也不可能达到真正孤立任何一个大国的目的。

"极"代表着"功利性同盟"。从七年战争开始，直到第一次世界大战，欧洲之所以动荡不堪，原因就是同盟不断遭到破坏，而后又重新成立。新旧同盟变化快，使秩序稳定难度增大。英国对外战略的传统是"光荣孤立"，即不同任何一个国家或同盟缔结盟约，以免受到束缚而被动地卷入欧洲大陆的纷争。这样可以集中主要国力资源发展海军，维持和巩固全球海上霸权，拓展全球性的殖民体系。

光荣孤立使英国利益最大化。当欧洲大陆均势体系得以存在时，英国不被同盟约束；当欧洲大陆均势体系遭受威胁时，英国可以自由地选择盟友，反对秩序破坏者。自从英国获得全球海上霸权以来，一直是欧洲大陆的平衡力量，甚至是仲裁者。但是英国从来不会也不可能绝对地排斥同盟。英国反对法国称霸欧洲大陆，进行英法百年战争；七年战争中支持普鲁士对抗奥、法、俄等欧洲强国；在拿破仑战争时期，牵头组织过多达七次的反法同盟；在俄罗斯企图挑战其东南欧和地中海战略地位时，联合法国进行克里米亚战争；第一次世界大战前应对德国的海权挑战，与法国和俄罗斯结盟成立协约国集团。两次世界大战直到形成美英特殊关系，英国都得益于不断运用和变换同盟维持的和平。同盟战略在英国的战略思维中占有重要和突出的地位，历任领导人都非常重视同盟战略。可见，英国的光荣孤立不是排斥同盟，而是基于国家利益对同盟战略的灵活运用。

当今美国主导的同盟体系，是以欧亚大陆为基本依托的。在欧亚大陆西端以北约为主，东端则是以美日、美韩、美与部分东南亚国家的同盟为主。基于美国的超强实力，所有同盟都处于稳定状态。美国利用同盟主导国际体系。美国的同盟战略对英国的同盟战略具有巨大的超越。美国是事前运用同盟，希望将矛盾扼杀于隐患阶段或者爆发前；英国则是事后运用同盟，对危机毫不留情。美国主导的同盟不仅针对明显对手，还将同盟本身作为塑造秩序的组成部分。但是，它们的本质却是一样的：确保灵活性，因地制宜地将各自的利益最大化。而且，它们的目标本质上是相同的：最终都走向了对均势体系的追求。英国追求欧洲大陆均势，美国追求欧亚大陆均势。这说明美英两大海权尽管在道德层面、价值观上存在差异，但是天然地理条件决定的地缘政治斗争规律在一成不变地发挥着巨大的作用。正如市场经济有"一只看不见的手"，国际政治舞台同样有"一只看不见的手"，调控着大国博弈的现实与未来。

随着同盟的扩大，美国对同盟的依赖有所增大。如果美国不从同盟体系外部寻求支撑或扩充同盟体系，美国的同盟体系将难以保持足够的活力。在同盟体系内调整同盟，除非共同压力同等承受，否则同盟难以一致行动。

从这个角度看，同盟在百年来就像传染病菌一样，不断在大国间变异，从来没有消失过。同盟使小国心存侥幸地利用大国矛盾渔利；使大国利用同盟削弱对方、排除异己，将自我意志以令别人感到有失公允的情况下强加于人。同盟代表着失衡和不公。

历史中均势体系"生成—被破坏—再生成—再被破坏"的循环，总是反映一个事实：新兴国家崛起意味着遭到霸权国家的自动遏制。双向过程导致同一个结果：当霸权国家的实力相对下降时，部分国家会因为相对实力的增强而进入强国行列，均势体系似乎又将遭到颠覆。这种情况的出现，是因为崛起的新兴国家和霸权国家，至少有一方只从个体出发看待力量对比，而忽略了国际体系的"自觉"作用，因而将自己与外界进行人为的自我割裂，造成自身封闭于国际社会之外，导致传统的一些战略手法，如均势、制衡和同盟拥有强大的生命力。全球化浪潮下，没有任何国家能承受巨大的经济代价和风险来制造对抗。在未来，如果坚持传统的均势、制衡、同盟，只能使自己变成"触犯众怒"的世界性隐患。

未来的海权行为

自由、民主、和平等高尚的语言，大多数来自海权国家。英国认为自己的光荣孤立保证了欧洲大陆三百年的和平与诸多小国的独立与尊严。美国也认为遏制苏联塑造了世界和平。

英国对欧洲大陆没有领土要求，美国对欧亚大陆也没有领土要求。然而，英国获得海权是建立在英伦三岛的统一之上，美国超越两洋是因为美国完成了在北美大陆上的扩张之后无法再进行扩张。英美之所以在欧洲大陆和欧亚大陆站在道德制高点上，与其说是自我的道德倾向，不如说是内心的安危之虑。

海陆对抗总是表现为海洋性强国对陆地性强国实施遏制。这一天然的对抗是因为海权强国总是喜欢掩饰自己的恐惧："陆地遭单一强权驾驭之时，即为海权丧失之时。"[1]即使陆权扩张，也容易遭到海权的抵制。

权力的基础取决于权力的需要。海权的出现取决于国家天然的地理条件和发展模式。海洋性国家自身的资源和市场难以满足不断增长的需求，远渡重洋到达其他大陆来寻找资源和市场的渴望产生后，海权便出现了。海权本身不会产生财富，通过海权来跨越海洋在其他大陆上攫取资源和发展市场才会产生财富并把财富带回本土。

海权的作用无非是在大陆之间修建海上公路和桥梁。海权争夺的本质是公路和桥梁的通行权。海权的发展本身就是需要大量的财富作为支撑，而单纯海权的发展却并不总是可以获取足够的财富的。如果英国像西班牙那样，对海外殖民地没有成功的、可持续的商业开发，从而源源不断地创造财富，很难想象它能够维持100年的海上霸权。

海权一旦出现，便意味着一旦失去，便是灾难。之所以会变成灾难，主要是因为本土的经济和社会发展需要超越国界时，境外的市场和海洋对国家的生存便越来越重要。以农业、手工业为主的自给自足的经济对于海权的需求几乎没有，而当以机器工业为主导致产品超出本土需求时，濒海国家或者海岛国家的海权需求便开始出现。最初的海权需求是最终为产品在海洋另外一端的大陆找到输出市场。而当机器的巨大生产能力开始受到市场不断扩大的利益牵引而日渐提高时，随之而来的是国际贸易体系的出现，当贸易体系的出现又催生出金融的出现后，海权开始成为将世界连接成为一体化市场的重要方式。

海权的出现从来不是因为单纯的经济利益驱动。有的国家并不需要依靠海权来获得外部的市场，也积极发展海权。俄罗斯的

---

[1] Gearoid Tuathail. *Putting Mackinder in His Place*, Political Geography, Vol.11, No.1, 1992, p.115.

彼得大帝发展海军是基于民族矛盾、领土扩张和与西方强国抗衡的多重愿望。日本发展海权，在近代吞并台湾和琉球群岛时，不仅为了使狭小的领土得以扩充，还为了建立日本在东亚地区的霸权地位。然而，即使单纯因为经济利益驱动而发展海权，也不得不面临海权竞争，而海权竞争的结果又取决于境外市场争夺、本土国力对比等方面的综合因素。

　　海权竞争的结果并不取决于海，而是取决于陆。海权竞争的胜利者总是在开发本土拥有的资源和开发海外的资源两个方面比对手拥有更大的竞争力。近代英法在欧洲、北美、印度等地的争霸，最终英国获胜，似乎是因为英国拥有更加强大的海权。然而，与其说是海权，不如说是英国的工商业制度比法国的封建农业制度能够激发出更多的财富、英国的海岛位置可以避免法国面临来自强邻的威胁与挑战、英国对殖民地的工商业开发比法国做得更加成功等因素的共同结果。英国强大的海权来自对海外市场资源的开发与扩充。第二次世界大战之前的美国与日本："美国的自然资源和人力资源比日本丰富、国内的组织力比日本更具效率、美国获得了当时的中国政府的认可。日本不仅地小人少，而且与邻为壑，无法从中国和东南亚获得足够的资源来与美国争夺海权，最终在太平洋战争中完败。"①在美国面前，日本海权的弱小，不仅因为美国和日本之间天生的自然地理条件差距，还因为在各自本土之外，中国、东南亚一边倒地反对日本侵略而成为美国的盟国。

　　明确的实力对比比模糊的形势更加容易使人产生理性。形势模糊和混乱只能刺激冒险，或者制造误解扩大的诱因。从太平洋战争至今，美国超强的海上实力令任何国家无论是在领海、近海或者远海，都面临至少是潜在的危险。即便是进入地区性海军竞赛的国家，要么迫使美国"选边站队"，要么诱使美国介入以平衡

---

① 1942年，日本国内煤、原油、钢铁、炮弹产量分别只有美国的1/11、1/222、1/13、1/40。

矛盾。无论何种，海军竞赛最终均会自动偃旗息鼓。因此，当越来越多的国家走向远海时，伴随着巨大的机遇诱惑和安全压力，海军竞赛显得既徒劳又危险。

信息技术和远程打击武器的发展，使近海防御成本和风险远大于远海进攻的成本与风险。进行近海防御的海军，最大危险不是放弃远海，而是将宝贵的国家资源投入难以使用的近海与陆地的平面防御中。弱小的海军无法发起远程掠海式攻击，而强大的海军不需要近海攻击。只满足于近海防御的海军，使强者可以从容不迫地实施威慑与攻击。

即便是再强大的海军，也难以在对方的远海进攻力量面前保持安全。远海进攻力量的战略价值不仅是在海上巨型舰队决战中取胜，还包括令对方海军没有驻足之处。单纯的舰队决战无法获得持久的海上优势，尤其是当远海力量必须依赖基地时，更是如此。

综上所述，海军竞赛和远海决战无法为大国带来安全和有效的海权。海权行为就必须有所改变。海权行为也许是最容易体现一个国家综合实力与意志的国家行为。在海权与陆权高度一体的情况下，海权行为和影响早已超出海军、海战、海外贸易、海上能源的范畴，成为对陆地与海洋进行的政治、经济、军事、文化、社会等方面的全面影响。

近代海权行为是把海洋作为获取权益的平台与通道，现代海权行为是把海洋作为影响和塑造陆地秩序的跳板与工具，而未来海权行为将是把海洋作为海洋文明与陆地文明进行融合的纽带。

海洋文明的兴起几乎与民族矛盾、大国地缘政治博弈如影随形。海权大国不断向欧亚大陆输出价值观，导致苏联、东欧、中东等地区出现大量美国期望的政治制度。同时，美俄关系剧烈动荡、非传统安全形势复杂多变。这足以说明海洋文明与陆地文明的融合之势已经不可逆转地出现新的开始。

此时，海权行为对于文明融合的意义更加凸显。文明融合不是一种文明对另一种文明的吸纳，而是共同出现日益同频的变化。海权行为的要义已经不在于令别人信奉自己所信奉的，而在于使自己与他人形成共鸣。海洋行为必须避免一味地输出价值观，关键在于促进自我的完善而不是立足于单方面扩大影响。

众多国家和地区打开大门，根源始自地理大发现的西方文明的涌入。五百年来，直到美国推行"大中亚""大中东"计划，大陆文明与海洋文明融合的进程才开始加快。文明融合将是未来海权行为的最终指向，决定着世界的共同繁荣抑或动乱。

文明融合的过程中，必定会出现"海洋文明吸纳陆地文明"或"陆地文明压倒海洋文明"的零和博弈式的问题，出现这些问题之时，便是两种文明融合进程中出现区别于两者的新式文明萌芽之时，长于武力使用而疏于和平构建的海权行为必将导致行为者没落。

未来海权行为的中心不在海上，而在濒海地区。因为濒海地区是海洋和陆地的连接地带，无须通过海洋上的军事行动便可控制和影响海上航线、岛屿。更加重要的是，濒海地区集中了全世界大部分的重要城市。世界上经济规模前50个城市，其中42个在距离海岸150公里之内。尽管有许多大国的经济中心城市位于内陆，但是濒海经济中心依然是不可或缺的。它们不仅拥有大型港口，而且经济财富的集中使之成为重要的政治和文化中心。当濒海地区受制于海洋争端时，可能成为远海力量的依托，也可能成为海洋经济发展的障碍；海外市场、海洋能源、海外贸易在全球化背景下，又与内陆经济日益紧密。因此，濒海重要城市成为未来海权行为的聚焦点。

历史上的海权建立在大陆衰落与混乱的基础上，未来海权却不是如此。当所有国家由于一体化市场而连接时，海洋成为共同繁荣的纽带。未来海权不取决于掌握强大海上力量与海外贸易的大国，而取决于主导全球市场与海洋资源的大国。历史上的海权代表个体在全球贸易和市场中的地位以及军力威严，而未来的海权在于如何分配市场和支配海洋资源。历史上的海权偏重于统治，而未来的海权偏重于领导。统治是征服，领导则是"服务"。未来海权关注的重点不应再是海上航线、通道、岛屿，也不再以控制海上航线和通道、岛屿为基准发展海军，而是将焦点置于海洋经济与能源价值上。人工构筑的海洋经济设施的战略价值将高于天然的海岛和海上航线。随着海上运输手段，特别是克服天然海洋水文气候障碍的船舶技术的发展，所谓的"咽喉"的价值趋于下降。因为以前的咽喉，其价值是建立在有利于自己支配而排他需要的基础上。未来利益趋同时，排他则自陷不利。未来的海权争夺的不是排他权，而是利众权，不过是自己成为最大受益者的利众权。

如果美国总是担心出现新的苏联，便会自觉地激化意识形态和地缘政治博弈，使其必须保持民族文化在制高点上屹立不倒。但残酷的现实是，**历史上许多中心国家的衰落都是从自信变为自大开始的，而所有大国走向强盛都是从改变内心开始的。**

新门户开放

门户开放是美国从经济利益与道德层面介入太平洋的"标签"，经过两次世界大战和冷战，美国在太平洋上早已超越经济利益和道德层面，形成了市场、价值观、军事和政治等多位一体的整体战略。美国在太平洋上的影响力不断增强的历史，在可见的未来还不会停止。未来太平洋秩序的变化无法脱离美国的变化。

在弱肉强食的世界里，当一个国家的军力无法与强者抗衡时，才会希望凸显自己的经济和道德优势。美国争取当时晚清和后来民国的支持，不失为一个明智之举。门户开放既彰显着美国式的理想主义，也饱含着美国式的实利主义。门户开放超前于当时的时代。

陷入复杂矛盾格局的列强，在口头上都赞同美国的主张，作为后起之秀的德国和日本，甚至在某种程度上给予行动上的支持。

门户开放的本质是打破这样的秩序：列强在太平洋上划分势力范围，导致各个市场孤立而又封闭。美日矛盾之所以最终取代美国与其他列强的矛盾，根源在于日本比欧洲列强更加渴望封闭和孤立的中国及东南亚市场。美国战胜日本的原因有两个：一是日本陷入孤立，二是实力优势。日本的孤立并非源于它与其他列强竞争，而是追求不可靠的目标，即独占中国和东南亚，将列强希望打开的中国市场大门彻底关上。日本如果获得中国的友好，在远东将比欧美列强更加主动。然而，日本对中国的羞辱与残暴，使它一旦不能垄断中国市场，便会被西方碾压至粉碎。

门户开放来自经济竞争与军事竞争的博弈同时存在。赤裸裸的资本与舰炮只会排斥心理认同，已经不适用于复杂交织的国际体系。当今所有大国，已经没有时代条件模仿提出门户开放时的美国，应以超然者的心态，站在道德制高点，通过谋求公利来实现私利而另辟蹊径，走出超越历史的新路，避免拥挤。市场不仅仅是某一地区，地区与地区间同样是市场。市场开拓行动的本身也是市场，正如发现金矿后，蜂拥而至的挖金者的市场比金矿市场还要大。

霸权与文明疆界

真正掌握历史精髓的人，从来不会被历史遮住视野。有人认为，混乱年代对人们的重要启示之一就是："如果没有霸权国，那么各国就会处于纷争的状态。"[1]持这种观点的人，无疑忽视了科学技术发展、共同利益扩大对国际体系的影响而抱残守缺。还有

---

[1]　[美]罗伯特·基欧汉：《霸权之后》，苏长和、信强、何耀，译，5页，上海，上海人民出版社，2006。

人认为，当全球市场和全球能源体系稳定时，国际体系的稳定不依赖霸权对资源的分配权力，而依赖秩序与规则的稳定性。持这种观点的人，也许忽视了霸权国家对现实世界的作用。**所有国家的行为均是对霸权国家的反应。**当现实主义盛行时，秩序与规则的作用取决于霸权国能否遵守或者在多大程度上遵守。

当今全球市场和能源体系、科技能力能否保证国际体系的稳定性，取决于共同利益与扩大和分配是否持久。然而，历史上没有永远的共同利益，永恒的矛盾倒经常出现。未来能否超越这一历史的关键在于扩大共享的内涵。仅仅对全球市场的能源体系的共享不能满足每个个体越来越大的需要，共享的领域应向精神性的文明领域扩展。

各国和地区之间密切交织令有形的地理疆界对交往的束缚变小，文明交会导致的无形的疆界却越来越明显。冷战结束后，西方价值观向欧亚大陆腹地渗透所引发的一系列难解事态，足以表明文明之间的无形疆界越来越明显。这主要有两个原因：一是信息化的科技革命带来全球信息快速传播流通，但也制造了更大的信息不对称。先进的科技令各地区、各民族宗教之间观测世界的初始起点的差异越来越大；二是不同文明趋向不同的道德标准，其差异在利益趋同的反衬下日益强烈。

美国已经认识到："任何国家不可能被强行要求接受民主，只能基于自身民族文化和历史传统，寻求未来的民主道路。"[1]由此看出，道德高峰并没有产生它所希望的认同。这足以说明，文明疆界在比地理国界更加牢固的同时，也在经历着莫测的变化。

---

[1]　Remarks by the U.S. President to the United Nations General Assembly.

第四章　太平洋与全球的未来

美英关系印证的是全球秩序，因为两个新旧权力的转移总会伴随着超出两国之外的动荡。美日关系印证的是全球秩序背景下的太平洋秩序，因为两个共存于太平洋的完全不同的文明体系的交流总会伴随着地区秩序的动荡。冷战后，美国在美英、美日中的主导作用不断加强与美国不断强化全球秩序的主导地位同频共振，全球秩序与太平洋秩序将产生新的、更加紧密的联系。

自从东亚封贡体系崩塌后，经过日俄争夺、美日争夺、美苏冷战，直到当今的美国成为太平洋首强和日本、中国、韩国、东盟逐步崛起，太平洋秩序直到今天都处于变化当中。换言之，美国、日本、中国、韩国、俄罗斯、东南亚等太平洋上的重要国家与力量，从未有过稳定的"角色"。中国、日本、俄罗斯大起大落，美国则在百年中先是参与者，再是平衡者，现在又希望成为未来的主导者。

太平洋秩序的焦点在充满诸多矛盾争端的西太平洋上。如果西太平洋太乱，则会形成破坏力不亚于欧洲大战的世界风暴；如果西太平洋太稳，则美国主导地位不保。因为如果无矛盾争端供美国制衡多支力量，其在西太平洋的存在纯属多余。

西太平洋虽是冷战后全球经济繁荣之地，但诸多矛盾争端在最近十年内此起彼伏，预示着太平洋秩序既不可能走向大国间的零和博弈，也难以仿效欧洲的法德在尽释前嫌后出现一体化。太平洋秩序将走向何处？

在全球化进程加快的情况下，太平洋秩序深深地嵌入了全球秩序。理解全球秩序才能理解太平洋秩序。从全球秩序看，以战争和对抗来解决矛盾的年代已经难以回返。即便存在大国间地缘政治博弈，但是丛林法则和弱化大势已经愈加明显。在"你中有我、我中有你"的格局中，希望自己成为唯我独尊的主导者、秩序演变的塑造者的国家，已经难以立足于国际社会。日本在第二次世界大战之前是这一教训的集中反映。第二次世界大战之前的太平洋秩序失控，根源于西方引领的工业化对于历史格局造成的冲击。显然，当时的日本"随波逐流"，沉湎于列强竞争的表象而昧于地缘政治演变中不可抗拒的力量，因而在太平洋上失去了战略弹性。例如，东条英机于1941年9月6日讨论"北上"或者"南进"时说道："控制中国是建设大东亚新秩序的前提，中国不服从日本，日本将无法生存。"这种极端的认识及其指导下的行为，恰恰暴露了日本无法弥补的缺陷——以以邻为壑为代价满足短期需要。今天的太平洋上，无论距离多么宽广，均为近邻。

太平洋秩序变化的决定性因素是美国。美国的太平洋战略在本质上并没有超越英国在欧洲大陆上的均势战略。第二次世界大战之前，美国担心中国成为日本的势力范围而不断支援中国对抗日本，其结果就是日本重新成为弱者。冷战初期，朝鲜战争导致中美以欧亚大陆边缘海峡为界进行对峙。冷战中后期，中美共同对抗苏联，矛盾争端得到掩盖。这段时间成为百年来最稳定的时期，日本、韩国、中国台湾、新加坡等获得最佳发展机遇实现经济腾飞，成为亚洲"四小龙"。冷战结束后，转向市场经济的中国，因为庞大的人口基数和市场体量，日渐成为一个经济巨人，同时东盟的经济发展，成为日益重要的新兴市场。二者的经济力量抬升政治影响，在太平洋秩序构建中的作用开始凸显。太平洋上日益扩大的共同经贸利益与传统矛盾争端激化为两种趋势同时出现。这实际上使所有国家和地区感到左右为难。大家都担心被威胁，也担心被孤立，还担心与某一方过于紧密而丧失灵活性。这样的结果就是包括美国在内的任何力量，都无法在太平洋地区，尤其是西太平洋地区，实施排他性门罗主义。其好处是有利于推动太平洋地区的开放。但只要有一个国家或者地区的内部出现危机，外部矛盾争端就可能成为极大障碍。因此，太平洋秩序的基本特点是走向不稳定的开放。

太平洋上存在两个巨型市场：日益一体的东亚与东南亚市场和早于东亚走向一体的美洲市场。处于太平洋东西两端的两个巨型市场使太平洋看起来像一个巨大的聚宝盆，不仅自身创造出巨大的财富，而且吸引着大量财富。

美国是世界上唯一的超级大国，日本的经济和科技在世界均首屈一指，中国是世界上人口最多的国家，俄罗斯是世界上自然资源最丰富的大国，巴西和阿根廷等同样具有相当潜力，澳大利亚已经是发达国家，东南亚是地处世界性咽喉的人口密集区。太平洋完全有超越美欧大西洋经济区的经济条件。

然而，太平洋存在两大遗憾：一是矛盾众多；二是能源稀缺。

西太平洋上沿着欧亚大陆一侧，从北到南，充斥着难以厘清的矛盾争端。西太平洋地区上的各支力量无足够能力解决西太平洋地区的矛盾争端；欧洲无暇西太平洋事务，有的大国希望利用西太平洋矛盾争端"坐收渔翁之利"。西太平洋争端如果失控甚至恶化，必会使所有力量陷入无休止的权衡与重构泥潭。所有太平洋上的国家和地区都将成为受害者。届时，世界将重回混乱之态。美国吸取了英国维护欧洲大陆均势的教训，通过构建并主导同盟体系事前塑造战略态势。美日同盟、美韩同盟、美国与东南亚部分国家的同盟，使美国在矛盾争端上具有强大的平衡能力与仲裁地位。这有利于阻止任何一个矛盾相关方将矛盾激化至要爆发武装冲突的地步。凭借美国超强的实力，各个矛盾方暂时忍耐，并不意味着矛盾争端得到解决。随时可能的发酵，使美国必须将平衡之术使用于各方，无疑使美国不自觉地重回英国塑造欧洲大陆均势体系之怪圈。**残酷的现实政治在作为世界经济新引擎的西太平洋上由潜而显，不是某个国家和集团的悲剧，是所有国家和地区的挑战和悲剧。**

环太平洋已经成为世界能源消耗地区。美国、中国、日本、韩国和东盟这五大能源消耗大国和地区，依赖于太平洋地区之外的能源。俄罗斯位于远东的大部分国土尚未开发。未来的太平洋上不仅存在传统领土主权等矛盾争端，还将出现对太平洋区域之外的能源和市场的竞争。

欧洲成为世界中心导致欧洲的矛盾争端和竞争决定世界秩序。从而可以得出经验：**全球秩序取决于中心地区的矛盾争端和竞争**。如果这条经验适用，太平洋新秩序将从当前的矛盾争端和竞争中起步。未来的世界会随着太平洋矛盾的争端和竞争而变化吗？答案是否定的。

欧洲成为世界中心，其影响力以大西洋为起点，向西辐射至美洲大陆，而向东沿着欧亚大陆西、南、东部边缘海域和北侧腹地地带辐射至太平洋。欧洲和平，则世界和平；欧洲混乱，则世界混乱。欧洲的历史表明，世界性海权与陆权对抗决定着所有国家的政策走向。按照这个历史轨迹，有人判断，以太平洋为中心的世界秩序，应当是太平洋和平则世界和平，太平洋混乱则世界混乱。但是在全球化背景下，这一历史轨迹发生了变化。

未来的全球秩序的变化不可能仅仅是重心的位移，还将包含重心的扩散。太平洋成为连接各个地缘政治力量的枢纽，影响着全球秩序。

太平洋当前的矛盾争端和竞争在未来的变化，将是全球化是否加速的标志，而不是一个旧中心的终结和一个新中心的形成。

今后的太平洋秩序的变化，反映的是全球秩序的整体性和关联性。太平洋和北冰洋、印度洋、大西洋统合为一体的全球秩序时代即将到来。

冷战结束后，美国的全球战略调整涉及日本的角色定位，由对抗苏联的桥头堡，转变为美国塑造全球战略态势的重要助手。在苏联解体之前的海湾战争中，鉴于中东石油对于日本的重大意义，日本和沙特、科威特一起出巨资，成为美国出兵的财政来源。海湾战争的出资标志着日本已经不可避免地要向海外延伸。日本国会立即通过PKO法案（也称派兵法案），谋求向海外派兵的战略意图非常明确。随着形势的发展，日本开始重新瞄准远洋，于1997年与美国签订《日美防卫合作指针》，将"周边"扩展至中国南海地区；九一一事件后，借助美国的反恐战争，国会通过了《反恐怖三法案》，其中规定：内阁有权向发生国际武装冲突的地区派出支援美军作战的自卫队和配备"宙斯盾"系统的"金刚级"驱逐舰。

九一一事件后，随着美国反恐战争的持续进行，美国需要日本承担更多的任务。2005年，美日两国发表了堪称全面调整美日同盟关系新指针的"共同声明"，首次将中国台湾、朝核危机、俄日北方领土以及驻日美军基地与日本自卫队基地互相使用等列为两国的"共同战略目标"。这说明随着美国全球战略的深化和拓展，日本也由冷战时期的前沿阵地的"专守防卫"角色完全地转变为美国塑造全球态势的追随者，甚至是合作者角色，使日本在东亚地区安全体系中的地位提升。奥巴马上台后，在中东和中亚实施战略收缩，而将战略重心转向亚太地区，美日同盟得到强化，美军与日军开始在共享情报、共用军事基地、融合指挥体制方面做出实质性的举动。

雄厚的经济和科技实力、世界首要强国的支持、民族文化中的尚武精神的传承，这三个因素决定了日本绝不可能甘心于在强国保护下"偏安"，而是处处表现出所谓的"雄心壮志"。如在非洲大力推行经济援助外交，以获得非洲国家对日本入常的支持，在吉布提这个印度洋交通线的枢纽建立了战后首个海外补给基地。国内的右倾化、军国主义思潮再次明显起来，否认侵略历史并美化战犯则成为必然。

对日本历史、地缘政治、民族文化等因素进行分析之后，可以清晰地认识日本的民族性格与处境，从而才能更加科学、准确地判断日本的未来战略。

日本的地缘政治环境、和邻近大国之间的关系现状、国内政治生态、民族文化决定了它仍然是美国在全球战略中的助手。当整个西太平洋地区，从朝鲜半岛到中国南海问题的争端开始激化，美国将战略重心向亚太地区转移，美日关系会在同盟的基础上发生相应变化。

从策略上出发，美国的太平洋战略有四个目标：一是在政治上，通过作为争端的仲裁者、矛盾的协调者，彰显美国在亚太地区的主导地位；二是在经济上，推进市场、贸易、能源合作等经济事务的一体化和自由化；三是在军事上，维持美国对盟友的控制力以及美国和盟友对美国潜在对手的威慑力；四是在意识形态上，推动亚太国家的民主化进程。

首先，美国希望亚太地区存在一定程度的矛盾和争端，使美国可以作为仲裁者与协调者的角色出现。亚太地区的矛盾和争端，既有现实的，也有历史遗留的；既有国家间的现实安全问题，又有深远的地缘政治博弈和民族矛盾；既有领土、边界、岛屿、海洋权益争端，也有关于经济利益的合作与竞争。美国希望这些问题可以经常性地"浮出水面"。这就可以解释为什么在中日钓鱼岛争端时，美国既要使美日同盟适用于钓鱼岛，又不承认日本对钓鱼岛的主权，其深层意图仍然是将话语权、解释权和仲裁权操之于手，在中日双方之间"待价而沽"，把握策略的灵活性和处置的主动权。

　　正因为美国将自己作为仲裁者和协调者，所以希望和所有国家寻找合作平台，将所有国家纳入其塑造的秩序当中，而不可能在主观上仅仅因为一个国家而将其他国家推向自己的对立面。美国希望由自己构筑一张复杂的战略态势网，日本只能在这张网内进行战略选择。

　　日本的生存与发展系于海上，对于海洋权益、海岛归属、海上航线问题的敏感程度超过了任何一个亚洲国家。日本在19世纪末开始扩张之时，就首先将目光放在台湾岛上。20世纪上半期，日本通过武力夺取东亚和西太平洋海域的控制权。第二次世界大战结束后，日本在美国的保护下，明确了专守防卫战略，重点在海上。而从冷战结束至今，跟随美国的全球战略的调整，日本的海上战略由经营周边海域的专守防卫战略转变为向远洋辐射的主动干预战略。日本的海上力量，即海上自卫队，在成立之初就奉行质量建军，走渐进式发展的军备道路，冷战后更是向大型化、远洋化和进攻性方向发展，并于2012年在吉布提建立了战后首个海外补给基地。日本几乎所有的对外行动必须以美日同盟为基础。日本的海洋战略自然要满足于美国的全球战略需要。在未来，无论是美国的战略意志需要，还是日本的海洋战略选项，日本海上力量必将与美国海军力量结合在一起，双方共同行动来确保美国的海上霸权。维护美国的霸权已经成为日本制定和实施海洋战略的首要原则。从民族文化看，日本非常忌惮其他国家，尤其是周边大国在海洋问题上对日本施加压力。

　　因此，日本的海洋战略基本有以下四点：一是保证能源输送和对外贸易的安全，以确保海上航线；二是追随美国以向远洋发展，增强日本的国际地位；三是与海外利益的相关方发展友好关系，提高日本的国际地位；四是遏制现实和潜在的威胁者。日本的海洋战略是围绕海上生命线追随美国发展海上力量而确保对海洋、海岛控制的线性战略。

　　随着美日同盟不断强化和扩展，仿佛日本和英国那样提升在美国全球战略中的地位，这不禁使人们又陷入"通过回看历史来推导当今"的怪圈当中。

　　冷战结束使美日同盟面对的形势骤然变化。继承苏联的俄罗斯不仅在欧洲收缩，在太平洋地区也似乎疲软。在太平洋地区上，已经没有大国可以挑战美日同盟。美日同盟似乎可以坐享安全。然而，实际情况并非如此。苏联解体后的东亚形势不是走向简单，而是走向复杂。

　　日本政府在海湾战争之后甚至提出："90年代的新国际秩序的责任，必须由日美欧等先进的民主国家共同承担。"[①]虽然这种提法令人觉得日本高估了自己，但足以显示日本在成为经济和科技大国、军事潜力大国之后的心态。日本有此心态，感受到最大冲击的是美国。所以，美国开始强调美日同盟的重要的同时，美国国防部明确了冷战结束后对美日同盟的定位："美日关系是美国在东亚最主要的双边关系和美国东亚安全体系中最重要的一环，美日同盟是美国东亚安全战略的支柱和亚太同盟体系的核心以及亚太地区稳定和繁荣的基石。因此，美国应维持和加强美日同盟，并防止经济争端毒害同盟关系。"[②]

　　所以，美国几乎是顺其自然地将美日职能范围由西北太平洋地区向整个西太平洋地区扩展，甚至向印度洋方向扩展。这不仅是美国需要日本帮助分担任务行动的责任，更是对日本进行控制的一种有效方式。在日本急于改变冷战时代的美日关系时，如果美国不"顺应"日本的心态，将可能使日本产生自行其是的心理，反而提高了美国维护美日同盟的成本与代价。

　　美国对日本的能力改变的期望是根据这样的事实来的：一是

---

① 唐永胜、郭新宁：《角逐亚太》，198页，南京，江苏人民出版社，1999。
② U.S. National Defense Report. Strategy of East Asia. February, 1995.

海外作战的支援者，具有扫雷、反潜、基地护卫等辅助性作战能力；二是制约西太平洋地区矛盾的有力杠杆，在俄罗斯、中国、朝鲜、韩国、东盟等各方力量复杂交织的网络中，跟随美国的总体战略。但是，美国对日本是有底线的，一是不会允许日本拥有独立的体系性作战能力，日本难以在美国的反对下拥有独立的海空远程打击能力、自成一体的战场情报体系和独立的作战指挥权；二是不允许日本在西太平洋争端中独立挑事，激化矛盾。日本针对海洋、海岛争议等历史遗留问题必须听从美国的需要。

冷战结束之后的美国对于美日关系的改变和利用应当是成功的。这根源于冷战虽然结束但冷战的问题并没有结束。令人意外的是，冷战结束了大国争霸，但很多被冷战掩盖的问题得以在欧洲和太平洋地区全面涌现出来。冷战时期，美苏中大三角的存在使其他国家的一些举措被世人忽视，而且它们悄悄地利用冷战时期的缓和与紧张的相伴相生，反而在冷战结束之后突然出现。当这些冷战的活化石被激活后，相关方之间的冷战形态自然又重新出现。

有人认为，美日关系在冷战结束前便已经出现"摇摆不定的漂流状态"①。这种看法的理由是日本处于美日经贸竞争中的强势地位，与美国经贸摩擦不断。然而，后来的历史却证明了这种观点只是被狭隘的短期现实遮蔽的一孔之见，过高判断了经贸关系在美日之间的地位。

日本从来没有脱离过美国给它设定的框架，如果有变化的话，也就是美国在变化，允许日本出现相应的变化。然而，九一一事件爆发后，美日关系已经不再满足于西太平洋的地区性同盟，而是出现走向全球性同盟的诱因。

战后的日本经历了"仆从美国、伺机获利"的吉田茂时代、

---

① ［日］船桥洋一：《同盟漂流》，266页，东京，岩波书店，1997。

"紧跟美国、力求主动"的田中角荣时代、"依托美国、争取正常大国"的中曾根时代，当九一一事件爆发时，日本看到了美国不断倚重日本的战略机遇，由经济大国、科技大国争当政治大国的意志开始出现，而日本成为政治大国的最大支持和最强阻力都是美国，日本必须争取美国的支持，而争取美国的支持并不仅仅是对美国时时刻刻保持俯首之状便可以达到目的的。

日本既要与美国协调，争取美国理解，又要适时向美国施加一定压力，争取美国对日本诉求的尊重。这便是日本对美国的战略要义。日本要成为政治大国，核心在于改变美日同盟关系的现状，如果日本获得美国认可的平等盟国地位，便毫无疑问地成为政治大国。但现实是，日本仍然只能像个机会主义者，利用美国不断延伸的全球战线而相伴相行地走向远海。美日和美英不比自知。

编后记

在"中国边疆研究文库·海疆卷"（以下简称"海疆卷"）即将付梓之际，拟就相关事宜予以说明。

首先，我们诚挚地感谢国家出版基金规划管理办公室诸位同志及相关评议专家给予"海疆卷"的关怀与厚爱，将其纳入2016年度国家出版基金资助项目。

感谢"十三五"国家重点图书、音像、电子出版物出版规划办公室同志及相关评议专家的支持，使得"海疆卷"进入本次出版规划。

感谢"浙江省社科联"、浙江师范大学的领导与相关部门的鼎力支持，使得"海疆卷"在策划与撰写伊始就被纳入浙江师范大学边疆研究院的五年研究规划之中。进入出版阶段后，"海疆卷"又获得了刚刚进入浙江省首批重点培育智库序列的浙江师范大学边疆研究院的学术支撑、经费资助与人力支持，在此深表谢忱。

需要说明的是，"海疆卷"原计划出版16种，经过三年多的努力，各位都完成了初稿，中间经主编与编委提出修改意见，其后都予以完善。因个别书稿需要进一步审读，故错过了预定出版时间，这次没有全部奉献给读者，深感抱歉。

关于"海疆卷"的来龙去脉，书前的"丛书总序"有所提及，但有些遗漏，为了使读者更清晰，请容许我再啰唆几句。"海疆卷"是"中国边疆研究文库"的第三编，另两编分别为"中国边疆研究文库·初编·近代稀见边疆名著点校及解题"（50种）、"中国边疆研究文库·二编·当代学人边疆研究名著"（50种），因"中国边疆研究文库"（以下简称该文库）的前二编属于综合性内容，故从第三编开始着力于编辑专门领域图书。该文库的组建与启动始于2009年年初，起自于中国社会科学院中国边疆研究所与黑龙江教育出版社联合策划、组织与编纂边疆类图书并共同申报国家出版基金项目。到了2014年，该文库主编我、厉声教授分别被调动与特聘到浙江师范大学，因组稿、编纂与组织工作需要，该文库便随之落脚于浙江师范大学边疆研究院，由该研究院与黑龙江教育出版社、黑龙江东北数字出版传媒有限公司三家联合运作，成立了文库办公室。自该文库组建，进而组织、策划与编纂图书，已经十多年了，其"初编""二编"100种图书也已面世多年，本编十几种图书也即将出版发行。今后，我们还要组织编纂与出版发行四编、五编、六编等，只要力所能及，会一直编纂下去，以不辜负读者的厚爱，不辜负国家出版基金办的嘱托。

特别感谢参与"海疆卷"撰写的各位作者的信任，不惜将大作交给本文库，使得本文库的图书质量得到了保证。各位作者坚持不懈的努力、持之以恒的学术创新与矢志不渝的学术情怀，时刻激励着我们主编好这套丛书。

令人感动的是，"海疆卷"编委会成员都是国内外研究海疆海洋问题的著名学者乃至在国内外声名赫赫的权威学者，有的是我的师长或老领导，有的是我的老友。当我就相关选题，特别是学术问题向他们请教时，他们莫不倾囊相授，不吝赐教。在此，请允许我表示诚挚的谢忱。

值得一提的是，黑龙江教育出版社、黑龙江东北数字出版传媒有限公司为"海疆卷"的撰写、编辑出版提供了诸多便利与帮助。尤其是丁一平编审、赵力编审、华汉编审作为本丛书策划者，全力支持，使得"海疆卷"的组稿、编辑与出版非常顺利；"海疆卷"总责任编辑李绍楠同志更是积极奔走，联系作者，长时间伏案编辑书稿，付出了大量心血。在此，一并表示诚挚的感谢。

另外，为了顺利完成本丛书的审稿、修改工作，既需要一些图书馆与档案馆工作者的协助，又需要许多人从事一些资料收集、重要引用文献再查对以及文字校对等工作。为此，我的一些硕士研究生、博士研究生、友人与同事们有的到图书馆或档案馆查阅，有的通过信函等方式求助，有的帮助整理资料、联络与提供交通工具等事宜，从不同角度付出了许多心血，他们是吴曼、王慧珍、李红阳、李颖、伊丹丹、张奚铭、潘世达、钱骋阳、丁一瀚、邹乐陶、刁琢、于樵、李碧瑶、王晓怡、刘常军、胡庆玲、刘伟坤、王啸风、胡跃华、宋维金、李晓光、宋铁勇、魏超、张宏利、阿地力·艾尼、冷秀锦、谭静霞、彭立春、王孝华、宫凌海、杜真江、宋景双、邓媛琼、黄为放、张琛、王幡、白妍、谷亚平、王重升、武宏丽、祝立业等，在此表示诚挚的感谢。

最后，期待着学界同行与各界人士的批评、指导，我们一定诚恳地接受，在诚挚感谢的同时，积累经验，汲取教训，以便于进一步修正和提高。

于逢春 谨记
2019年9月

图书在版编目（CIP）数据

全球权力传承与太平洋秩序演变研究 / 窦国庆著 .
-- 哈尔滨：黑龙江教育出版社，2019.7
（中国边疆研究文库 / 于逢春主编 . 海疆卷）
ISBN 978-7-5709-0941-4

Ⅰ.①全… Ⅱ.①窦… Ⅲ.①太平洋—海洋权—研究
Ⅳ.① D993.5

中国版本图书馆 CIP 数据核字（2019）第 171915 号

丛 书 名	中国边疆研究文库
丛书主编	于逢春
本 卷 名	海疆卷
本书作者	窦国庆
本 书 名	全球权力传承与太平洋秩序演变研究
	QUANQIU QUANLI CHUANCHENG YU TAIPINGYANG ZHIXU YANBIAN YANJIU

丛书策划	丁一平 赵 力 华 汉
责任编辑	杨佳君
封面设计	sddoffice.com
版式设计	王 绘 周 磊 冯军辉
责任校对	孙 丽
出版发行	黑龙江教育出版社
	（哈尔滨市道里区群力第六大道 1305 号）
印 刷	山东临沂新华印刷物流集团有限责任公司
开 本	640 毫米 ×960 毫米 1 / 16
印 张	18.25
字 数	228 千
版 次	2019 年 9 月第 1 版
印 次	2019 年 9 月第 1 次印刷

书 号	ISBN 978-7-5709-0941-4 定 价 55.00 元

黑龙江教育出版社网址：www.hljep.com.cn